中国工程院重点咨询项目

鲜活农产品质量安全发展战略

我国鲜活农产品质量安全科技创新
与检测体系建设相关重点问题研究项目组 著

科学出版社
北 京

内 容 简 介

本书是中国工程院重点咨询项目“我国鲜活农产品质量安全科技创新与检测体系建设相关重点问题研究”的重要成果，包括综合报告 1 篇、专题报告 4 篇、案例分析报告 13 篇。本书全面总结了我国鲜活农产品质量安全研究现状，深入分析了其突出问题和发展趋势，借鉴发达国家保障鲜活农产品及食品安全的成功经验，科学地提出了今后我国鲜活农产品质量安全科技创新与检测体系建设的发展需求、战略思路、发展目标、重点任务及对策建议，为政府保障鲜活农产品质量安全及实现有效监管提供科学依据和技术支撑。

本书可供农业科研单位、行政部门、高等院校师生等参考使用。

图书在版编目（CIP）数据

鲜活农产品质量安全发展战略/我国鲜活农产品质量安全科技创新与检测体系建设相关重点问题研究项目组著. —北京：科学出版社, 2018.11

(中国工程院重点咨询项目)

ISBN 978-7-03-059055-8

Ⅰ.① 鲜… Ⅱ.① 我… Ⅲ.① 农产品–质量管理–安全管理–研究–中国 Ⅳ.① F326.5

中国版本图书馆 CIP 数据核字(2018)第 231201 号

责任编辑：李 迪 / 责任校对：樊雅琼
责任印制：张 伟 / 封面设计：刘新新

科学出版社 出版
北京东黄城根北街 16 号
邮政编码: 100717
http://www.sciencep.com
北京虎彩文化传播有限公司 印刷
科学出版社发行 各地新华书店经销
*
2018 年 11 月第 一 版 开本：787×1092 1/16
2018 年 11 月第一次印刷 印张：16 1/2
字数：313 000
定价：118.00 元

(如有印装质量问题, 我社负责调换)

《鲜活农产品质量安全发展战略》
编写委员会

项目顾问组人员名单

孙宝国　沈建忠　陈君石　陈宗懋　陈剑平　庞国芳

项目组人员名单

组长　吴孔明　叶志华　钱永忠

成员（按姓氏笔画排序）

丁小霞　王　冉　王　敏　王　强　毛　劲　毛雪飞
方　琪　叶志华　朱春雨　刘潇威　汤晓艳　李　耘
李培武　杨桂玲　邱　静　宋　雯　张　奇　张大文
张兆威　张志恒　张良晓　张树秋　张星联　张海洋
陈　松　陈　晨　赵学平　赵晓燕　胡桂仙　袁会珠
柴　勇　钱永忠　郭林宇　龚　艳　崔永亮　焦必宁
阚建全　谭志军

项目咨询专家组人员名单（按姓氏笔画排序）

王　成　王　静　王加启　王纪华　王建忠　王富华
方金豹　白　滨　朱智伟　乔雄梧　刘　新　刘贤金
刘潇威　李　宁　李金祥　佘永新　宋　怿　张　艳
张树秋　张瑞英　罗云波　罗林广　罗金辉　金　芬
周　玲　郑永权　胡定金　聂继云　黄修柱　章程辉
彭立军　傅建炜　廖　辉　翟毓秀　黎其万

综合报告执笔人员名单

陈　松　丁小霞　宋　雯　张星联　钱永忠　吴孔明

专题报告执笔人员名单

专题一：我国鲜活农产品安全生产与过程控制科技创新发展战略

陈剑平　王　强　宋　雯　赵学平　王　冉　谭志军

专题二：鲜活农产品质量安全风险评估科技创新发展战略

钱永忠　邱　静　张星联　李　耘　陈　晨　杨桂玲

张大文　赵晓燕　龚　艳

专题三：鲜活农产品质量安全检验检测科技创新发展战略研究报告

李培武　丁小霞　张兆威

专题四：鲜活农产品质量安全标准科技创新发展战略

叶志华　王　敏　汤晓艳　陈　松　毛雪飞　郭林宇

案例分析报告执笔人员名单

案例一：我国鲜食特色农产品的病虫害防治与农药管理使用

朱春雨　袁会珠

案例二：杨梅主要病虫安全用药对策研究

王　强　杨桂玲　赵学平

案例三：豆芽菜生产环节使用 6-苄基腺嘌呤的必要性、安全性与合法性问题

王　强　张志恒

案例四：茭白收贮运销环节“三剂”使用的必要性、安全性与合法性问题

王　强　胡桂仙

案例五：柑橘产品质量安全风险评估

方　琪　崔永亮　焦必宁

案例六：风险评估实验室建设与管理

张星联　柴　勇　阚建全

案例七：欧盟食品风险评估管理与发展

吴　丹

案例八：粮油快速检测技术与产品应用

李培武　张良晓

案例九：农产品确认检测前处理技术应用

毛　劲　李培武

案例十：基层农产品检验中心（寿光市）管理与发展

丁小霞

案例十一：兽药残留标准体系现状与发展

汤晓艳

案例十二：美国农产品质量分级标准体系发展与启示

汤晓艳

案例十三：农产品团体标准应用与发展

陈　松

前　言

我国是农产品的生产和消费大国，粮、棉、肉、蛋、菜、水产品的产量均居世界首位，尤其是鲜活农产品产量和消费量正呈现逐年增加的趋势。然而，当前我国正处于改革的攻坚阶段和发展的关键时期，也处在一个矛盾突发和深度调整的时期，这导致农产品质量安全风险隐患凸显，鲜活农产品质量安全事件进入高发期，质量安全问题越来越受到社会的广泛关注。

我国党和政府高度重视食品安全工作，要求用最严谨的标准、最严格的监管、最严厉的处罚、最严肃的问责，确保广大人民群众“舌尖上的安全”。近年来我国农产品质量安全水平稳中向好，2017 年，主要农产品监测合格率达到 97.8%，其中，蔬菜、水果、茶叶的农药残留抽检合格率分别达到 97%、98%、98.9%，畜禽产品和水产品的兽药残留抽检合格率分别为 99.5%和 96.3%，均达到我国开展监测以来的最好水平。然而，我国鲜活农产品种植环节农药超标、养殖环节兽药残留、收贮运环节“三剂”超范围使用等问题依然普遍存在。因此，加强鲜活农产品质量安全关键技术创新和体系能力建设，切实提高鲜活农产品质量安全的科技含量和科技储备，建立健全农产品质量安全过程控制体系、检验检测体系、风险评估体系和质量安全标准体系等技术支撑体系，对提高鲜活农产品质量安全水平具有重要且深远的意义。

2015 年 1 月，中国工程院在前期调研准备的基础上，启动了“我国鲜活农产品质量安全科技创新与检测体系建设相关重点问题研究”重大咨询研究项目（2015- XZ-18）。该项目由中国工程院吴孔明院士任组长，共设 5 个课题组，包括由中国工程院陈剑平院士承担的“我国鲜活农产品安全生产与过程控制科技创新发展战略研究”、中国农业科学院农业质量标准与检测技术研究所钱永忠研究员承担的“我国鲜活农产品质量安全风险评估科技创新战略研究”、中国农业科学院油料作物研究所李培武研究员承担的“我国鲜活农产品质量安全检验检测科技创新与体系建设战略研究”、中国农业科学院农业质量标准与检测技术研究所叶志华研究员承担的“我国鲜活农产品质量安全标准与管理创新战略研究”、中国工程院咨询服务中心承担的“我国鲜活农产品质量安全科技创新与体系建设综合战略研究”。

经过近两年的紧张工作，各位院士和专家通过国内外现场调研、专题研究、专家座谈、学术研讨、文献分析等多种形式，全面总结了我国鲜活农产品质量安全研究现状，深入分析了其突出问题和发展趋势，借鉴发达国家保障鲜活农产品及食品安全的成功经验，科学地提出了今后我国鲜活农产品质量安全科技创新与检测体系建设的发展需求、战略思路、发展目标、重点任务及对策建议，经过反复研讨和修改，形成了 1 份综合报告、4 份专题报告和 13 份案例分析报告，为政府保障鲜活农产品质量安全及实现有效监管提供了科学依据和技术支撑。

项目研究主要从鲜活农产品安全生产与过程控制、风险评估、检验检测和质量安全标准创新等角度，全面梳理了当前鲜活农产品质量安全发展现状，分析得出当前我国鲜活农产品质量安全问题的特征是：处于鲜活农产品质量安全事件高发期，风险来源多样化，新的未知风险数见不鲜，同时长链条、多途径的复合污染日益凸显，而消费者对质量安全风险认知不够。其根源是当前我国鲜活农产品质量安全监管体系正处于发展和完善阶段，农业生产、加工经营和消费者自我保护环节都还存在安全保障的缺陷，以及鲜活农产品质量安全技术支撑体系的建设亟待完善等。

基于上述的基本判断，借鉴国外鲜活农产品及食品质量安全管理经验，项目研究提出我国鲜活农产品质量安全管理发展战略目标是：到 2020 年，农产品质量安全标准化生产和执法监管全面实施，专项治理取得明显成效，违法犯罪行为得到基本遏制，突出问题得到有效解决；到 2035 年，国家鲜活农产品质量安全研究的科技实力和创新能力大幅跃升，创新驱动发展成效显著。构建以信息化、智能化、网络化为特征的新型农产品质量安全监管体系，农产品质量安全全程监管制度基本健全，农产品质量安全法规标准、检测认证、评估应急等支撑体系更加科学完善，标准化生产全面普及，农产品质量安全监管执法能力全面提高，生产经营者的质量安全管理水平和诚信意识明显增强，优质安全农产品比重大幅提升，农产品质量安全水平稳定可靠，打造绿色、安全、营养、高效的鲜活农产品新形象。同时提出该目标的五项基本原则、四项战略任务和四项重大工程，并提出了我国鲜活农产品质量安全管理政策建议：一是要优化顶层设计，统筹整合资源；二是要完善政策法规，健全制度体系；三是要加大资金投入，强化科技支撑；四是要加快平台建设，力争国际水准；五是要强化科学宣传与普及，保障产业发展。

本书包括综合报告、专题报告和案例分析报告三部分。综合报告主要凝练了各课题研究报告的一些结论和观点；各课题研究所提出的独特观点则体现在各个专题报告中；案例分析报告则是通过典型的案例来对某一关键问题进行较为深入的研究而形成的报告。本书数据来源于国内外政府部门网站，以确保数据的权威和有效。

同时，希望本书的出版能够促进社会各界在鲜活农产品质量安全管理方面形成战略共识，对提升我国鲜活农产品质量安全水平、保障人民“舌尖上的安全”起到积极推进的作用。

在本书中，项目组力求将5个课题组研究的丰硕成果详细地呈现给大家，但因水平有限，不妥之处在所难免，敬请广大读者批评指正。

我国鲜活农产品质量安全科技创新
与检测体系建设相关重点问题研究项目组
2017年12月

目　录

第一部分　综合报告

鲜活农产品质量安全发展战略 …… 3
　引言 …… 3
　1　我国鲜活农产品产业发展趋势 …… 4
　2　我国鲜活农产品存在的质量安全问题 …… 13
　3　国外鲜活农产品质量安全管理经验 …… 18
　4　我国鲜活农产品质量安全管理发展战略 …… 22
　5　我国鲜活农产品质量安全管理政策建议 …… 32

第二部分　专题报告

专题一　我国鲜活农产品安全生产与过程控制科技创新发展战略 …… 41
　1　鲜活农产品产业发展状况 …… 41
　2　鲜活农产品安全生产与过程控制技术发展现状 …… 45
　3　国外安全生产与过程控制技术研究与现实差距 …… 49
　4　发展趋势及战略需求分析 …… 62
　5　安全生产与过程控制科技创新的发展战略 …… 64
　参考文献 …… 72
专题二　鲜活农产品质量安全风险评估科技创新发展战略 …… 75
　1　鲜活农产品质量安全风险评估发展现状 …… 75
　2　国外风险评估技术研究与现实差距 …… 83
　3　发展趋势及战略需求分析 …… 95
　4　风险评估科技创新的发展战略 …… 98
　参考文献 …… 105
专题三　鲜活农产品质量安全检验检测科技创新发展战略研究报告 …… 107
　1　鲜活农产品质量安全检验检测发展现状 …… 107
　2　国内外检验检测技术研究与现实差距 …… 116

3　发展趋势及战略需求分析 …… 119
4　检验检测科技创新的发展战略 …… 129
参考文献 …… 134
专题四　鲜活农产品质量安全标准科技创新发展战略 …… 137
1　鲜活农产品质量安全标准发展现状 …… 137
2　国内外农产品质量安全标准与现实差距 …… 147
3　发展趋势及战略需求分析 …… 157
4　标准科技创新的发展战略 …… 161
参考文献 …… 164

第三部分　案例分析报告

案例一　我国鲜食特色农产品的病虫害防治与农药管理使用 …… 169
1　国家需求分析 …… 169
2　科技发展历史、现状及趋势分析 …… 173
3　产业现状分析 …… 177
4　我国存在的问题 …… 178
5　我国发展思路与目标 …… 179
6　我国应采取的主要措施 …… 180
参考文献 …… 183
案例二　杨梅主要病虫安全用药对策研究 …… 184
1　杨梅生产与质量安全现状 …… 184
2　缓解杨梅生产与登记缺乏矛盾的思考与做法 …… 185
3　杨梅主要病虫害农药使用风险评估 …… 186
4　针对特色小宗作物的监管建议 …… 189
参考文献 …… 190
案例三　豆芽生产环节使用6-苄基腺嘌呤的必要性、安全性与合法性问题 …… 191
1　背景信息 …… 191
2　豆芽生产过程中使用6-苄氨基腺嘌呤的技术必要性证据 …… 192
3　豆芽生产过程中使用6-苄氨基腺嘌呤的残留安全性证据 …… 192
4　豆芽生产过程中使用6-苄氨基腺嘌呤的合规性问题及其建议 …… 194
参考文献 …… 195

案例四 茭白收贮运销环节“三剂”使用的必要性、安全性与合法性问题……198
1 茭白“三剂”使用的必要性……198
2 茭白“三剂”使用的安全性……200
3 茭白“三剂”使用的合法性……201
4 对策及工作建议……202
参考文献……203
案例五 柑橘产品质量安全风险评估……205
1 发展背景……205
2 现实问题……205
3 技术分析及对策……206
参考文献……207
案例六 风险评估实验室建设与管理……208
1 发展背景……208
2 现实问题与差距……208
3 对策……209
参考文献……210
案例七 欧盟食品风险评估管理与发展……211
1 发展背景……211
2 特点与经验……211
3 启示……213
参考文献……214
案例八 粮油快速检测技术与产品应用……215
1 发展背景……215
2 现实问题……215
3 技术分析……216
4 对策……216
参考文献……217
案例九 农产品确认检测前处理技术应用……219
1 发展背景……219
2 现实问题……220
3 技术分析……220
4 对策……220
参考文献……221

案例十　基层农产品检验中心（寿光市）管理与发展……223
1　发展背景……223
2　现实问题……224
3　技术分析……226
4　对策……227
参考文献……228
案例十一　兽药残留标准体系现状与发展……229
1　发展背景……229
2　发展现状……229
3　国内外差距分析……230
4　对策……231
参考文献……233
案例十二　美国农产品质量分级标准体系发展与启示……235
1　发展背景……235
2　特点与经验……235
3　启示……237
参考文献……238
案例十三　农产品团体标准应用与发展……240
1　发展背景……240
2　现实问题……241
3　技术分析……243
4　对策……245
参考文献……247

第一部分

综 合 报 告

引　言

《中华人民共和国农产品质量安全法》中关于农产品的定义，是指来源于农业的初级产品，即在农业活动中获得的植物、动物、微生物及其产品。对“鲜活农产品”，目前尚没有在法律层面予以相关定义，但在一些行业标准和部门文件中有所体现。2005 年，《关于印发全国高效率鲜活农产品流通“绿色通道”建设实施方案的通知》（交公路发〔2005〕20 号）中对“鲜活农产品”做了界定，是指新鲜蔬菜、水果，鲜活水产品，活的畜禽，新鲜的肉、蛋、奶。2009 年交通运输部又制定了《鲜活农产品品种目录》，对“绿色通道”管理涉及的鲜活农产品进行了具体的界定。此外，《超市鲜活农产品供应商评价指标体系》（SB/T 10621—2011）也对“鲜活农产品”进行了规定，是指“通过种植、采摘、养殖、捕捞形成的，未经烹饪等热加工的，保留自然特性的农产品”。从上述鲜活农产品的定义可以看出，交通运输部和商务部根据各自部门职能对所涉及鲜活农产品的产品属性予以了规定，两个“鲜活农产品”定义的主体范围基本一致，但具体产品范围并不完全相同。交通运输部门的“鲜活农产品”包括新鲜蔬菜、新鲜水果、新鲜水产品、活的畜禽和新鲜的蛋奶 5 类农产品，具体包括：新鲜蔬菜（含未加工的蘑菇、生姜、生鲜茉莉花、生鲜菜用玉米、新鲜的花生、薯蓣、粉葛、马铃薯、马蹄、莲藕），时鲜瓜果（含果蔗、保鲜瓜果、新鲜板栗），鲜活水产品（含未加工的冰鲜鱼、虾、蟹），活的畜禽，生鲜蛋和奶。畜禽、水产品、瓜果、蔬菜、肉、蛋、奶等的深加工产品，以及花、草、苗木、粮食等不在鲜活农产品之列。而根据商务部门的定义，粮食、茶叶、花、草、苗木等产品则可以算入“鲜活农产品”范围。其中，粮食既包含稻谷等未经加工处理的产品，也包括部分经初加工处理的产品，如脱壳、碾精后的大米，脱荚后的大豆等。本研究报告从保障农产品质量安全出发，所涉及的“鲜活农产品”主要为食用农产品，即新鲜蔬菜、新鲜水果、新鲜水产品、活的畜禽和新鲜的蛋奶等。

我国是农产品的生产和消费大国，粮、棉、肉、蛋、菜、水产品的产量均居世界首位，尤其是鲜活农产品产量和消费量逐年增加，而且不同种类鲜活农产品的生产、流通、消费方式和结构存在较大差异，并呈现大规模、跨区域、反季节等特点。由于生产布局、人口聚集及消费规模和结构发生了重要变化，鲜活农产品生产销售面临着新形势和新要求。由于我国鲜活农产品生产销售全过程缺乏有效监控，绝大多数鲜活农产品主要以初级产品的形态进入批发零售市场，难以有效保证鲜活农产品的品质和安全，农产品质量安全事件频发，这不仅严重影响了鲜活农产品市场的信誉，而且导致消费者对质量安全的信心和满意度偏低。习近平总书记早在2013年中央农村工作会议上就强调“能不能在食品安全上给老百姓一个满意的交代，是对我们执政能力的重大考验”，要求用最严谨的标准、最严格的监管、最严厉的处罚、最严肃的问责，确保广大人民群众“舌尖上的安全”。因此，加强鲜活农产品质量安全关键技术创新和体系能力建设，切实提高鲜活农产品质量安全的科技含量和科技储备，建立健全农产品质量安全过程控制体系、检验检测体系、风险评估体系和质量安全标准体系等技术支撑体系，对提高鲜活农产品质量安全水平具有重要而深远的意义。

1　我国鲜活农产品产业发展趋势

1.1　蔬菜产业现状

我国是世界上最大的蔬菜生产国和消费国，蔬菜是除粮食作物外栽培面积最广、经济地位最重要的作物，蔬菜产业是农业增效、农民增收的重要手段和途径。近年来，通过加强蔬菜基地建设、推进标准化生产、完善和落实“绿色通道”政策、启动蔬菜产业信息体系、免征蔬菜流通环节增值税等措施促进了蔬菜产业整体平稳发展，并呈现出以下3个特点。

（1）产业规模持续稳定增长。面积和产量稳中有增，有效保障了市场供给。据统计，种植面积已由2008年的1785.6万hm^2增加到2016年的2166.9万hm^2（图1-1，据国家统计局统计），总产量由2008年的59 240万t增加到2016年的80 005万t（图1-2，据国家统计局统计）。2016年我国蔬菜人均占有量已达579kg，居民菜篮子不断得到充实。

（2）产业布局逐步优化。在《全国设施蔬菜重点区域发展规划（2015—2020年）》指导下，我国蔬菜生产已经开始向优势区域集中，形成六大优势区域，分别是北部高纬度夏秋蔬菜、黄淮海与环渤海设施蔬菜、黄土高原夏秋蔬菜、华南与西南热带地区冬春蔬菜、云贵高原秋蔬菜、长江流域冬春蔬菜，新鲜蔬菜的全年供应正逐渐得到保证，蔬菜消费市场规模逐年稳步扩大（图 1-3）。产业布局的优化，完善了全国蔬菜品种的搭配、周期的选择和区域的协调。

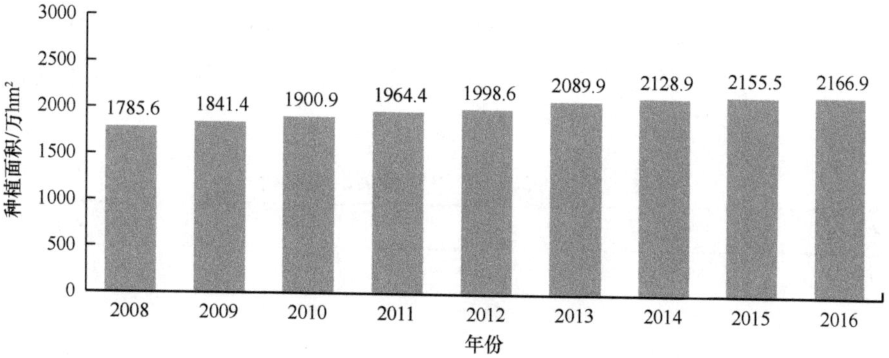

图 1-1　2008～2016 年我国蔬菜种植面积走势图

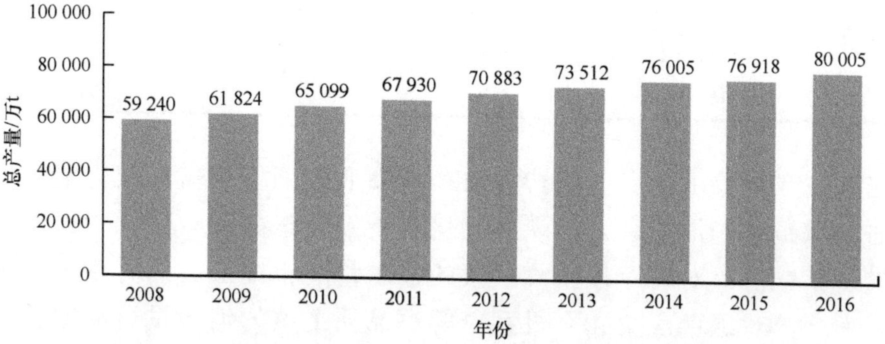

图 1-2　2008～2016 年 1 我国蔬菜产量走势图

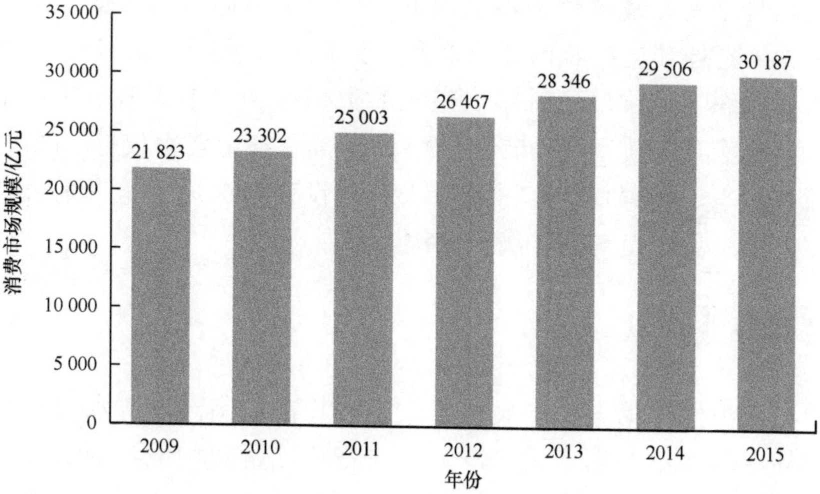

图 1-3　2009～2015 年我国蔬菜消费市场规模

（3）个别产品季节性、区域性过剩。从我国近年的蔬菜供需平衡方面看，我国蔬菜需求主要是国内需求（表 1-1）。一方面，目前我国蔬菜整体生产规模已能满足人民生活需要，生产总量已大于消费总量。另一方面，尽管近年来蔬菜出口增幅较大，但相比国内需求，其绝对数仍然很小。例如，相比 1990 年，2014 年蔬菜出口数量增长巨大，但是其总量仍然只有 744.69 万 t，尚不到国内消费总量的 1%。因此，生产盲目性、收获季节性与消费均衡性之间的矛盾客观存在，个别产品季节性、区域性过剩现象仍难免发生。

表 1-1　2009～2015 年中国蔬菜供需分析　　（单位：万 t）

年份	产量	出口	进口	表观消费量
2009	61 823.81	658.48	655.74	61 821.07
2010	65 099.41	658.46	648.47	65 089.42
2011	67 929.67	755.24	584.75	67 759.18
2012	70 883.06	716.66	791.02	70 957.42
2013	73 511.99	738.88	851.96	73 625.07
2014	76 005.48	744.69	953.77	76 045.56
2015	76 918.40	752.99	1 040.76	77 206.17

在满足数量要求之后，消费者对蔬菜品质的偏重使需求结构出现变化，城乡居民对蔬菜的消费喜好呈现多元化和精细化态势，对传统的大白菜等的需求量逐年减少，对时令性新鲜蔬菜的需求量逐年增加。同时越来越关注蔬菜质量安全，对绿色蔬菜、有机蔬菜等高品质蔬菜的消费量日渐增长，尤其对营养搭配合理、安全有保障的即食鲜切蔬菜的消费需求日渐上升。从蔬菜产业发展趋势来看，蔬菜供应将从农产品自给形态向商品转变，蔬菜产业链将向产后加工延伸。当前我国蔬菜商品化处理的比例尚不足 25%。据联合国粮食及农业组织（简称联合国粮农组织）数据库和《中国城市统计年鉴》数据测算，我国蔬菜腐损率达 20%～30%，加工蔬菜消费率仅有 10%，远远低于发达国家水平。蔬菜优势产区预冷设施建设和精深加工是未来蔬菜产业发展的必由之路，是实现产业升级的关键。

1.2　果品产业现状

我国已成为世界第一大水果种植、生产和出口国，同时水果在我国已成为仅次于粮食和蔬菜的第三大农产品，与畜牧、蔬菜构成我国农业三大支柱产业。2008 年以来，我国果品产业通过开展特色产业区建设、调整区域布局发展、调整产业结构、推进科技投入与服务等措施，种植面积和产量显著提升，主要呈现出以下 3 个特点。

（1）生产规模大幅度增长。2012～2016 年，每年净增瓜果 1000 万 t，全国人均占有量超过 200kg。水果种植面积和产量均高居世界第一，全国果品生产面积和果品产量见图 1-4 和图 1-5。水果种类更加丰富、均衡，四季有水果供应市场。除苹果、柑橘和梨三大水果产量稳步增长外，猕猴桃、樱桃、芒果、葡萄等新兴水果产量增长较快。精深加工品种更加多样，水果饮料、罐头等产品层出不穷。

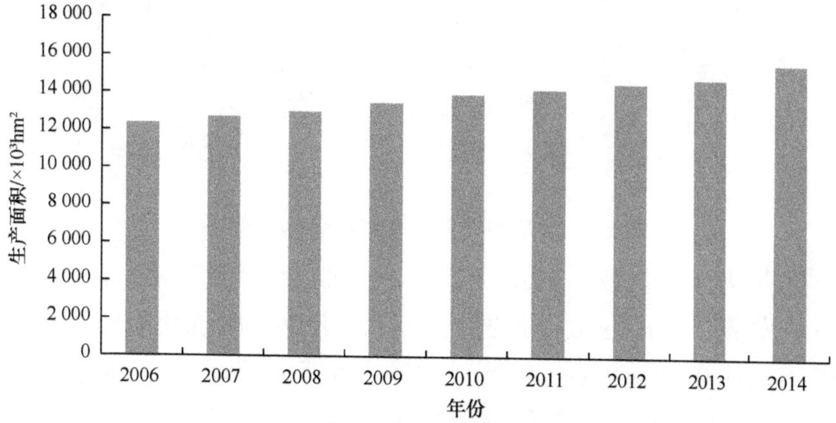

图 1-4　2006～2014 年我国果品生产面积

（2）优势产业区逐步形成。通过全国重点区域规划，苹果、柑橘、梨、葡萄等优势水果的产业带已基本形成，优势或特色区域的生产集中度明显提升。目前已在黄土高原地区和华北平原地区形成苹果优势区域，在长江中上游地区及广东、广西地区形成柑橘优势产业区。另外，全国果品产区向中西部省区转移，中西部水果产业比例由 2005 年的 49%上升到 2015 年的 60%（图 1-6），产业区域布局趋于合理，产品产量逐步提高。

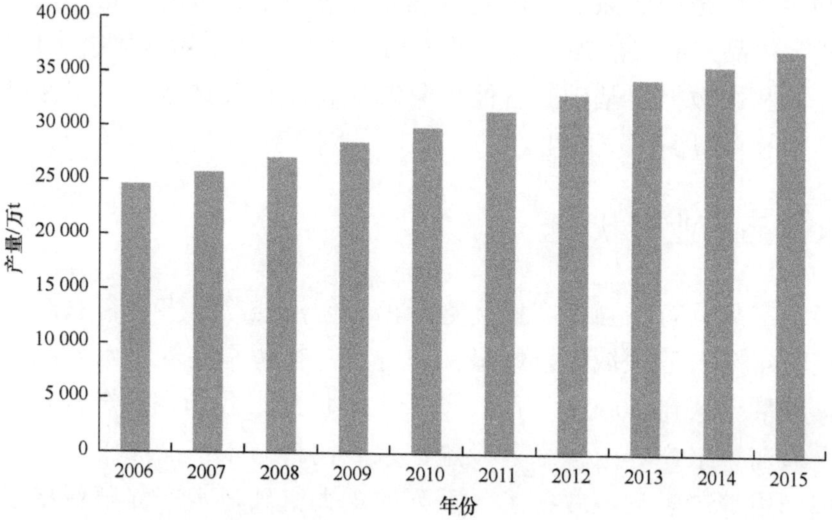

图 1-5　2006～2015 年我国果品产量

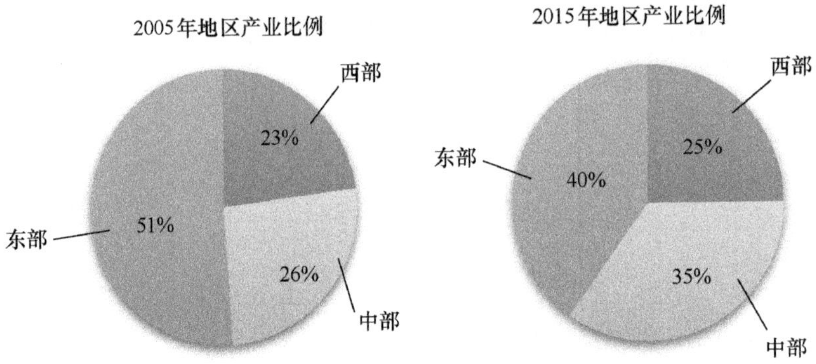

图 1-6　2005 年与 2015 年区域产业比例对比

（3）产业化发展加速。果品生产农民专业合作组织、加工龙头企业、批发市场快速发展，品牌建设不断推进，传统果业正向现代果业稳步迈进。据不完全统计，目前全国苹果优势区域内贮藏加工企业已有 2200 多家，年处理量占苹果总产量的 15%，苹果浓缩汁年加工能力达 115 万 t 以上；柑橘优势区域内有各类柑橘协会或合作经济组织 196 个，会员 17.3 万人。

随着生活水平提高，果品供给矛盾趋缓，人们对绿色、健康、安全果品的需求越来越高，特别是电子商务的发展和物流水平的提升，使得消费者对不同产区、地域的特色果品的消费需求越来越大，典型的如北方地区对热带水果如芒果、榴梿等需求不断上涨，消费者不仅要吃新鲜、多样的水果，还要吃营养且健康的新鲜水果，如绿色水果、无公害水果等，目前有机或绿色水果已成为消费热点。从果品产业发展趋势来看，优质种质资源的精准发掘、评价与利用仍将是产业热点，研究智能化加工技术、可追溯技术及安全控制技术将成为果品产品采后加工发展的方向。此外，在采后保鲜技术研发方面，以信息技术和大数据为基础的智能化分级、智能包装技术、可追溯技术及安全控制技术等将得到广泛应用。

1.3　水产品产业现状

我国水产品具有很强的产业优势，出口创汇连续十多年在农产品中居首位，是近几年来农业领域中发展最快的行业，特别是在养殖水产品方面发展很快，年产量已达到 3000 多万吨。进入 21 世纪，我国在水产育种、病害防治与安全渔药、水产养殖技术与设施、水产饲料与水产品加工、渔业资源开发与合理利用等诸多领域取得了一系列的重大突破，水产养殖业稳步发展，并形成了以下 3 个特点。

（1）水产养殖产量持续增长。我国是世界上唯一的养殖产量长时间、大幅度超过捕捞产量的渔业大国，水产养殖是我国水产品供给的主要来源。1980～2016年我国水产品产量年度变化详见图1-7。不断优化的水产养殖产业格局使我国渔业在未来国际竞争中占得先机。我国水产品除满足国内需求外，也是重要的出口创汇产品，自2001年以来连续16年居国内大宗农产品出口量首位，我国水产品出口额约占世界水产品出口总额的14%，居全球首位。

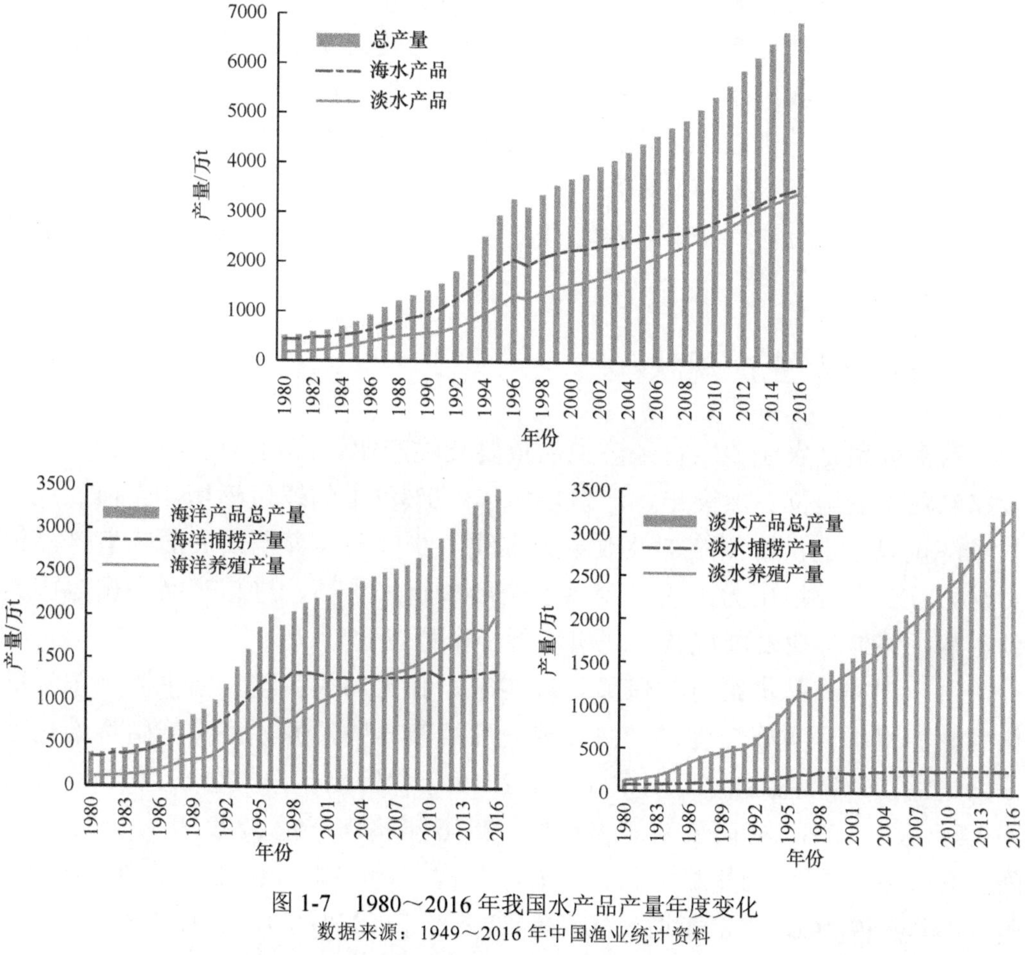

图1-7　1980～2016年我国水产品产量年度变化
数据来源：1949～2016年中国渔业统计资料

（2）养殖模式和格局不断优化。我国海水养殖经过30年的发展，目前已经形成池塘、滩涂、浅海养殖，深水筏式养殖，深水抗风浪网箱养殖，集约化工厂化养殖等多种养殖模式同步推行，水生动物增殖放流与合理开发利用相结合的新格局。

（3）现代养殖设施和养殖技术迅速发展。针对浅海养殖研制了贝类底播养殖笼具和适用于刺参、鲍增殖的混凝土人工增殖礁，刺参和扇贝深水筏式养殖技术、贝-藻-鱼等多营养层次综合养殖技术已处于世界先进水平。针对工厂化养殖改良与研发了多功能蛋白质分离器、固液分离器、模块式紫外线杀菌和高效溶氧器装置、弹性刷状生物净化载体、固体颗粒清除装置及多点多参数在线自动水质监测系统，改进了工程化养殖循环水净化处理工艺。

随着居民人均收入增长，水产品消费增长显著。消费者的水产品品种需求丰富多样，特别是对优质安全产品的需求呈上升态势，且消费需求正突破内陆或沿海的地域限制，结构改善，同时水产品加工消费需求不断增加。从水产品产业发展趋势来看，工厂化封闭循环水养殖技术具有节水、节地、高密度集约化和排放可控的特点，符合可持续发展的要求，将成为水产养殖的主要方式。由于我国水产养殖产业的发展主要建立在养殖技术的快速发展和养殖规模扩大的基础之上，因此现有的水产养殖技术对土地、水、生物等环境资源大量消耗，未来将从单纯重视产量向质量、环境资源并重过渡，重视渔场生态环境修复与保护、养殖场设置和养殖废水处理、减少污染物的扩散或积累。

1.4 畜禽产品生产现状

畜禽养殖是农业和农村经济中的重要支柱产业。特别是近10年来，畜牧业在农业中的地位更加突出，产值以每年 10%以上的速度递增。当前农业农村经济正以推进供给侧结构性改革为主线，我国畜禽养殖发展面临着产品消费乏力、资源环境压力加大、食品安全要求越来越高、进口产品冲击等因素的影响，整体行业发展现状表现出以下 3 个特点。

（1）肉类产品供给有效保障。近年来，我国加大生猪、肉牛、肉羊标准化规模养殖项目实施力度，加快发展适度规模养殖，开展畜禽养殖标准化示范创建活动。统计数据显示（表 1-2），2016 年我国全年肉类总产量 8540 万 t，比上年下降 1.0%。猪肉长期需求趋缓，2016 年猪肉产量 5299 万 t，比上年下降 3.4%。牛、羊、禽肉平稳增长，2016 年牛肉产量 717 万 t，比上年增长 2.4%；羊肉产量 459 万 t，比上年增长 4.1%；禽肉产量 1888 万 t，比上年增长 3.4%。

表 1-2 肉类生产统计（2012～2016 年）

类别	2012 年	2013 年	2014 年	2015 年	2016 年
猪肉出栏/万头	69 628	71 557	73 510	70 825	68 502
猪肉产量/万 t	5 335	5 493	5 671	5 487	5 299
肉类产量/万 t	8 384	8 536	8 707	8 625	8 540
猪肉占比/%	63.6	64.3	65.1	63.6	62.0
牛肉产量/万 t	622	673	689	700	717
羊肉产量/万 t	401	408	428	441	459
禽肉产量/万 t	1 823	1 798	1 751	1 826	1 888

（2）区域布局初步形成。目前，畜牧生产紧紧抓住新一轮农业结构调整的重大机遇，因地制宜，突出区域比较优势，科学调整优化区域布局，主要有：以长江中下游为中心产区并向南北两侧逐步扩散的生猪生产带，以中原肉牛带和东北肉牛带为主的肉牛生产带，以西北牧区及中原和西南地区为主的羊肉生产带，以东部省区为主的肉禽生产带。产业布局优化的同时，加快培育具有区域特色的畜牧业主导产品和特色品牌，逐步推进畜产品生产与资源环境承载能力相匹配、与消费市场相对接。

（3）生产方式依然相对落后。目前我国畜禽养殖方式仍然落后，延续了过去的资源消耗型、数量型增长模式。猪、牛、羊等主要动物饲养水平落后于发达国家（表 1-3），2014 年，丹麦育肥猪胴体重 84.5kg/头，美国 96.9kg/头，法国 88.4kg/头，而我国不到 75kg/头。还主要表现在标准化规模养殖场提供的畜禽产品比例较低，美国年存栏 5000 头以上的超大型生猪规模养殖场占 60%以上，欧洲国家的生猪规模养殖以年出栏 2000 头左右为主导模式，而我国生猪养殖仍以散养和较小规模养殖为主体，散养占 30%，年存栏 300 头以下规模养殖占 30%，难以形成规模效应。

表 1-3　猪、牛、羊生产水平（2014 年）

国家	猪		牛		绵羊		奶牛	
	屠宰头数	平均胴体重/（kg/头）	屠宰头数	平均胴体重/（kg/头）	屠宰头数	平均胴体重/(kg/头）	头数	羊奶单产/（kg/头）
全世界	1 473 628 702	78.3	300 074 797	215.5	545 078 664	16.4	274 002 442	2 380.8
中国	735 104 000	74.1	45 841 500	142.9	135 652 000	16.1	12 500 000	2 979.7
美国	106 957 700	96.9	30 857 300	371.2	2 404 000	30.3	9 207 600	10 150.4
丹麦	18 857 500	84.5	485 218	259.2	80 200	20.7	562 631	9 226.5
法国	24 086 716	88.4	4 675 262	301.8	5 997 910	18.4	3 698 450	6 849.5
印度	10 000 000	35	9 291 713	103.0	19 600 000	12	45 949 160	1 445.6
澳大利亚	4 821 678	75.3	9 896 168	261.3	32 206 844	22.4	1 646 685	5 794.7

注：数据统计来自联合国粮食及农业组织（FAO）

我国居民的畜禽产品需求已跨越满足温饱需求阶段，进入数量、质量并重的新时期。具有不同收入水平、饮食文化的消费者的产品需求表现出明显的差异化态势，未来肉质细嫩、风味独特的优良畜禽肉产品，将深受广大消费者和生产者的青睐。从发展趋势来看，加快畜禽产品精深加工将是应对消费需求的必然发展趋势，发酵肉制品、功能性复合肉制品和重组肉制品等新型肉制品的研发迫在眉睫。借助“互联网＋”平台，畜禽产品可实现订单化、服务化，最终形成线下线上需求市场良性循环。

1.5 蛋奶产业生产现状

禽蛋和牛奶在我国城乡居民的食物消费中占有非常重要的地位，在补充全民优质蛋白，改善饮食结构方面发挥重要作用。随着我国经济发展，禽蛋和牛奶产业相关法律法规、管理制度和技术标准不断完善，我国禽蛋和牛奶生产格局呈现出新的发展特点。

（1）蛋奶产量基本稳定。2016 年禽蛋产量 3095 万 t，同比增长 3.2%（表 1-4）。我国人均年占有禽蛋 20kg 左右，达到发达国家的水平，基本能保证每人每天消费一个蛋。奶类现阶段生产低迷，2016 年全国奶类产量 3712 万 t，同比下降 4.1%；乳制品产量 2993.2 万 t，同比增长 7.6%，据《中国奶业质量报告（2017）》数据显示，中国奶类产量位于印度和美国之后，居世界第三位，约占全球总产量的 4.7%。

表 1-4 禽蛋和奶类生产统计（2012～2016 年）

类别	2012 年	2013 年	2014 年	2015 年	2016 年
禽蛋产量/万 t	2861	2876	2894	2999	3095
奶类产量/万 t	3869	3650	3841	3870	3712

（2）产业建设稳步推进。蛋奶产业通过引进国外优良品种和先进生产设备，吸收国外饲养管理经验，结合中国特点，建立了“企业＋农户”的模式，完成了生产到加工销售配套衔接，行业竞争力和盈利能力进一步增强。另外，奶业转型升级步伐进一步加快，标准化、规模化、组织化水平不断提高，现代化生产机械和技术日益普及。规模牧场 100%实现机械化挤奶，80%以上配备全混合日粮搅拌车。奶农专业合作社达到 16 037 个，同比增加 5.8%。

（3）产品加工相对落后。产业链条不完备，精深加工能力与现代畜牧业发展集约化、标准化、规模化和产业化的要求不相称。蛋消费中，鲜鸡蛋占消费蛋的 90%以上，而禽蛋加工仅占蛋产量的 0.26%。国外蛋制品消费占蛋产量的比例则明显高得多。例如，欧洲各国的蛋制品占总产量的 25%～30%，日本则占到了 50%，美国则高达 60%。

随着生活水平提高，消费需求呈现多元化，将逐步转向蛋奶与其制品并重的消费模式，消费者日益重视蛋奶产品的质量安全和可追溯性，对蛋奶产品品牌化要求也越来越高。从发展趋势来看，目前国内的畜禽良种核心种源依赖国外输入，国内欠缺联合育种机制，应加快从引种向良种繁育转变，从重视规模产量向重视生产废弃物综合利用转变，不断改善畜禽结构，只有妥善处理好生产发展与环境保护的关系，才能实现产业健康发展。

2 我国鲜活农产品存在的质量安全问题

2.1 现阶段凸显的质量安全问题

2.1.1 产地环境中重金属污染不容忽视

产地环境安全是保证我国鲜活农产品质量安全的基础，尤其是水稻、蔬菜、小麦等对产地环境污染物敏感的农作物。近几年的食用农产品质量安全环境因子风险评估及农产品产地污染普查结果表明，我国农产品产地环境局部污染较为严重，重金属污染物主要包括镉、铅、砷[①]、汞、镍等。华中、华南地区作为重要的金属成矿带，土壤重金属背景值较其他区域偏高，导致鲜活农产品中重金属含量高于其他区域。其中，稻米中重金属镉超标一直是最大的风险隐患，2014 年风险评估结果显示，按照国家标准（0.2mg/kg）判定，我国稻米镉超标在 9%左右；按照国际食品法典委员会（CAC）标准（0.4mg/kg）判定，超标在 4%左右。稻米镉污染最突出的区域集中在湖南、江西、四川 3 个省。湖南作为稻米镉污染较重的主产省，涉及镉污染超标的地区主要集中在长株潭地区及湘江流域。土壤分析结果显示，稻米中的土壤本底污染是导致重金属污染的主要来源。

2.1.2 种植环节农药超标现象普遍

当前我国小品种蔬菜水果在生产中多处于登记农药不足、无登记农药可用的状态，农药残留限量标准非常少，但生产中病虫害客观存在，导致生产中借用和套用农药现象突出。近年来的风险评估结果显示，我国小品种蔬菜水果中农药超范围使用比例在 38.7%～97.1%，超范围使用农药的情况非常普遍。

蔬菜水果农药多残留的情况普遍，从近年来的风险评估结果来看，我国约有 20%的蔬菜产品存在农药多残留现象（≥3 种农药同时存在）。2014 年，蔬菜中有 10 种以上农药残留的样品占验证样品总数的 1.7%，其中主要为芹菜和豇豆；水果中同时检出 10 种以上农药残留的样品占样品总数的 3.8%，主要涉及柑橘。

2.1.3 养殖环节兽药残留问题依然突出

畜禽水产中违禁药物残留问题依然突出。对于社会高度关注的“瘦肉精”

① 砷（As）为非金属，鉴于其化合物具有金属性，本书将其归入重金属中一并统计

（β-受体激动剂）违规使用问题，经过多年来持续对畜禽产品“瘦肉精”的跟踪评估，2013～2016 年我国猪肉产品“瘦肉精”检出比例分别为 0.68%、0.90%、0.12%和 1.20%，检出比例在 1%左右波动，呈现“偶发”态势，基本得到控制；牛羊产品“瘦肉精”检出比例逐年上升，2016 年在屠宰场抽取的牛毛样品中，19%的样品检出“瘦肉精”，我国畜禽产品“瘦肉精”的违规使用，整体上呈现出从生猪向牛、羊扩散并加重的趋势。对于水产品“三鱼两药”问题，形势依然突出。由于鳜、乌鳢和大菱鲆在高密度养殖模式下易于患病，且孔雀石绿和硝基呋喃类成本低、药效好，目前尚无有效替代药物，两种违禁药物依然屡禁不止。从历年对水产品“三鱼两药”问题的跟踪评估结果来看，污染范围逐步减小，但风险变化趋势起伏不定。2012～2013 年，20.0%的鳜中孔雀石绿检出值大于 5μg/kg，风险隐患大；12.5%的大菱鲆中硝基呋喃类代谢物检出值大于 5μg/kg；10%以下的乌鳢中硝基呋喃类代谢物检出值大于 5μg/kg。2015 年，5.9%的鳜中孔雀石绿检出值大于 5μg/kg；8.3%的大菱鲆中硝基呋喃类代谢物检出值大于 5μg/kg；乌鳢中孔雀石绿检出率逐年下降，硝基呋喃类代谢物的检出率和检出值变化不大。

畜禽水产养殖过程中违规、“超范围”和“超剂量”使用抗菌药物时有发生。畜禽产品抗菌药物残留超标主要来源于养殖环节超剂量使用、不遵守休药期及兽药中添加标签外抗菌药物，但整体来看，我国畜禽肉中抗生素的残留水平较低。但鸡蛋中抗菌药物残留需引起高度重视，目前我国蛋鸡处于“无药可用”的状态。根据 2016 年验证评估结果，鸡蛋中检出的 18 种抗菌药物中，仅有 4 种允许在蛋鸡养殖中使用，不允许使用的有 14 种。

2.1.4 收贮运环节“三剂”超范围使用情况普遍

鲜活农产品中“三剂”使用的主要目的为在鲜活农产品贮藏过程中杀菌保鲜，在运输过程中防腐，在初加工过程中染色、护色等。目前，我国基本没有专门针对贮运环节登记使用的“三剂”产品，“三剂”产品的合法登记面临难题，“无标可依”导致“三剂”产品的超量超范围使用及非法添加情况普遍。例如，蒜薹使用保鲜剂咪鲜胺、葡萄使用亚硫酸盐、马铃薯使用抑芽剂等，此类“三剂”虽然缺少相应的标准、合理使用规范和登记产品，但由于产业依赖性较强，一旦不用将引起经济损失，因此超范围使用情况极为普遍。同时一些产业依赖性不强，但能提升鲜活农产品感官品质的“三剂”超范围使用情况依然普遍，如龙眼使用亚硫酸盐保鲜、莲藕使用柠檬酸防腐漂白、辣椒使用落叶催红素增色等。

2.2 鲜活农产品质量安全问题的主要特征

2.2.1 我国处于鲜活农产品质量安全事件高发期

目前，我国正处于改革的攻坚阶段和发展的关键时期，也处在一个矛盾突发和深度调整的时期，这导致农产品质量安全风险隐患凸显，鲜活农产品质量安全事件进入高发期。农业资源与环境的矛盾日益突出，产地环境造成的鲜活农产品质量安全风险越来越严重。生产者质量安全意识还较为薄弱，大多农产品种养殖单位具有“小、散、差”的特点，规模和程度还较低，导致我国鲜活农产品质量安全在生产过程的控制上难度较大。部分生产者为了片面追求经济利益，不合理使用农业投入品，非法添加禁限用药物等，造成鲜活农产品质量安全问题在个别地区、个别品种上比较突出。2016 年我国农产品质量安全舆情监测数据显示，自 2013 年以来，“农产品质量安全”是涉及农产品质量安全的媒体报道中出现频次最高的关键词，“违禁农兽渔药残留超标”和“制假售假及违法违规加工”类舆情为一直以来负面舆情的主要构成部分。

2.2.2 风险来源多样化，新的未知风险数见不鲜

随着生产技术的革新和社会经济的发展，鲜活农产品质量安全风险的来源逐步多样化，除了原有的风险危害之外，将新技术、新产品应用到鲜活农产品的生产、流通、加工等过程中带来了新的未知的危害。例如，地膜技术的发展，农用膜、农药、化肥等大量使用，给鲜活农产品消费安全和农业环境带来了潜在、未知的危害与风险；微塑剂、全氟有机化合物（PFC）、五溴双酚醚（PBDE）、纳米材料等新型污染物也会由于包装和环境污染等进入鲜活农产品中，从而影响鲜活农产品消费安全。近年来，人用抗生素、镇痛消炎药、神经系统药、降血脂药、β-受体阻断药、激素和农药等，在江河、湖泊、近海等水体中被频繁检出，这些物质可通过种养殖环境进入动植物体内，加剧细菌耐药性，给鲜活农产品带来新的危害风险。

2.2.3 长链条、多途径的复合污染日益凸显

鲜活农产品在其生产、加工和运输过程中往往会受到多种不同化学物（包括农兽药、重金属、生物毒素、持久性有机污染物等）的污染，这些污染物共存于单个鲜活农产品中，出现复合污染现象。根据对化学物的风险监测，发现近年来复合污染在鲜活农产品质量安全问题上成为普遍现象。由于农业

投入品的大量施用和不合理使用、“农田到餐桌”复杂链条导致生物性危害等，鲜活农产品长链条、多途径的复合污染日益严重，20 种化学物质可产生高达 190 多种二元联合毒性反应。现实中，消费者往往食用含有多种污染物的一种食品或者含有不同种类污染物的食品，且与暴露于一种化学污染物残留相比，人体同时或者先后暴露于多种化学污染物残留将会引起更高或者更低的联合效应，复合污染现象亟待受到更多关注。

2.2.4 消费者质量安全风险认知不够

风险认知是消费者对农产品质量安全风险产生的主观层面的认识、判断和评价。随着生活水平的提升，消费者的鲜活农产品质量安全意识普遍提高，对鲜活农产品质量安全问题的关注日益增强，但风险认知度远远不够。根据消费者对农产品质量安全风险认知的调研结果可知，95.6%的消费者对农产品质量安全事件表示关注，但仅有 16.4%的消费者认为自身掌握了充分的农产品质量安全信息，7.2%的消费者知道并了解《中华人民共和国农产品质量安全法》中的相关内容。一旦遇到农产品质量安全问题，绝大部分消费者会选择不了了之，而不是维权。此外，对于一些常识性的农产品质量安全问题的错误认知，也充分体现出了我国消费者农产品质量安全风险认知的缺乏。例如，认为检出农药残留就会危害健康。实际上，鲜活农产品用药是不可避免的，只要不超标就不会对健康产生危害。诸如此类的认知不足，产生的信息不对称，加上新媒体时代对鲜活农产品质量安全事件的披露和曝光越来越频繁化和大众化，造成了消费者对一些质量安全事件的误读，引发信任危机，有些甚至给产业带来致命冲击。

2.3 鲜活农产品质量安全问题的根源

2.3.1 发展阶段的制约

在农业生产方面，全国从事农业生产的人口约为 7.4×10^8 人，人均耕地面积不足 1.35 亩[①]，标准化实施程度低，对投入品和生产过程风险监控难以实现。在加工经营方面，据不完全统计，全国共有各类农产品加工企业约 45.5 万家，其中约 80%是 10 人以下的小企业、小作坊；各类食品经营企业有 1000 多万家，其中规模以上的企业不足 3%，绝大多数为个体工商户。加工企业基数大、规模小，从业人员专业素质良莠不齐，质量安全意识普遍较差。在鲜活农产品消费方面，目前我国城乡居民总体收入水平还不高，大多数消费者在购买

① 1 亩≈666.67m^2

食品时仍然以价廉作为优先选择标准；广大消费者虽然越来越重视农产品消费安全，但普遍缺乏足够的质量安全知识，认知水平不高；全社会广为提倡保护消费者权益，但消费者的知情权、监督权还难以落实。从现阶段的实际情况看，农业生产、加工经营和消费者自我保护这 3 个环节都还存在安全保障缺陷，对从源头上提高鲜活农产品质量安全水平造成了多重制约。

2.3.2 科技支撑的制约

我国鲜活农产品质量安全技术支撑体系的建设亟待完善，风险评估起步较晚，还缺乏一个部级层面专门从事风险评估的机构，检验检测体系虽已基本形成部、省、地（市）、县（乡）四级构架，但缺乏机构认证和资质认定资格，缺乏具有较强能力、较高水平的鲜活农产品质量安全研究、检验检测、风险评估队伍，过程控制技术、检验检测技术、设施装备等尚不能满足现实需求和国际贸易要求，现有技术标准科技含量较低，标准体系不够完善和统一，存在大量重复交叉现象等，都影响了我国鲜活农产品质量安全水平的提高。

2.3.3 监管能力的制约

我国鲜活农产品质量安全监管体系正处于发展和完善阶段。当前突出的问题，一是行政监管机制不顺，经过了从多段管理到市场统分的监管体制的转变，仍然存在边界模糊、职能交叠等问题，导致职责界定不清，管理错位、缺位和交叉分散，部门间缺乏有效协调衔接，监管效率不高。二是行业协会发育不完善，行业自律程度低，部分企业诚信缺失，大量本应由社会中介组织完成的工作仍基本压在政府身上。三是我国鲜活农产品生产、加工、经营点多面广，导致鲜活农产品质量安全监管工作量大、成本高，很容易出现监管的漏洞和死角。特别是在广大农村和偏远地区，鲜活农产品质量安全知识的普及和监管能力十分薄弱，部分地方近乎空白。

2.3.4 立法和执法的制约

我国在鲜活农产品质量安全方面的立法已经有不少，执法力度也在逐年加大，但总体来看，还有待完善。一是《中华人民共和国农产品质量安全法》作为保障我国鲜活农产品质量安全的法律法规基础，颁布时间较早，长时间未能修订，导致实际操作中适用面较窄，并不能有效地规范鲜活农产品质量安全。二是相关界定和规定还不够详尽，亟待修订现有法律，实现与《中华人民共和国食品安全法》两法并举、各有侧重、相互衔接，尽快解决我国鲜活农产品质量安全领域的突出问题。三是现行法律法规对违法行为的处罚力度偏轻，行政执法与刑事司法衔接不够，对违法者的威慑力不强，造成了“守法成本高、违法成本低”等现象。

3 国外鲜活农产品质量安全管理经验

3.1 国外食品安全的政府管理体制

3.1.1 美国

美国食品安全在 100 多年以来得到了极大的发展，由乱而治，并且不断完善，成为世界上最为严格的食品安全监管国之一。美国的食品安全管理事务主要由美国农业部、国家环境保护局、食品药品监督管理局、商务部和财政部等部门承担。美国农业部负责肉禽蛋及其相关制品的安全监管及动植物防疫，美国国家环境保护局负责农药和饮用水安全事务，美国食品药品监督管理局负责肉禽蛋以外食品的安全管理。总统食品安全委员会负责协调各部门，并负责制定联邦食品安全战略，为总统提供决策咨询意见。近年来，美国多次发生食品污染事件，奥巴马政府根据不断变化的现实对美国食品安全体系进行了一次大变革，签署了《食品安全现代化法案》。

3.1.2 欧盟

口蹄疫、疯牛病、禽流感病等疫情频频暴发，暴露了欧盟原有的食品法规和官方控制存在缺陷。为了应对这一新变化，欧盟发布了《欧盟食品安全白皮书》，成立了欧洲食品安全局（European Food Safety Authority，EFSA），并逐渐形成了以“食品安全白皮书”为核心的各种法律、法令、指令等并存的食品安全体系新框架。欧洲食品安全局统一负责欧盟境内所有食品的相关事宜，负责监督整个食品链安全运行，根据科学证据作出食品风险评估。此外，建立了快速反应的预警系统，对原有的预警系统做了大幅调整，建立了欧盟食品和饲料快速预警系统。它是一个连接欧盟委员会、欧洲食品安全局，以及各成员食品与饲料安全主管机构的网络。

各成员根据实际情况也建立了相应的管理体制，各有特点。德国在 2001 年政府机构调整后，将食品安全工作交由德国联邦食品与农业部统一监管，下设风险评估研究所和食品安全局两个机构。风险评估研究所主要负责与食品安全有关的风险的评估，并提交评估报告和政策建议；食品安全局负责风险管理，应对突发事件，协调国内各州食品安全事务及与欧盟有关机构的联系。法国的食品安全监管主要由农业部、财经工业部和卫生部 3 个部门承担。

农业部负责从生产到销售等环节的食品安全监管，包括制定有关技术规范；财经工业部负责市场交易环节的食品安全和诚信监管；卫生部负责调查食品安全事件，并对违法行为进行处罚。

3.1.3 日本

2001 年暴发疯牛病之后，由于民众的反应强烈，日本颁布了新的《食品安全基本法》，成立了食品安全委员会，统一负责风险评估，形成了目前农林水产省、厚生劳动省和食品安全委员会三方协同制衡的食品安全监管体系，并对原有风险管理机构内部的农产品质量安全管理职能进一步独立强化。日本的食品安全监管分别由农林水产省和厚生劳动省两个部门负责。农林水产省负责农产品生产环节的食品安全管理，进口动植物农产品检疫，批发市场和屠宰场保障食品安全的设施建设等；厚生劳动省负责加工和流通环节（除批发市场和屠宰场设施建设外）食品安全监督管理，进口加工食品安全检查。此外，卫生部门负责与食品安全有关的监督抽查并对社会公布结果。

3.1.4 加拿大

加拿大食品安全采取的是分级管理模式。联邦、各省和市政当局都有管理食品安全的责任，大型国际食品企业也有相应的管理责任。各级机构分工明确、各司其职、相互合作、协同管理，共同构成了一个较为完善的管理体制。在加拿大，一个普遍接受的原则是食品安全人人有责，这体现了参与的广泛性。在联邦一级的主要管理机构是加拿大卫生部、加拿大农业与农业食品部、加拿大海洋水产部、加拿大食品检察系统实施组织。而在联邦这一级，对食品安全来说最主要的管理机构是成立于 1997 年的加拿大食品检验局（Canadian Food Inspection Agency，CFIA），它是一个相对独立的联邦机构，但 CFIA 署长向加拿大农业与农业食品部报告工作。CFIA 总部设在渥太华，有 4 个执行区，即大西洋区、魁北克区、安大略区和西部区，各区设立区域办公室，下设 18 个地区办公室，185 个现场办公室（包括入境边检站），408 个设在企业的办公室和 22 个实验室及研究机构，共有 4600 人，分级设立国家 FSEP（食品安全督促计划）/HACCP 协调员、4 地区 FSEP/HACCP 协调员、FSEP/HACCP 专员和责任监督员。

3.2 国外食品安全管理的主要措施

世界主要国家的食品安全管理措施，可归纳为以下三个主要方面。

（1）建立健全法律法规体系。发达国家大多由议会制定食品安全的原则性法律规定。议会授权政府部门制定与食品安全有关的技术性规定和实施细则，并以政府法令和条例的形式颁布。欧盟、美国、加拿大、日本等国家或地区的食品安全立法大体上有以下 3 种情形：第一种情况，在部分综合性法律中，对食品、农业投入品、包装和标签等直接或间接地作出保障食品安全的规定，如美国的《联邦食品、药品和化妆品法》、加拿大的《加拿大农产品法》。第二种情况，在单一性法律中，专门对食品、农产品、农业投入品的某一类产品或某一个环节的质量安全作出规定，如英国的《动物防疫法》、加拿大的《饲料法》《肉类检验法》、日本的《食品安全基本法》。第三种情况，联邦立法和地方立法，如美国加利福尼亚州立法禁止食用活的动物。上述不同类型、不同方面的食品安全法律规定，为保障食品安全提供了详细的行为规范和充分的法律依据，形成了比较严密完备的食品安全法律体系。

（2）制定统一权威的技术法规。发达国家有关食品安全的技术法规具有统一性和权威性。涉及食品安全性状及其产地环境的标准，都是通过政府主管部门发布技术法规、法令和指令来强制执行。这些国家也在世界贸易组织的框架下，采用国际食品法典委员会（Codex Alimentarius Commission，CAC）推荐的食品安全标准。欧盟的食品安全标准由欧盟委员会发布指令。美国的兽药和食品添加剂标准由美国食品药品监督管理局制定颁布；农药标准由美国国家环境保护局制定颁布。日本的食品安全标准主要由厚生劳动省负责制定。近年来，在提高食品安全水平和保护本国利益的驱动下，发达国家的食品安全技术法规及其标准不断提高，越来越严格。

（3）强化食品安全监督管理。从近年的发展趋势看，发达国家越来越重视食品安全监督管理，已将食品安全监管纳入整个社会公共安全管理体系。发达国家强化食品安全监管主要表现在四个方面：一有明确的法律法规，二有健全的监管机构，三有清晰明确的职责分工，四有一批高素质的专业管理人员。例如，美国的食品监管人员为政府的专业食品检查员、微生物学家、食品化学家、流行病学家及其他食品科学的专家，各方人员携手合作，使美国食品安全监管系统得以有效运行。发达国家还根据国内外政治经济形势变化，对食品安全管理措施作出及时的相应调整。例如，美国为防止通过食品进行的生物恐怖活动，联邦政府及时调整了管理措施，要求各相关部门对可能存在的食品污染物作出危险性评估，并制定出相关的预防和控制预案。另外，要求所有食品标签必须标示出食品的产地，所有进口企业必须重新注册。这些政策调整，提高了对可能发生的食品安全事件的预防能力，尤其是提高了对突发性食品污染事件的应急处理能力。欧洲食品安全局设有食品安全信息评估小组，对汇总的食品安全信息进行及时跟踪分析，并作出评估，根据其危害程度向各成员发出信息，以便各成员及时调整食品安全防控措施。

3.3　国外食品安全管理的基本特点

概括起来，发达国家的食品安全管理主要有以下 4 个基本特点。

（1）以风险评估为基础的科学管理。食品安全风险评估，是国际食品法典委员会所推崇，世界贸易组织所认可，也是食品安全管理实践中行之有效的重要方法。在食品安全管理过程中，实行风险评估可以为制定标准、掌握食源性疾病变化趋势和形成食源性疾病控制对策提供依据。在发达国家，风险评估是制定食品安全标准、技术法规的必要手段，也是仲裁贸易纠纷的基本准则。目前，世界贸易组织各成员已基本达成共识，未来的食品安全管理体系应该是建立在风险评估基础上的预防性体系。

（2）实施从农田到餐桌的全程控制。全程质量控制已成为世界各国公认的食品安全最佳防控模式，其基本方法是：对食品的生产、收获、加工、包装、运输、贮藏和销售等各个环节，以及食品生产过程中所涉及的化肥、农药、兽药、饲料、包装材料、运输工具、食品标签等，进行有效的安全监管，并在控制中广泛采用良好农业规范、良好生产规范、良好卫生规范、标准卫生操作程序，以及危害分析与关键点控制等方法。实践证明，实行全程质量控制既可明显节约人力投入和经费开支，又能最大限度地保证食品安全。通过全程监管，对可能出现问题的环节预先加以评估和防范，并以此为基础，实行问题食品的追溯和召回制度。

（3）提高食品安全管理透明度。发达国家都十分强调食品安全管理政策、管理措施的公开性和透明度，以增强生产者、消费者的食品安全意识，增加公众对食品安全管理的参与和监督力度，避免媒体对食品安全事件的炒作和误导。例如，美国制定了《行政程序法》《联邦咨询委员会法》和《信息公开法》，以法律的形式保证食品安全管理的公开和透明，让公众参与和了解食品安全管理过程。这不仅使制度更加完善、管理更加有效，而且使公众对食品安全更有信心。

（4）建立以预防为主的管理机制。发达国家高度重视食品安全的预警和防范，许多国家重视建立食品安全预警机制，提高风险信息分析和应急处理能力，普遍采用、建立食品安全信息跟踪、采集和分析制度，对所收集到的食品安全预警信息进行分析和评估，预测危害发生的可能性和严重程度。例如，1979 年欧盟委员会开始实施风险评估通报制度，并正式启用了食品、饲料快速预警体系。在这种预警机制下，当一国出现食品安全问题时，能及时向欧盟管理机构和其他成员提供有效信息，以防止食品安全问题的蔓延。

4 我国鲜活农产品质量安全管理发展战略

4.1 指导思想

全面贯彻落实党的十九大会议精神，以习近平新时代中国特色社会主义思想为指引，遵循“创新、协调、绿色、开放、共享”发展理念，落实“四个最严”和“产管并举”的要求，全力推进绿色农业发展，围绕农业供给侧结构性改革这一主线，以特色农业资源为依托，以科技创新为动力，以提高农产品质量安全水平和市场竞争力为目标，以节本增效、优质安全、绿色发展为重点，以推进鲜活农产品质量安全科技创新和管理创新，以及人才队伍建设、条件平台建设和技术支撑能力建设为落脚点，构建鲜活农产品质量安全保障体系，为建设现代农业和健康中国提供有力支撑。

4.2 基本原则

（1）坚持源头治理，实施全程管控。强化农产品产地安全管理，综合防治农业面源污染，严格农业投入品监管，大力推进农产品标准化、绿色化、规模化、品牌化生产，建立“从农田到餐桌”的全程质量管控体系。

（2）坚持预防为主，突出风险防范。强化鲜活农产品风险监测、风险评估和风险预警，努力消除隐患并防患于未然；同时，抓住农产品质量安全领域矛盾最突出、需求最迫切的重大问题，集中力量开展专项整治。

（3）坚持创新驱动，提升监管效能。强化“从农田到餐桌”管控保障技术与产品研发，探索以合格证和检测验证为手段的执法监管新途径，运用“互联网＋”推进农产品质量安全信息化监管能力建设，着力构建新型农产品质量安全保障体系。政策鼓励适度规模经营，用品牌提高消费者对农产品质量安全的信心。

（4）坚持多方联动，推进社会共治。建立省市地县上下联动、部门间横向联动等多元协作机制，畅通投诉举报和咨询交流渠道，主动披露产品质量安全全过程信息，增强监管透明度，充分调动行业协会、科研机构和新闻媒体等社会资源，加大鲜活农产品质量安全公益科普宣传，传播质量安全监管正能量，营造全社会共同关注的良好氛围。

（5）坚持自律守信，实现放心消费。加快推进农产品质量安全信用体系建设，创新建立农产品质量安全守信激励和失信惩戒机制，引导生产经营主体建立信用档案，督促落实生产经营主体责任，恪守诚信守法的经营理念，完善质量安全内控管理制度，及时消除质量安全风险隐患，不断增强自律守信定力，用绿色安全、优质优价农产品去赢得市场信赖。

4.3　发展目标

到 2020 年，农产品质量安全标准化生产和执法监管全面实施，专项治理取得明显成效，违法犯罪行为得到基本遏制，突出问题得到有效解决；到 2035 年，国家鲜活农产品质量安全研究科技实力和创新能力大幅跃升，创新驱动发展成效显著。构建以信息化、智能化、网络化为特征的新型农产品质量安全监管体系（图 1-8），农产品质量安全全程监管制度基本健全，农产品质量安全法规标准、检测认证、评估应急等支撑体系更加科学完善，标准化生产全面普及，农产品质量安全监管执法能力全面提高，生产经营者的质量安全管理水平和诚信意识明显增强，优质安全农产品比重大幅提升，农产品质量安全水平稳定可靠，打造绿色、安全、营养、高效的鲜活农产品新形象。

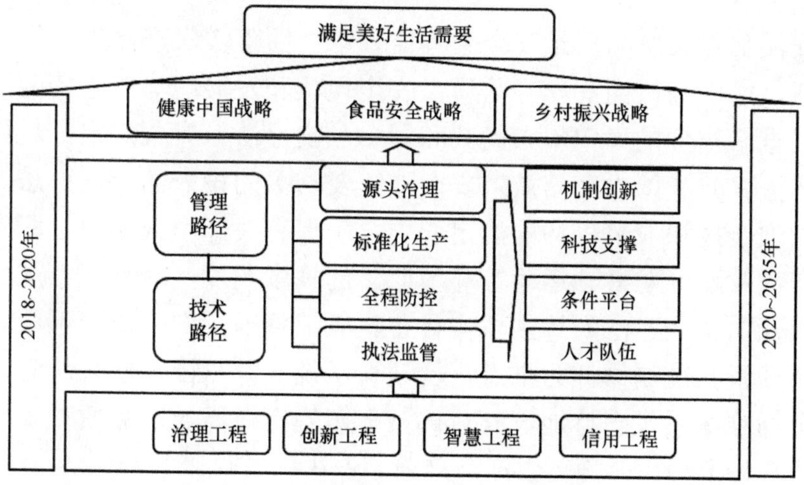

图 1-8　鲜活农产品质量安全发展战略框架

4.4　重点任务

4.4.1　全面推进鲜活农产品质量安全管理创新

围绕鲜活农产品质量安全“产出来”和“管出来”的总体要求，加快转变农业发展方式，大力推进标准化、绿色化、规模化、品牌化生产，全面提升农产品质量安全管理能力。加强农产品产地安全管理，严格农业投入品监管，大力推进农业绿色生产，落实农产品生产者首要责任。加快完善农产品质量安全监管体系，提升基层农产品质量安全执法监管能力，全面落实属地管理责任，依法强化农产品质量安全监管，积极探索基层有效监管模式。有效调动社会力量监督农产品生产经营者的积极性，形成全社会广泛参与的监管格局。

1）完善鲜活农产品质量安全管理体制和机制

严格执行《中华人民共和国食品安全法》《中华人民共和国农产品质量安全法》等相关法律法规和各级政府及编制委员会确定的部门监管职责分工，落实鲜活农产品质量安全属地管理责任，将鲜活农产品质量安全监管纳入县、乡政府绩效考核范围。推动农业部门和食品药品监管部门共同建立以食用农产品合格证为核心内容的产地准出管理与市场准入管理衔接机制。充分利用信息化技术，深化农业标准和检测监测信息服务，尽快建立全国统一的农产品质量安全信息追溯平台，同时充分发挥群众监督、舆论监督的重要作用。

2）健全鲜活农产品质量安全法规与标准

为依法加强农产品质量安全全程监管，全面落实农产品生产经营和监管主体责任，客观分析当前农产品质量安全现状和发展趋势，坚持两法并行的原则，根据新修订的《中华人民共和国食品安全法》有关规定，尽快修订完善《中华人民共和国农产品质量安全法》及相关的投入品管理办法，明确农产品质量安全执法监督机构的法定职责，确保有关部门依法履行职责。建立健全农产品收购、贮藏、运输等环节监管的规章制度，对从事农产品收购、贮藏、运输的企业、法人等主体实行备案登记管理，细化监管手段和措施。以农兽药残留标准制修订为重点，构建科学统一并与国际接轨的鲜活农产品质量安全标准体系，支持地方农业部门配套制定保障农产品质量安全的质量控制规范和技术规程，规范农产品产前、产中、产后管理。

3）创新鲜活农产品质量安全社会化治理与服务模式

围绕现代农业发展目标，坚持政府主导、统筹规划、创新模式、重在建设的原则，充分调动社会组织和相关利益方的积极性。采用政府补贴的方式，鼓励现代农业关键技术成果转化，扶持农业科技型龙头企业发展壮大，引导其加大科研投入。充分利用种子基金、风险基金和民营科技企业贷款担保基金等科技资源，建立多元农业科技投入机制。鼓励和引导生产企业开展“三品一标”（即无公害农产品、绿色食品、有机食品和地理标志农产品）认证，对产品原料及生产环境、生产过程实施全程质量控制。加大对新农村现代流通服务网络工程建设的扶持力度，发展新农村现代流通服务网络。鼓励农民专业合作社、商贸流通企业、大型连锁超市与农业产业化基地、特色农产品基地和出口基地组合对接，搭建多种形式的农产品流通活动平台。鼓励农资龙头企业建立农资配送中心和连锁企业，向农民提供放心农资商品。鼓励和支持社会力量开展检验检测认证业务，加大政府购买服务力度，营造公平竞争的市场环境。

4.4.2 全面推进鲜活农产品质量安全科技创新

加快完善我国鲜活农产品质量安全科技支撑体系，推进科技支撑能力建设，提高科技创新水平，为鲜活农产品质量安全科学监管提供理论指导和技术支撑。加大支持力度，重点解决鲜活农产品质量安全领域科技难题。加强对科技资源的统筹协调，促进科研仪器设备、科学数据等的开发、共享和高效利用。加强国际交流合作，及时引进、吸收、利用国际先进技术成果；增强鲜活农产品质量安全科技研究方面的自主创新能力，提高自主化水平。建设鲜活农产品质量安全科技数据库，收录鲜活农产品质量安全基础数据和科研成果，实现科研信息共享。

1）加快过程控制技术研究与应用

集中力量对农产品主产区、大中城市郊区、工矿企业周边等重点地区农产品产地环境开展定位监测评价，全面掌握水、土、气等产地环境因子变化情况。结合全国污染源普查，跟进开展农产品产地环境污染普查，摸清产地污染底数，把好农产品生产环境安全关。研究农产品产地安全保护和污染修复方法，制定产地污染防治与保护规划，加强产地污染防控和污染区修复，净化农产品产地环境。加强农业生产用水和土壤环境治理，切断污染物进入农业生产环节的链条。推广清洁生产等绿色环保技术和方法，启动重金属污染耕地修复和种植结构调整试点，减少和消除产地污染对农产品质量安全的危害。依法规范农药、兽药、肥料、饲料及饲料添加剂等农业投入品登记注册和审批管理，加强农业投入品安全性评价和使用效能评定，加快推进小品种作物农药的登记备案。强化农业投入品生产许可制度，严格生产许可准入条件，提升生产企业质量控制水平，严控隐性添加行为，严格实施兽药、饲料和饲料添加剂生产质量安全管理规范。强化农产品安全生产技术指导和服务，大力推进测土配方施肥和病虫害统防统治，进一步规范兽药、饲料和饲料添加剂的使用。大力推进农业标准化生产示范创建，不断扩大蔬菜水果茶叶标准园，畜禽标准化规模养殖场，水产标准化健康养殖场建设规模和整乡镇、整县域标准化示范创建。

2）强化检验检测能力提升

加大检验检测技术储备和培育力度，不断满足市场对鲜活农产品多样化、个性化检验检测的需求，开展鲜活农产品已知危害因子与微量特色营养功能成分高通量识别和准确定量技术研发、未知危害因子精准识别与快速定量关键技术研发、乡村化快速检测技术产品与检验检测智慧平台研发等。利用大数据、云计算等，对各类检验检测数据实时采集、合并分析、深度挖掘，建立检验检测数据库与分析模型，对鲜活农产品质量安全实施风险监测和预警。健全以部级质检中心为龙头、省级质检中心为主体、地市级质检中心为骨干、县级质检站为基础的全国农产品质量安全检验检测体系，实现部省地县四级检测网络“上下贯通、运行高效、参数齐全、支撑有力”。强化质检机构考核评定工作，实行检测人员培训上岗制度，全面规范质检机构管理。科学统筹、合理布局新建检验机构，避免重复建设。规范鲜活农产品质量安全快检设备和技术认定，明确快检设备生产资质要求，加强基层监管队伍快检设备的配备和应用，提高抽检针对性和效率。推进检验仪器设备自主化。提升为产业和消费者服务的能力和水平。

3）提升风险评估的监测预警能力

提高鲜活农产品质量安全风险评估能力，健全风险评估制度和工作机制，强化风险评估人才队伍建设，建立科学有效的评估方法，逐步提高鲜活农产品质量安全危害识别、危害特征描述、暴露评估及风险特征描述的整体能力，突出风险评估的监测预警功能，对农产品质量安全监管发挥支撑作用。建立健全鲜活农产品质量安全风险预警制度和机制，加强风险预警相关基础建设，完善风险预警渠道。以现有资源为基础构建和完善预警所需信息数据库，逐步提高预警能力。在综合分析研判监管执法、风险监测、风险评估、风险交流等信息基础上，分层次、多渠道地开展科学有效的风险预警。

4.4.3 全面推进鲜活农产品质量安全科技创新平台建设

紧密围绕国家战略需求，推进以农业部①学科群重点实验室、农业部风险评估实验室等为引领的科技创新基地建设，加强基地优化整合，创新运行机制，促进科技资源开放共享，夯实自主创新的物质技术基础。整合大专院校、

① 2018年3月13日，十三届全国人大一次会议审议国务院机构改革方案，组建农业农村部，不再保留农业部。

科研院所、行业企业等多方资源，集中力量打造高水平的鲜活农产品质量安全科技创新平台。依托农业部重点实验室体系、风险评估体系、检验检测体系等，形成以专业研究所为骨干、风险评估实验室为支撑、质检机构为基础的研究体系，形成跨单位、跨区域、跨系统的农产品质量安全科技协作网络，构建全国性农产品质量安全科技创新共享平台，实现大型科学仪器设备的共享共用、自然科技资源与科学数据共享。

1）优化科研创新平台布局

以提升鲜活农产品质量安全保障能力为目标，着眼长远和全局，统筹科研创新平台、资源共享与服务平台和实验基地保障支撑平台的能力建设，围绕国家战略和创新链布局需求，对现有国家科研基地平台进行合理归并与功能提升，进一步明确功能定位和目标任务。国家农产品质量安全风险评估机构、农业部农业标准研究中心等重点开展战略综合类研究。农业部重点实验室、农业部风险评估实验室等重点开展科学研究。国家野外科学观测研究站、基础性和公益性基地等重点开展定点监测等基础支撑类工作。以国家实验室为引领统筹布局国家科研基地建设，推动地方和部门按照国家科研基地总体布局，建设适合区域发展和具有行业特色的科技创新基地和平台，形成国家、部门、地方分层次的合理构架。进一步完善管理运行机制，加强评估考核，强化稳定支持。

2）统筹部署创新研究重点实验室

聚焦国家目标和战略需求，优先在具有明确国家目标和紧迫战略需求的重大领域，在有望引领未来发展的战略制高点，面向未来，统筹部署，布局建设一批集突破型、引领型、平台型于一体的国家实验室。依托现有的农业部学科群重点实验室——农产品质量安全重点实验室，在整合全国创新资源基础上，升级建设国家农产品质量安全重点实验室，通过目标导向、绩效管理、协同攻关、开放共享，同其他各类科研机构、大学、企业研发机构形成功能互补、良性互动的协同创新新格局。加大持续稳定支持强度，开展具有重大引领作用的跨学科、大协同的创新攻关，打造体现国家意志、具有世界一流水平、引领发展的重要战略科技力量。

3）推进科技创新基地建设

瞄准科学前沿和重点行业领域发展方向，加强以重点实验室、风险评估实验室为重要载体的科学研究基地建设，在孕育原始创新、推动学科发展和前沿技术研发方面发挥重要作用，根据国家鲜活农产品产业发展和政府监管的需求，按照国家科研基地顶层设计，对现有国家和部级创新实验基地进行优化布局，重点在已知危害因子迁移转化规律等研究、未知危害因子风险识别、特色营养功能保持等方面进行建设，建成一批具有优势、特色的科技创新研究基地，完善运行管理制度和机制，强化定期评估考核和调整，形成具有持续创新活力、能进能出的重要科学研究基地。

4）强化科技资源开放共享

加强平台建设系统布局，形成涵盖科研仪器、科研设施、科学数据、科技文献、实验材料等的科技资源共享服务平台体系，强化对前沿科学研究、企业技术创新、大众创新创业等的支撑，着力解决现有县市级检测体系检测效率低、仪器设备共享率低等问题。整合和完善科技资源共享服务平台，更好地满足科技创新需求。建立健全共享服务平台运行绩效考核、后补助和管理监督机制。完善国家检验检测体系、风险评估体系等科技资源数据库建设，面向国家重大需求提供高水平专题服务。

5）完善信息化支撑平台建设

以提升鲜活农产品质量安全水平为主线，打造农资监管平台、农产品质量安全追溯平台、农产品质量安全监测平台等，推进鲜活农产品质量安全监测、评估、溯源、预警等信息化平台建设和资源共享。集中建设国家鲜活农产品质量安全云信息中心，集成建设涵盖各级、各类鲜活农产品定性与定量检测的监管工作云平台，通过大规模计算环境的支撑，实现全国范围内农产品质量安全信息的云端处理与共享。形成集相关数据的采集、交换、统计、查询、分析、预警等多项功能为一体的应用系统，为鲜活农产品质量安全监管提供良好的信息支持，实现包括预测分析、监测预警、综合评价在内的多层次宏观决策支持。

4.4.4　全面推进农产品质量安全人才队伍建设和学科发展

围绕农产品质量安全特点，采用校所合作等多种模式，推进农产品质量安全学科建设。落实人才优先发展战略，把人才资源摆在科技创新优先位置，改革人才培养使用机制，优化人才结构，培育造就结构合理、素质优良的农产品质量安全创新人才。制定农产品质量安全学科发展和人才培养规划，制定相关人才评价、流动、激励机制。实施重点人才聚集工程和高层次紧缺人才引进工程，大力引进熟练掌握监测技术、风险评估技术、大数据分析、信息化技术等的各类专业技术人才，培养集结不同专业高层次科技人才，形成学科互促、专业互补的农产品质量安全创新研究局面。

1）加强检验检测与执法监管队伍建设

农产品质量安全监管工作是由各级政府农业部门落实执行，因此，必须依据中央制定的法律法规完善管理机制，强化监测和执法监管队伍建设，保障农产品质量安全的有效监管。一方面，建立全国统一的鲜活农产品检验检测从业人员注册管理制度，实施工作岗位资质认定制，强化专业学习，从人力资源角度全面提高检验检测人员的技术水平。另一方面，加强执法监管队伍的政治思想道德素质建设、业务能力及作风建设，特别是要加强基层食品安全监管机构和执法队伍的整体全方位的思想素质和作风建设；认真学习好法律法规和检验检测专业知识，拓宽食品领域知识和国内外相关食品行业的各项标准，不断优化知识结构，这样才能提高在行政执法中处理问题的实际工作能力。

2）加强标准化机构队伍建设

一是设立专业化鲜活农产品标准技术评价机构。针对现行标准颁布后无人监督的状态，建立专业标准技术评价机构，组织开展现行有效的国家标准和行业标准定期评价工作，同时组织开展标准化改革后团体标准与企业标准的比对、评价和监督工作。二是组建鲜活农产品标准制修订专家团队。加快组建一支数量充足、业务精干、具备国际化视野的鲜活农产品各领域标准制修订专家队伍；实行团队首席专家制，建立定期绩效考评和“能进能出”机制；建立责任和激励机制，对标准制定实施有显著效益的标准研制单位和个人给予表彰与奖励。三是加强农业领域相关协会和学会等社会团体建设。充分发挥农业领域相关协会、学会等社会团体的作用，加强标准相关培训和机构能力建设，为团体标准和企业标准制定培育技术力量。

3）加强科技支撑队伍建设

科技支撑队伍是鲜活农产品质量安全科技创新工作的主要实践者和承担者，因此，要强化鲜活农产品质量安全科研队伍建设。一方面，加快现有科技人力资源开发，调动各个层次、各类人才的积极性，充分发挥其潜能，做到人尽其才、才尽其用，造就一支高素质的科研队伍。另一方面，将农产品质量安全学科发展和人才培养规划，纳入“十三五”国家学科发展和人才规划体系中，制定相关激励政策，实施农产品质量安全科技人才培养计划，实施重点产业专业人才聚集工程和高层次紧缺人才引进工程，培养和吸引一批农产品质量安全科技专业人才，加快建立一支高水平的鲜活农产品质量安全管理队伍和专业人才队伍。

4）强化学科发展与建设

研究农产品质量安全学科的科学内涵和学科定位，明晰学科方向与研发重点布局，围绕农产品质量安全学科的特色和优势，明确学科建设的思路，探索国家级、部级、省级农产品质量安全研究机构在学科建设中的科学定位，估计学科建设难点和重点，积极培育具有学科标志性的成果，以研究生教育和学位点申报为突破口带动学科建设，加强学科交流与学科文化建设，建立完善配套机制和体制。

4.5 重大工程

4.5.1 着力绿色发展的治理工程

加强产地环境等源头治理，是保障鲜活农产品质量安全的第一道关口。坚持“点面结合、生态修复、加强监控”的源头治理战略，系统开展环境危害物的污染行为及阻控技术研究，农田、林地、水体有害污染物的动态监测、评价、综合治理与修复等关键技术及产品研发，化肥农药高效利用机理与投入基准、肥料农药技术创新与装备研发，化肥农药减施技术集成研究，构建农产品安全生产源头治理的理论、方法和技术体系。探索建立农产品产地环境安全监测评价制度。结合全国污染源普查，跟进开展农产品产地环境污染普查，摸清产地污染底数，推进农产品产地环境质量分级和功能区划，科学确定适宜生产的农产品品种，及时调整种植、养殖结构和区域布局。有效推进农业绿色发展和生态文明建设，全面建立以绿色生态为导向的制度体系，基本形成与资源环境承载力相匹配、与生产生活生态相协调的农业发展格局，努力实现耕地数量不减少，耕地质量不降低，化肥、农药使用量零增长，秸秆、畜禽粪污、农膜全利用，实现农业可持续发展，使农民生活更加富裕、乡村更加美丽宜居。

4.5.2 着力技术升级的创新工程

全面深入实施创新驱动发展战略，推进鲜活农产品质量安全科技创新，为保障鲜活农产品质量安全提供技术和产品支撑。坚持“一主两翼”的鲜活农产品质量安全科技创新发展战略，以保障鲜活农产品质量安全的技术和产品创新为主，以管理体制机制创新和智慧化信息平台创新为两翼，开展农产品质量安全全程控制技术研究，研发快速、精准、便捷的农产品质量安全监测评估技术、分析方法、标准物质和仪器设备，研究建立农产品等级规格品质标样和数据库。推动以产品为单元、生产环节为链条、关键点控制为理念的全过程控制技术研究及集成。研发定量、快速检验检测技术产品与配套设备，研发定量、即时、无损检测技术及配套设备；研发鲜活农产品复合污染多组分快速检测技术与产品，加快实现多污染物或同类污染物的全面筛查；建设完善全国鲜活农产品安全的大数据云平台，推进风险监测、评估、预警、应急、交流系统的建设，全面提升我国“互联网＋”助力农产品质量安全提升的总体能力；探索蓄积性和累积性风险的评价技术，掌握污染物的环境暴露剂量和生物有效剂量；革新污染物毒性测试技术。扎实推进农产品生产源头控制、绿色生产和产后产品质量安全风险控制等重点技术创新，在基础理论、应用技术、前沿颠覆性技术等方面取得突破性进展，形成一大批具有自主知识产权的新方法、新技术、新标准等研究成果，为解决实际生产问题提供强有力的技术支撑。

4.5.3　着力大数据共享的智慧工程

科技基础条件平台是科技创新的物质基础，是科技持续发展的重要前提和根本保障。从增强国家自主创新能力和核心竞争力出发，需继续加强科技基础条件平台建设，为保障鲜活农产品质量安全提供必要的保障。坚持“政府主导，百花齐放”的原则，科技基础条件平台建设坚持以政府财政资金投入为主导，积极引入企业、合作社等各类社会资金投入。以保障我国鲜活农产品质量安全监管、支撑产业发展为着力点，以推进城乡一体的农业公共服务体系建设为基本点，系统装备农牧渔各行业并重、产区检测与销区检测衔接、国内市场与国际市场兼顾的质量控制基础设施，基本建成产地环境、投入品和农产品全面监控的鲜活农产品质量安全检测、监测、预警、评估平台，提升农产品质量安全监管水平，增强农业产业竞争力，确保城乡居民农产品消费安全。健全完善国家农产品质量安全追溯管理信息平台，建成覆盖全国、业务齐全、扁平高效、协作协同、可供部省市县共用共享的国家农产品质量安全监管信息平台，全面提升信息化支撑能力，强化线上监控和线下监管，提升大数据应用水平和综合监管效能。通过有效配置和共享，建成一批布局合理、特色鲜明、装备先进、功能齐全、运转高效、资源共享的科技平台，为鲜活农产品质量安全科技创新、监管等提供科技基础条件平台。

4.5.4　着力多元共治的信用工程

多元共治是多元社会力量共同参与鲜活农产品质量安全治理，通过各种机制共同保障质量安全，是一项系统复杂的工程，是参与食品安全治理的主体、行为、责任、能力及制度等要素的有机结合。进一步落实《社会信用体系建设规划纲要（2014—2020 年）》《国务院关于建立完善守信联合激励和失信联合惩戒制度加快推进社会诚信建设的指导意见》，建立健全农产品质量安全信用管理制度，全面提升农资和农产品生产经营主体的诚信意识和信用水平。加快推进农产品质量安全信用体系建设，要求生产经营主体公布其基本信息和质量安全相关信息，健全内部管控制度，公开质量安全承诺，全面落实主体责任，有效规避农产品质量安全信息不对称，促进农产品质量安全信息的公开化、透明化。建立主体信用档案和评价机制，实施分级分类管理，不断提高农产品质量安全监管效能。依法加强信用信息的归集、公示和共享，落实守信联合激励和失信联合惩戒机制，鼓励行业协会、社会团体和第三方机构运用公开的信用信息开展信用评价，为社会提供多样化的信用产品和服务，引导生产经营主体树立诚信意识，守法诚信经营。

5 我国鲜活农产品质量安全管理政策建议

5.1 优化顶层设计，统筹整合资源

进一步深化体制机制改革，创新建立与鲜活农产品质量安全监管相适应的管理体系、标准化工作机制和科研创新体制。

5.1.1 推进鲜活农产品质量安全管理体制改革

进一步深化机构改革，赋予农业部门更多的监管职能，减少各部门之间的交叉监管，推动建立“以品种为主、分段为辅”的管理体制，建议农业部门实行鲜活农产品质量安全的全程监管。同时，要强化地方农业部门对鲜活农产品质量安全监管的主要责任。地方各级农业部门要对当地生产的鲜活农产品质量安全负全责。按照责权一致的原则，建立鲜活农产品质量安全监管责任制和责任追究制。

5.1.2 建立鲜活农产品质量安全标准化工作机制

按照国务院《深化标准化工作改革方案》的总体要求，建立并完善以国家标准为基础、市场标准（由社团标准和企业标准组成）为主体的新型国家标准体系，构建技术法规与标准自愿采用的体系框架，合理界定政府标准和团体标准的不同范围，把政府标准制定的重点转移到涉及人身安全、健康、环保及公共利益等领域内，形成结构合理、层次分明、重点突出、面向国际

的标准体系，加强团体标准的培育和发展，使企业及产业联盟等市场竞争主体能成为团体标准的制定者，创新面向市场、反应快速的运行机制，形成以企业为主、广泛参与、公开透明的开放式工作模式，强化社会共治，形成开放共享的标准管理应用与服务平台。

5.1.3 优化鲜活农产品质量安全科技创新机制

按照事业单位分类改革总体要求，强化分类指导，加快建立“职责明确、评价科学、开放有序、管理规范”的现代农业科研院所制度，努力营造科研人员潜心研究的政策环境。依据学科领域、研究方向组建创新团队，按需设岗，按岗聘用，明确岗位用人标准，建立与科技评价相配套的薪酬体系。统筹科技资源，改革完善农业科技计划管理方式，建立目标明确和绩效导向的管理制度。根据鲜活农产品质量安全领域的规律和特点，完善科学的创新评价体系。探索建立政府推动、市场引导、企业化运作的成果转移新机制，促进创新成果服务于农业产业。

5.2 完善政策法规，健全制度体系

强化鲜活农产品质量安全监管，应重点在法规标准和制度建设方面下功夫，进一步完善配套政策法规和制度体系。

5.2.1 加快推进《中华人民共和国农产品质量安全法》修订工作

党中央、国务院对食品安全工作提出，要用最严谨的标准、最严格的监管、最严厉的处罚、最严肃的问责的要求实施监管。围绕这一核心要求，建议《中华人民共和国农产品质量安全法》修订应该把握好以下几点：一是强化主体责任。实现管理模式由产品管理向主体管理转变，明确相关生产主体的责任，特别是风险隐患较大的散户生产经营责任，将从生产到进入批发市场前的所有主体全部纳入法律的规制中，明确强化主体责任。二是风险全程控制。要引入风险预警监测制度，对农产品进行风险识别、风险定性，对综合分析表明可能具有较高程度安全风险的农产品，应及时作出农产品安全风险警示，并予以公布。以风险为主线，建立从风险监测、风险识别、风险预警到风险防控全过程的风险管理系统。三是创新制度安排。在完善现有的产地管理、投入品使用、生产档案、包装标识、产品检测、信息公开制度等基础上，从主体管理角度出发建立主体登记制度、质量合格证明制度、黑名单制度、责任约谈制度和信用制度等。四是加大惩戒力度。现行的《中华人民

共和国农产品质量安全法》中对于违法成本规定的过低是导致农产品质量安全事件屡屡发生的原因之一。建议在修订时考虑提高违法成本，加重对违法主体处罚的力度，同时将农产品质量安全作为绩效考核的内容之一。五是提高信息公开透明度。农产品供应链各个环节中存在着大量的信息不对称现象，严重阻碍了农产品质量水平的提高。建议修订时加强农产品供应链所有环节的信息公开，实现农产品质量安全的可视化管理。

5.2.2 加快完善农兽药残留等污染物限量及方法标准

目前农兽药等危害因子残留限量和配套检测方法标准与我国监管需求还存在差距。虽然我国最新的《食品安全国家标准　食品中农药最大残留限量》（GB 2763—2016）规定了433种农药4140项残留限量标准，但已制定的农药残留限量涉及的农产品种类，仍然远远少于我国实际生产消费的产品种类，尤其是蔬菜、特色农产品等小品种作物、动物源产品和饲料中农药残留限量缺失严重。在兽药残留限量方面，目前还没有颁布《食品安全国家标准　动物性食品中兽药最大残留限量》，兽药残留监管主要以农业部235号公告为主，已制定残留限量标准的兽药还存在涵盖动物种类及组织不全和方法不配套的问题。此外，农产品中重金属、生物毒素、持久性有机污染物也缺乏与生产相适应的限量和检测方法。因此，应加快农药残留限量标准的修订，以及兽药、重金属、生物毒素、持久性有机污染物限量标准和配套方法的制定完善。

5.3 加大资金投入，强化科技支撑

鲜活农产品的质量安全是广大民众消费的基础，是民生问题的根本，鲜活农产品质量安全的保障离不开国家财政和社会资金对相关农业活动、基础设施设备和科技专项的财力投入。

5.3.1 加大鲜活农产品质量安全相关财政补贴力度

一是加大鲜活农产品标准化生产补贴力度。农产品质量安全的保障离不开标准化生产的实施。重点加大家庭农场式生产者标准化生产的财政补贴支持力度，加大菜果茶标准化区域创建、畜牧标准化规模养殖和农产品质量安全县的政策支持力度。二是加大鲜活农产品安全及生态环保方面的补贴奖励投入。在种植产品方面，实施化肥、农药零增长支持政策，实施低毒生物农药示范补助试点；实施耕地保护奖励政策，鼓励和支持秸秆还田，加强绿肥种植，增施有机肥，改良土壤，培肥地力。在畜牧业方面，加大动物防疫及

无害化处理补贴力度，实施重大动物疫病强制免疫及基层动物防疫补助政策，实施畜禽疫病扑杀和病死畜禽无害化处理补助政策；实施草原生态保护奖励政策。三是实施鲜活农产品质量分级补贴政策，促进鲜活农产品质量提升。对自愿参加农产品质量分级、实施优质优价的企业和生产者给予补助，促进农产品总体质量水平的提升。

5.3.2 加大鲜活农产品质量安全执法监管装备投入

一是强化基层执法监管机构建设和执法装备配置，通过基本建设和财政专项，尽快提升基层农产品质量安全执法能力。以鲜活农产品质量安全执法为重点，贯通农产品生产全过程，延伸农产品收贮运全链条，积极推动基层农业综合执法，使农产品产地环境、农业投入品、生产过程、产地准出、市场准入和质量追溯等真正处于完全受控状态。二是加大鲜活农产品质量安全追溯体系建设投入。通过国家投资加快构建国家统一的、链接各生产经营主体和市场流通与消费界面的农产品质量安全追溯体系与追溯平台，为各生产者创造良好生产行为、合法守规、标准化生产和安全优质产品的展示营销平台。三是加大种植、养殖企业质量安全控制和无害化处理设施建设投入。以项目补助方式，对种植和养殖企业的畜禽胴体和粪便无害化处理设施设备进行补助投资。

5.3.3 加大鲜活农产品质量安全科技专项投入

一是设立重大科技攻关专项，大力开展农产品质量安全产地环境、过程控制、药物残留、检测技术、风险评估、危害评价等科学研究工作。加大农产品质量安全生产技术、高效低毒农业投入品研发和推广力度。通过设立重大科技攻关专项，强化农产品质量安全专门技术人才、专家队伍培养，健全农产品质量安全人才队伍。二是尽快制定农产品质量安全监测与风险评估能力建设规划。全面开展农产品和农业投入品质量安全风险评估，扩大评估监测品种、数量和范围，强化危害评价，为农产品质量安全监管提供强有力的科学数据。强化农业部农产品质量标准研究中心（国家农产品质量安全风险评估中心）和已建部级专业质检中心、省级综合性质检中心的风险监测与信息预警能力建设，构建全国农产品质量安全监测与风险预警信息平台，形成覆盖我国主要产区、重点农产品、关键危害因子的农产品质量安全监测与风险预警网络。

5.4 加快平台建设，力争国际水准

建设鲜活农产品科技创新联盟和技术协作平台是实现农业创新驱动、深化农

业科技体制改革的重要举措，为加快农业科技进步注入创新活力，为推进农业现代化提供有力支撑。

5.4.1　加快鲜活农产品质量安全科技创新联盟建设

为了推进农业科技创新、示范推广、产业化应用，解决农业产业发展急需解决的技术难题，积极推动建立农业科技创新联盟，整合各级农业科研单位、农业龙头企业、现代农业示范基地、种植养殖专业户、农民（农业）合作社等资源，推进面向农业的各项服务，充分发挥协同创新、合作研发和联合推广的优势，紧紧围绕城乡统筹发展，实现农业方面的增收入、调结构、优化生态环境等目标，推动农业科技创新能力的提升，逐步形成产学研相结合的优势创新资源整合利用平台和成果转化平台，为鲜活农产品质量安全保障提供科技支撑和智力支持。

5.4.2　加强鲜活农产品质量安全技术协作平台建设

应根据鲜活农产品质量安全监管需求，在全国范围内，科学合理地布局一批具有国际水准的农产品质量安全科技创新协作平台和示范基地，开展农产品质量安全检验检测、风险评估及过程控制技术研究与示范。建立以鲜活农产品质量安全为主导的全国检验检测体系和风险评估体系平台，同时要制定相应的政策，鼓励社会资金投入检验检测和风险评估体系平台建设中，逐步让以检验检测技术能力为核心的社会化检验检测资源达到共享，并通过定期举办技术研讨会、推广对接会、网上会员论坛及专家热线等方式开展相关技术交流与服务。

5.5　强化科学宣传与普及，保障产业发展

鲜活农产品质量安全关系到每个普通民众的切身利益，因此，应对农产品生产者和广大消费者开展科学宣传与知识普及，使其树立科学正确的农产品质量安全意识，保障产业健康稳定发展。

5.5.1　对鲜活农产品生产者加强质量安全技术培训

应加快启动建立国家农产品质量安全生产者培训工程或培训行动计划，每年从各级财政预算中支出一定的培训经费，对农产品生产从业者，按照每3年轮训1次的原则，依托各级农业技术推广机构、农业技术学校和农产品质量安全技术机构，普及农产品质量安全基础和实用技术知识，提升农产品生产者全程质量安全控制技术水平，增强农产品生产者质量安全意识、法律法

规意识、风险隐患责任意识和诚实守信意识。

5.5.2 引导消费者理性应对鲜活农产品安全消费

加强对消费者普及安全购买识别和科学食用鲜活农产品的常识，避免因识别不当或不正确食用方式导致的食物中毒，或引发一些疾病。另外，加强对公众对质量安全问题认识的科学普及。充分利用新闻媒体优势，开设农产品质量安全科普教育栏目，通过向公众宣传科普农产品质量安全知识、社会热点等内容，进一步提高科普宣传效果，扩大科普宣传面。同时通过持续开展“农产品质量安全宣传周”“农产品质量安全科普日”等活动，切实提高全社会农产品质量安全科学意识，有效保障农业产业稳定健康发展。

第二部分

专题报告

专题一　我国鲜活农产品安全生产与过程控制科技创新发展战略

1　鲜活农产品产业发展状况

1.1　种植业产品生产与贸易

我国种植业产品安全生产和监管工作经过近十多年来的努力，取得了巨大的进展，整体安全水平明显提升，存在的问题和隐患突出表现在土壤污染和农药、肥料等化学品的不规范使用[1]。近 10 年来，随着我国农业产业化的发展，种植业产品的生产越来越依赖于农药、肥料等外源投入品。我国农用化学药品在蔬菜水果等种植业产品生产上的用量均有大量增加的趋势，尽管大量使用了超高效农药，但农药原药的使用量仍有 30 余万吨，制剂近 200 万 t。另外，产后贮运不当引发的食源性疾患不可小觑，其发病率居各类疾病总发病率的前列，是当前世界上最突出的食品安全问题[2]。这些危害因素的减控有赖于农产品安全生产与过程控制技术的突破，但鉴于生产种类、方式与规模的多样化，目前采取的过程控制措施仍然是零碎而不全面、易受突发事件攻击的；供应链中的冷链与溯源系统既不完整严密，又受市场经济、消费习惯制约；过程控制技术都尚停留在单项技术的研发，质量安全认证与追溯系统的应用受限于多样的生产模式，且尚未能普及，产品产后质量保障与安全风险控制技术研发能力亟待提高。

种植业产品多属于劳动密集型产品，蔬菜和水果是我国农产品贸易中具有竞争力的种类。随着“一带一路”的推进，我国与东南亚国家的贸易关系更为密切，促进了我国蔬菜和水果与亚洲各国的贸易往来。南亚近年来约有 30%的农产品从我国进口，我国主要向东南亚国家出口温带水果和蔬菜，进口热带水果。美国退出《跨太平洋伙伴关系协定》（*Trans-Pacific Partnership Agreement*，TPP）后，中国对日本的蔬菜出口有所调整，但仍占据了日本 50%的蔬菜进口份额。

根据海关信息网统计，近年来我国种植业进出口贸易情况见表 2-1。我国蔬菜水果的主要贸易伙伴可以分为 3 类。

一类是出口主导型，我国向该国家/地区出口的数量远大于进口的数量，如日本、中国香港、韩国。

二类是进口主导型。我国主要从该国家/地区进口蔬菜水果，出口的数量很少，如加拿大、美国。

三类是双边贸易型。我国与该国家/地区的进出口贸易都比较频繁，如越南、印度尼西亚、马来西亚等，主要是东盟国家[3]。

表 2-1　种植业产品进出口数据

年份		出口		进口		贸易国家/地区
		数量/t	金额/万美元	数量/t	金额/万美元	
2015	蔬菜	7 529.9	902.4	10 407.9	262.1	出口市场：越南、日本、中国香港、马来西亚、韩国 进口来源国：泰国、越南、加拿大、印度、美国等
	水果	3 042 879.4	516 198.5	4 340 922.2	601 342.3	出口市场：越南、泰国、中国香港、印度尼西亚、菲律宾 进口来源国：印度尼西亚、厄瓜多尔、南非、墨西哥、美国
2016	蔬菜	7 437 127.4	1 054 671.5	8 817 617.0	186 423.5	出口市场：越南、中国香港、日本、美国、马来西亚、印度尼西亚 进口来源国：泰国、越南、加拿大、印度尼西亚、美国
	水果	3 676 497.8	549 918.8	403 871.6	586 362.0	主要出口市场：越南、泰国、俄罗斯、马来西亚 进口来源国：越南、泰国、菲律宾、智利、南非、印度尼西亚
2017（1～7月）	蔬菜	4 386 392.4	624 646.7	5 542 809.0	112 039.3	主要出口市场：日本、越南、中国香港、马来西亚、印度尼西亚 进口来源国：泰国、加拿大、越南、美国、印度
	水果	1 610 935.5	224 977.1	2 756 855.5	385 068.6	主要出口市场：越南、泰国、印度尼西亚、俄罗斯、印度 进口来源国：智利、泰国、越南、美国、菲律宾

1.2　畜禽产品生产与贸易

目前，禽类产品是畜禽类产品中安全性风险隐患最大的一类产品。残留检出率和超标率高的药物有禽肉中金刚烷胺、硝基呋喃，禽蛋中氟喹诺酮类、金刚烷胺等，某些品种如鸽、鹌鹑检出率可高达 50%，并且超标率在 4%以上，鹅类产品也存在类似风险。肉蛋中重金属残留较严重，在种类和检出率上地区间有显著差别，主要为铜、铅、镉和总砷。屠宰线污染率高达 30%～90%，溶血性大肠杆菌 O157:H7 检出率为 0.4%。发达地区 3 种环境污染物（PCB、PAH、PFC）均有极高的检出率，分别达 50%、80%和 90%以上。同时，随着规模化养殖快速发展，因法制观念薄弱，原本最安全的牛羊肉类产品成为问题一族。非法添加禁用

药物以 β-激动剂和非甾体抗炎药为主，这类非法添加行为是导致产品不合格率快速提高的主要原因。区域性环境污染物残留检出率较高[4]。已感染并表现出临床症状的羊的脾中可检出布氏杆菌。猪肉类产品 β-激动剂的违法添加行为没有完全杜绝，特别是在乡镇市场上检出率可高达 3%，出现禁用的糖皮质类激素残留，检出率达 0.3%～0.4%。屠宰线病原菌污染严重，特别是溶血性大肠杆菌 O157：H7，其检出率达 9%。相对来说，随着奶牛规模化养殖的普及及标准化法规进一步的健全，牛奶的风险隐患已处于可控之中，较之前大大降低，但残留检出仍然存在，有待提高质量标准[5]。要对上述安全隐患减控急需建立针对不同规模、不同生产环境条件的养殖场安全生产过程控制体系，规范生产用药，构建屠宰线及贮藏期无残留无公害消毒、保鲜技术。

受市场消费变化及饲料价格波动等因素的影响，加上近年来对畜禽养殖规模和投入品环保要求的增加，畜禽生产保持了波动变化的态势。受猪肉产量下降和国内外猪肉价格差的显著影响，我国猪肉进口量将持续增加。受消费结构变化的影响，禽肉消费将在需求拉动下继续增长，进口量将持续增加。受禽蛋易破损、不耐贮存等的自身特征影响，禽蛋贸易平稳发展。根据海关统计，我国畜禽产品贸易情况见表 2-2。

表 2-2 畜禽产品贸易情况

年份	畜禽产品	出口		进口		贸易国家/地区
		数量/t	金额/万美元	数量/t	金额/万美元	
2015	肉及杂碎	340 393.5	105 760.4	2 725 273.5	679 898.1	主要出口市场：中国香港、吉尔吉斯斯坦、马来西亚、中国澳门、巴林、伊拉克 进口来源国：巴西、德国、美国、澳大利亚、新西兰
	乳、蛋、蜂蜜等	289 793.5	60 520.4	1 618 571.7	330 495.1	主要出口市场：中国香港、日本、比利时、西班牙、泰国 进口来源国：新西兰、美国、澳大利亚、德国、法国
2016	肉及杂碎	293 591.6	90 245.1	4 532 549.6	1 026 289.3	主要出口市场：中国香港、吉尔吉斯斯坦、马来西亚、中国澳门、巴林 进口来源国：巴西、美国、德国、澳大利亚、新西兰、西班牙
	乳、蛋、蜂蜜等	278 515.3	58 971.7	1 962 316.3	351 632.3	出口市场：中国香港、日本、英国、比利时、泰国、中国澳门 进口来源国：新西兰、澳大利亚、法国、美国、德国
2017（1～7月）	肉及杂碎	174 445.1	50 366.3	2 294 741.7	543 235.5	出口市场：中国香港、中国澳门、伊拉克、巴林、蒙古国 进口来源国：巴西、美国、加拿大、西班牙、德国
	乳、蛋、蜂蜜等	162 876.1	32 055.7	1 295 393.7	302 901.0	出口市场：中国香港、日本、英国、韩国、比利时 进口来源国：新西兰、美国、法国、德国、荷兰

我国畜禽产品贸易的特点如下。

一是畜禽产品的主要出口市场为中国香港、中国澳门的特殊工艺市场，以及日本和东南亚的泰国、马来西亚等亚洲国家及伊拉克、吉尔吉斯斯坦等中东国家与地区。

二是畜禽产品的进口来源国主要为巴西、欧洲、美洲、大洋洲的国家，相对比较固定，以巴西、德国、法国、美国、新西兰等国家为主。

1.3 水产品生产与贸易

近年来，我国水产品质量安全状况有了大幅度改善和提升，对确保我国现代渔业健康发展和转型升级做出了积极贡献[6]。然而，由于我国环境污染的加剧，水体污染状况日趋严重，汇集了大量的有毒有害污染因子，如农兽药、生物毒素、持久性有机污染物、重金属等[7]。而水环境具有立体性、流动性、层次性和多变性的特点，造成水体污染始终处于动态变化的过程中。水生生物具有高度的环境依赖性，不可避免受到水污染的影响；加之我国水产品种繁多、生产模式复杂及缺少良好操作规范等，导致我国水产品质量安全呈现出严重的多元性、动态性和复合性的特点（表 2-3）。具体表现在：水产品存在安全隐患的途径多种多样，可能来自于水环境的上层、中层、下层、沉积物等环境单元，甚至是浮游动、植物等食物链中各环节；水环境污染的动态性和多变性则可能导致水产品安全出现不同季节、不同地点的时空变化；水环境立体性及水生生物自身特点，则综合导致水产生物中多种污染因子的同时出现，其复合性极为严重[8]。因此，水产品安全风险较陆地食品风险更大，更加难以管控，必须重点加以研究。

表 2-3 水产品主要安全风险及在生产链条中主要风险点

水产品	安全隐患引入环节				主要风险
	产前（环境）	产中	产后		
			运输	销售	
鱼	药物、重金属、持久性有机污染物、微生物、寄生虫、毒素（特殊鱼类）	药物、重金属、持久性有机污染物、微生物、寄生虫、毒素（特殊鱼类）	药物、微生物	药物、微生物	药物、寄生虫、毒素（河鲀等）
虾	药物、重金属、持久性有机污染物、微生物、寄生虫	药物、重金属、持久性有机污染物	药物、微生物	药物、微生物	药物、寄生虫
贝	生物毒素、微生物、重金属、持久性有机污染物	生物毒素、微生物、重金属、持久性有机污染物	微生物	微生物	生物毒素、微生物
藻	重金属、除草剂	重金属、除草剂			重金属
参	药物、重金属、持久性有机污染物、微生物	药物、重金属、持久性有机污染物、微生物	加工过程中可能引入盐、糖等掺杂使假问题		药物
其他（捕捞）	重金属	重金属	冰鲜过程中可能引入微生物问题		重金属

水产品是世界贸易程度最高的食品之一。近年来，水产养殖发展很快，野生渔业资源不断下降引发人们对持续性的担忧；新的市场措施不断引入，以打击非法捕捞；气候变化对世界海洋的影响增加了未来生产的不确定性。我国是全球第一大水产品出口国，根据海关信息网数据，我国水产品贸易情况见表 2-4。

表 2-4　水产品贸易情况

年份	出口		进口		贸易国家/地区
	数量/t	金额/万美元	数量/t	金额/万美元	
2015	2 938 858.1	1 332 441.9	2 613 833.9	632 047.7	主要出口市场：日本、美国、中国香港、韩国、泰国、德国、菲律宾 进口来源国及地区：俄罗斯、美国、挪威、日本、中国台湾
2016	3 077 763.7	1 370 630.3	2 600 302.5	691 797.2	主要出口市场：日本、美国、中国香港、韩国、泰国、菲律宾、德国 进口来源国及地区：俄罗斯、美国、加拿大、挪威、印度尼西亚、中国台湾
2017（1～7 月）	1 742 123.3	730 216.2	1 643 212.5	421 777.2	主要出口市场：日本、美国、韩国、菲律宾、马来西亚、德国、西班牙、俄罗斯、印度尼西亚 进口来源国：俄罗斯、美国、加拿大、挪威、印度尼西亚

我国水产品贸易的特点如下。

一是我国是水产品生产大国，水产品贸易处于贸易顺差地位。

二是水产品主要供应发达国家和地区，因此水产品受技术性贸易措施的影响比较明显。水产品进口主要来源于日本、挪威等世界水产大国。

2　鲜活农产品安全生产与过程控制技术发展现状

2.1　产地环境控制技术

随着我国工业化、城市化和农业集约化的快速发展，工矿业和生活污染严重影响了农产品产地环境，同时农兽药、肥料等农业投入品的不合理使用加剧了污染态势。

产地环境污染及其修复技术一直是研究的热点和难点，近年来，通过对农产品产地环境的研究已经认识到环境中重金属的形态与其生物有效性密切相关，而植物中重金属的形态与其毒性密切相关，仅对重金属的总量进行考察是不科学的[9]。“十五”以来，在重金属、农药和持久性有机污染物的环境行为、生物吸收富集规律、产地环境污染控制及治理修复方面的研究已经投入了一定的人力和物力，但还没有形成一套完整、成熟、有效的应用技术，仍有很多问题需要解决。

我国针对污染环境及场地修复管理的主要问题和薄弱环节，开展了一系列的修复技术评估、综合集成与管理支撑技术研究。例如，针对我国易扩散类溶剂污染场地修复的技术需求，以我国工业污染场地中常见的溶剂类污染土壤与地下水为研究对象，展开了易扩散有机溶剂污染场地物化与生物修复技术研究，研发了多相抽提、原位入注和新型渗透式反应屏障等污染场地修复技术，形成了具有我国自主知识产权、经济高效的土壤与地下水修复的技术设备。针对我国设施蔬菜生产区域土壤微生物区系恶化、地力衰退、土传病害严重、化学农药污染严重等问题，从土壤有益微生物群重建和有益微生物群定向生态调控入手，通过强化有益微生物等手段，研发了多种微生物强化菌剂，对土壤病原物污染进行快速生态修复。针对我国菊酯、磺酰脲类农药的严重污染现状，通过筛选和培育高效菊酯类和磺酰脲类降解菌株，完善菌种库，研发了能分别降解多种菊酯类和多种磺酰脲类农药的新型降解菌剂产品及其应用技术。对于复合污染的菜地土壤进行了修复关键技术研究，主要针对我国城乡接合部复合污染菜地土壤，通过高效修复植物和低积累蔬菜品种筛选，研发高效修复微生物菌剂和复合强化修复剂，探索复合污染菜地土壤“边生产边修复”模式。还从农业生境的角度调查和分析了重金属污染的种类，分析了不同土壤类型与重金属的吸附特性，实施了农业生境重金属污染生物修复技术研究计划。

虽然针对产地环境污染及治理的研究取得了长足进展，相应的技术与产品也已大面积推广应用，但是，对环境污染物甄别及安全评价技术、污染物生态过程和环境归宿、污染物危害形成过程及控制机制、产品中环境污染物阻控技术的研究还尚有不足。

2.2 农业投入品使用技术

因片面追求防治效果和经济效益，我国鲜活农产品的生产高度依赖农业化学投入品的使用，使用量一直居高不下。化学投入品过量施用的主要原因：一是对不同区域，不同种植、养殖体系，缺少针对性的多元化药物使用方案；同时，部分农兽药使用规范和限量标准缺失。二是对农兽药消解规律和高效利用机制缺乏深入的认识，农兽药滥用，效率低下，替代产品研发相对落后。三是针对不同种植、养殖体系，化学投入品减施增效的技术研发滞后，急需加强技术集成，创新应用模式。四是针对农兽药耐药性的产生和传播，科学合理的交替用药方案及新型药物应用的研发尚有不足。

引发环境污染和农产品质量安全问题的一大诱因是农用化学投入品的不合理使用。主要有两个原因：一是违规使用禁用化学投入品，或不遵守其合理使用准则；二是在鲜活农产品生产、收贮运销和初级加工环节，特别是一些小作物，存在着没有经过登记的合法可用农药或“三剂”（保鲜剂、防腐剂、添加剂）的问题[10]。前者需要采用替代或减量的措施，如农业部2015年正式启动了“2020年化肥、农药使用量零增长行动”，预计到2020年，在不影响国家粮食安全的基础上，我国农作物化肥使用量和农药使用总量将实现零增长；2016年科技部也启动了国家重点研发计划专项“化学肥料和农药减施增效综合技术研发”，这是一种“堵”的做法。后者则需要采用“疏”的办法，如小作物生产环节使用未登记的农药、豆芽，生产环节使用未登记的植物生长调节剂，鲜活农产品收贮运销和初级加工环节使用未列入食品添加剂名单的防腐保鲜添加剂（“三剂”）。针对那些在农业生产中具有使用必要性并且有效，而又无法用其他方法替代，同时安全性又被证明可以保障的农用化学投入品，应该给予其合法性地位，这样就可以让农产品生产者必要时有“好药”可用，从而避免“无药用”“乱用药”“用错药”等现象。

2.3 安全生产过程控制技术

农产品的生产方式和农户生产行为是导致农产品质量安全问题的最为关键的人为因素。尽管良好农业规范（good agricultural practice，GAP）、危害分析与关键控制点（hazard analysis and critical control point，HACCP）系统等农产品质量安全全程控制体系在国外已发展得相当成熟，并成功得到广泛应用。但是在国内，作为食品链生产源头的农产品，其GAP和HACCP的实施工作刚起步。我国应用HACCP始于出口水产品，1997年国家对有关输美水产品加工企业实施了强制性HACCP方案，以应对美国对水产品提出的强制性要求，当年全国首批139家水产品加工企业获得美国食品药品监督管理局认可的HACCP证书。随后，HACCP陆续在果蔬汁、罐头等产品中试行，但推广面不大，被动应付多，主动应对少[11]。

根据我国农业和农产品生产实际，目前GAP体系多用于生产过程简单、质量安全影响因子少的种植业，HACCP体系常用于生产链条长、质量安全影响因子多的畜禽水产养殖业及其加工业[12,13]。在长期以来的家庭联产承包责任制下，一家一户的个体经营方式决定了我国农产品生产主体分散、小规模经营的特征。这种生产模式难以采用先进的生产经营理念和集成技术对生产前端进行规范化、标准化的管理，也难以建立完善的农产品质量安全追溯体系[14]。为了推行 GAP 标准的实施，我国先后将 GAP 认证列入《国家食品药品安全“十一五”规划》《全国农业和农村经济发展“十一五”规划》《农产品出口“十一五”发展规划》等，并于 2007 年正式写入中央一号文件，中国国家认证认可监督管理委员会（简称国家认监委）同国家标准化管理委员会（简称国家标准委）组织部分专家编写了《良好农业规范实施指南》等统一教材。然而，尽管政府在推行 GAP 方面做了大量工作，但在我国小农经济普遍存在的情况下推行 GAP 依然存在许多问题。

目前，基于合作社、土地流转的“农户＋龙头企业”的生产新模式正蓬勃发展，该类模式既可以发挥龙头企业的流通优势、销售优势，又能集结散户扩大生产规模，规范管理，促进集成技术的使用。

另外，为提高鲜活农产品质量安全，国内研究者针对农产品安全生产控制技术已做了大量工作，从技术的评价和选择等方面展开研究并积累了许多数据和资料，许多单项技术（如多抗优质品种、防虫网、杀虫灯、生物农药和专用复合肥等）和措施（如生产信息采集、生产技术规程和“三品一标”认证等）已在生产中得到应用并发挥作用。但现有的安全生产技术的标准化和集成化程度仍明显不足，生产技术规程可操作性也不强，认证体系与追溯监管体系关联尚不密切。因此，亟待构建成熟的安全生产质量全程控制的技术体系，并建立有效的运行及评价模式。

2.4　农产品产后保鲜技术

我国长期重生产轻产后，导致产前管理与产后处理、贮运保鲜脱节；同时鲜活农产品具有生产季节性、地域性、易损性和易腐性等特点，加上生理病害、微生物病害和采摘不当等影响，造成农产品在贮藏保鲜过程中腐烂变质严重。我国居民传统的生鲜采购习惯及鲜活农产品现杀现煮的消费习惯，决定了国外针对单一品种的分段精准处理、“流水线”式的贮运保鲜技术模式在我国的推广应用受到限制。据不完全统计，我国蔬菜在贮藏过程中损耗达 25%～30%，水果损耗达 20%～25%，而发达国家的果蔬损耗只有 1.7%～5%。根据中国物流与采购联合会发布的消息，我国水产品鲜活销售量占总渔获量的 65%～70%。目前我国生鲜产品的腐坏率超过 35%，肉类和鱼类产品腐坏率为 10%～15%，淡水鱼腐坏率在 30%以上。随着 2013 年食品安全机构改革，农业部门承担了收贮运环节的安全监管这一新责任，但该环节关于鲜活农产品防腐保鲜剂安全使用和评价的相关研究及基础数据较少，防腐保鲜剂的使用现状不明，危害情况多数不清，相关限量和合理使用规范缺失，既不能正确指导生产经营者安全使用防腐保鲜剂，又无法定量地告知公众各种防腐保鲜剂真实的风险程度，更难以为监管部门的风险管理提供有效的科技支撑。鲜活农产品防腐保鲜剂的不合理使用也是影响产品安全的重要因素。

在鲜活农产品产后贮运保鲜领域，已开展了鲜活农产品安全低碳物流技术与配套装备研究，开发了果蔬移动真空预冷技术、水果节能适温储藏物流技术、水果适温物流辅助技术、水产品无水保活技术等一批新技术[15]；在果实采后物质、能量亏损引发衰老的生物学基础研究方面，包括激素信号物质互作调控果实采后衰老的生物学基础、果实采后物质和能量亏损引发衰老的生物学基础、生物与非生物因子诱发果实采后衰老的生物学基础、基于质地的果实采后衰老的生物学基础、基于色泽的果实采后衰老的生物学基础、基于营养品质和生物活性物质的果实采后衰老的生物学基础等在内的研究取得了突破性进展；在果蔬产后生物污染物消减与脱除技术方面，开发了食品中微生物毒素与动植物内生有害物精准检测技术、发酵食品中生物危害控制与消减技术、食用农产品贮藏过程病原菌安全控制技术等食品生物危害物检测和控制关键技术，形成了涵盖 7 种重要致病菌的食源性致病微生物精确分离检测技术 24 项，并在微生物分型技术方面建立了可用于食品样品中多种细菌快速富集的通用方法，发掘了大量具有自主知识产权的特异性检测靶点，建立了 Foodborne Pathogen Tracker 数据库，实现了利用分子分析数据库大规模筛查食源性致病菌毒力因子携带情况，并构建了能够准确预测致病菌在不同加工条件下的消长动力学模型，为我国食品生物危害物精准检测和控制技术的升级换代奠定了良好基础，推进了我国食品安全检测技术和有害物控制技术水平的整体提升。但总体而言，确保安全鲜活的多元化实用保鲜技术、产后安全品质控制和保鲜技术综合集成与应用研究还有待深入。

3 国外安全生产与过程控制技术研究与现实差距

3.1 产地环境污染治理

3.1.1 研究前沿

1）环境污染物甄别和评价技术系统更加成熟

环境污染物的甄别是实现农业产地环境控制的第一要素。在这一过程中，需要根据农业产地类型和用途的不同，进行污染物的甄别和科学评价。为实现这一目标，发达国家一般对产地环境进行长期、全面、连续性的调查分析。其中，长期指的是十年甚至数十年的时间跨度；全面则是要充分考虑产地环境单元划分和污染物的种类；连续性则强调了调查的频率，如欧美对贝类养殖地的区划工作的调查频率为每周一次，赤潮高发期则调整为每周两次甚至更多，而部分洁净区域的频率则可适当减小。这种系统性的调查为环境污染物的甄别提供了大量的科学数据，可以从中分析出环境污染物在时间和空间上的变化规律。

指标体系的确定是进行环境风险评价的关键。系统化、层次化和数字化是农业产地风险评价指标体系的特征。美国根据不同环境构成因素使用不同的评价指标，其中产地监测中有 11 个指标，产地环境风险的评价指标就是从这 11 个指标中按需选取的。欧洲的比利时则提出了农药职业和环境风险指标（Pesticide Occupational and Environmental Risk Indicator，POCER）体系，覆盖人体健康和环境风险两部分，由 10 个模块组成。

农业产地环境立体污染导致其风险评价具有复杂性。水体-土壤-生物-大气全方位污染相互交织，构成了农业生态系统污染的复杂性，面源污染逐步得到了重视并加以研究。一般来说，国际社会首先根据产地环境种类和单元组成，以环境污染物种类为评价目标，这样有助于优控污染因子列表的提出，以及提升风险评价的科学性。重金属方面建立了潜在生态危害指数（the potential ecological risk index）评价法、地累积指数（index of geo-accumulation，Igeo）法、内梅罗指数法（Nemerow index method，NIM）及风险评价准则（risk assessment code，RAC）等风险评价方法。农药、化肥则主要有田间尺度的转归模型、时空分布模型、风险计算模型等，流域尺度的模型则有非点源污染模型（agricultural non-point source pollution model，AGNPS）、水土评价工具（soil and water assessment tool）等。

2）环境污染物生态行为及环境归宿比较明确

农业产地环境的开放性和立体性使得鲜活农产品极易受到污染物的污染。这些污染物在产地环境中并不是一成不变的，而是根据自身特性及环境因素的影响，在各个环境单元中进行分配和变化。生态行为的差异可能直接决定环境污染物对农产品质量安全的影响程度，因此成为国际社会关注的重点。

国外高度重视环境污染物的生态行为研究，将环境污染物的生态行为分为两个方面：一是污染物在环境介质中自身的变化，二是污染物向生物体内的蓄积。污染物自身变化主要侧重于在各种因素，如大气、温度、光照、紫外线、盐度、pH，甚至人类活动如远洋运输等方式下，污染物发生的自身结构降解等方面的变化，更多的是污染物在不同尺度、不同环境介质中的转移、输送和分配。这种转运和输送导致各种环境中污染物污染的普遍性和复合性，如持久性有机污染物（persistent organic pollutants，POPs）具有环境持久性、生物累积性、长距离迁移能力等特点，导致其在生物体内长时间残留，并沿食物链浓缩放大，甚至在偏远的极地区域也检测到一定浓度的 POPs，如南北极和喜马拉雅山地区都出现了高浓度的 POPs 残留。

除污染物的自我降解和转移外，污染物向生物体的蓄积也是重要的生态行为，而且这种蓄积对农产品质量安全的影响至关重要。蓄积途径和蓄积能力取决于污染物的环境归宿及生物的生理特性。例如，水环境中，污染物在不同水层、表层沉积物中的含量是不同的，而不同环境单元中也存在类型各异的水产生物，如鱼、虾、贝、藻等，游泳性的生物则主要考虑对应水层中污染物向其蓄积的能力，而底层贝类则应主要考虑表层沉积物中污染物的蓄积能力[16-18]。与此同时，污染物通过食物链传递所带来的安全风险也已纳入考虑范围。

全球气候变化对农产品质量安全的影响已经引起各国的广泛关注。气候变暖导致全球生态系统、动植物生长生活习性及病虫害发生规律出现变化，CO_2 浓度在农业生产环境中增加引起 pH 变化，导致有害物质溶解度增加，进而影响农产品的品质和质量安全。

3）环境污染物危害形成和调控机制相对清晰

污染物通过各种途径进入生物体后，将发生一系列的变化，如分布、代谢、排出等，这种过程就是污染物的内源代谢，同时是污染物危害形成的内源过程。就污染物自身来说，其内源代谢第一层次为原形态污染物的变化过程，即常说的代谢动力学。传统的代谢动力学利用各种代谢动力学模型，如房-室模型、双箱动力学模型等进行研究。通过这种研究，可以了解污染物的蓄积靶器官、消除半衰期、生物利用度、清除速率等各种指标，对评估原形态污染物的安全风险性具有积极作用。

然而，作为外源有毒物质，污染物在生物体的内源代谢过程不仅仅是原形态的消除，更重要的是污染物结构和性质的改变过程。随着代谢组学的发展，研究者发现有毒污染物在生物体内可以发生一系列的化学变化，如氧化、羟基化或脱羧，逐渐被代谢成其他低毒/无毒物质，同时有些代谢物毒性比原形态物质更强。这些代谢物在生物体内的分布、消除及毒性对农产品质量安全水平具有重要影响，也是污染物限量标准制定需要重点考虑的一个方面。

4）环境污染物监控预警及消减技术初见成效

鉴于产地环境对农产品质量安全的重要性，因此大多数国家十分重视农业产地环境安全状况的监管和监控。就目前来看，受经济状况、研究基础和技术水平的制约，只有少数发达国家和组织建立了行之有效的产地环境质量安全监管方法，并有效连续实施了多年，同时结合危害分析与关键控制点（HACCP）原理不断完善，进一步加强了产地环境安全的预警技术构建。

一些发达国家根据自身农业产业结构和产地环境特点，构建了形式各异但基本结构类似的环境污染物监控监管技术。总体来说，产地环境的监管主要基于农产品或污染物种类进行开展，依据各种污染物特性及前面的生态风险性评价工作，针对优控污染物进行长期系统的监测。例如，澳大利亚规定，产地环境必须开展环境影响评价（environmental impact assessment，EIA），并根据评价结果将农业活动分为高风险、中风险和低风险 3 个等级，并分别制定相应的计划。欧美的监控计划更为完善，除了进行大尺度农业生产的定期监管外，还实施了特殊种类污染物的监管和预警，如美国食品药品监督管理局（FDA）建立的贝类收获期的船上筛选码头检测（onboard screening dockside testing）技术[19]等。

环境污染物的消减技术主要是针对已蓄积到产业生物中的污染物。这种消除技术主要是基于不同污染物的危害安全形成过程及生物的调控机制开展研究，特别是将污染物消除能力作为重要的参考指标。目前，国际社会已大致找到加速清除农产品中微生物、重金属和毒素的方法。例如，紫外线照射可加速微生物的消除，通过添加 *N*-乙酰半胱氨酸可加速贝类毒素的消除。对于重金属类污染物，通过添加钝化剂，让重金属进行缓慢氧化或化合，使重金属不再以离子状态存在，减缓作物的吸收。加速消除技术结合产地划型工作，可将低层次产地的农产品通过暂养消除污染，达到产品质量要求，从而有效提升农产品的质量安全水平和市场竞争力。

3.1.2 现实差距

虽然针对产地环境污染及治理的研究取得了一些进展，但污染物甄别及归趋研究还有待深入。特别是对环境污染物甄别及安全评价技术、污染物生态过程和环境归宿、污染物危害形成过程及控制机制、产品中环境污染物阻控技术的研究还尚有不足。具体来说，亟待筛查确定农产品重金属高风险区域分布情况，研究重金属高背景值区农作物安全生产应对策略；识别有机、矿物肥等肥料中潜在的风险因子，依据产地环境承载量阈值研究安全施肥措施；开展畜禽废弃物危害因子在环境和产品中的污染动态变化规律研究及产品安全性评估，并研究不同处理方式对畜禽废弃物中危害因子的消减影响，提出高风险兽药关键消控环节；关注地表、地下及非传统源农用水污染风险，明确关键污染物类型，研究引水灌溉与农产品产地污染物运移消长模型，评估关键污染物对农产品质量安全的危害性；探查集约化生产、设施农区作物生育期及田闲期土壤、水体和农产品中农药的品种、残留水平、变化规律、运移机制和分布特征。

3.2 病虫害防控与应用效应评价

3.2.1 研究前沿

1）病虫害防控聚焦品种选育和生态防控

在农业重大病虫害防控技术上，当前研究焦点主要集中在抗病虫新品种选育、有害生物生态防治技术和化学投入品研发及其使用技术等方面。随着生物技术的发展，在转录水平、蛋白质水平及代谢水平对影响一个或多个复杂生物学过程的多个基因及其互作网络开展功能研究，为生物育种提供了丰富的材料和快速发展的技术手段，引领现代作物育种由传统的田间选择育种向传统技术与分子技术、信息技术相结合的策略发展。目前，通过分子生物学技术已获得了丰富的抗病或抗虫基因材料，并成功育成了一些抗病虫新品种。同时，针对主要农作物害虫开发了一系列的绿色防控技术，生物农药的研制、天敌昆虫的利用，以及针对不同作物的各项综合防治技术等均成绩斐然，并得到大面积的推广应用。例如，工厂化生产天敌昆虫防治害虫已得到迅速发展，特别是随着设施农业的快速发展，天敌昆虫产业更是进入了快速发展时期，捕食螨等产品也逐渐形成一定的产业和应用规模。生物农药研制也取得巨大成就，包括苏云金杆菌杀虫剂、农用抗生素、棉铃虫 NPV（nuclear polyhedrosis virus，核型多角体病毒）、杀虫真菌剂等的创制和应用。

2）化学投入品的安全性评价体系日趋规范

农药、兽药和鱼药等农业化学投入品的自身毒性或使用不当，可对人类健康和环境安全造成严重危害。因此，各国政府均要求农药、兽药和鱼药等产品登记时提供有关产品的安全性评价资料，以便科学地评估其对人类健康和环境安全方面的影响。目前，发达国家均已建立了较完备的农业化学投入品安全测试体系，对农业化学投入品的环境生物急慢性毒性、生态风险、多残留复合污染致害性和低剂量激素效应等均已建立相应测试评价技术。随着生物技术的不断发展，高通量、高灵敏度、低成本毒性测试策略已成为目前农业化学投入品安全测试技术的主要发展方向，细胞与分子技术、替代毒性试验和基于计算机模型的测试技术逐渐取代传统动物试验的趋势已日益明显。

建设安全性评价标准体系是保证安全性评价结果可靠、公正、客观的重要手段。从20世纪70年代起，世界卫生组织（World Health Organization，WHO）就先后制定出国际环境保护标准和国际化学物质守则，并与国际劳工组织（International Labour Organization，ILO）、联合国环境规划署（United Nations Environment Programme，UNEP）、联合国粮食及农业组织（Food and Agriculture Organization of the United Nations，FAO）联合颁布了化学品安全性评价守则等一系列法规。美国FDA、国家环境保护局（Environmental Protection Agency，EPA）率先制定并实行了安全性评价良好实验室规范（good laboratory practice，GLP/good experimental practice，GEP）。经济合作与发展组织（Organisation for Economic Co-operation and Development，OECD）理事会于1981年通过《化学品评价数据相互认可的决议》，要求OECD各成员必须遵循化学品安全评价GLP/GEP原则，同时必须按照OECD化学品试验准则（OECD test guideline）进行试验。

3）化学投入品复合污染和环境激素效应成为研究焦点

国内外已经对大多农业化学投入品的单一污染、代谢和毒害机制展开了深入研究，并制定了许多单一农业投入品的最高残留限量标准。但是，由于在实际生产过程中不可避免地存在多种农业投入品同时使用的情况，因此在同一种农产品中检出多种农业投入品残留的现象非常普遍。对环境及动物饲料中多种危害因子的复合污染效应考察发现，虽然单一污染物低于最大允许浓度或在较低剂量水平，但多污染物所引发的联合毒性作用明显表现出超过单一污染物的危害效应和程度。因此，在近几年多残留可能引起的“鸡尾酒效应”日益受到重视，复合污染物的污染途径和危害机制研究发展迅速。

欧盟、美国、日本等发达国家和地区在复合污染效应机制、预警与风险评估方面已开展了大量研究。美国是世界上最早通过立法关注多种农药残留风险的国家。20世纪80年代起，美国EPA开始致力于多种化学物累积毒性效应研究；1986年，EPA颁布了《化学混合物对人体健康风险评价指南》；1996年国会通过的《食品质量保护法》（*Food Quality Protection Act*，FQPA）明确要求，EPA在确定食品污染物可接受残留水平时，要根据可获得的信息，考虑具有相同毒性机制的两种及以上农业投入品同时暴露的累积效应及风险。

此外，环境激素类农药（endocrine disrupting pesticide，EDP）具有环境内分泌干扰物的典型特征，使用面积大，用量多，且存在巨大的复合污染风险，已成为严重威胁人类健康和生态环境的全球性污染物。欧盟、美国和日本等发达国家和地区早在 20 世纪 90 年代就开始开展内分泌干扰类农药的系统研究，目前已经建立了相对完善的环境激素管理体系。这些管理体系一般由政策法规、环境激素优先名录和环境激素筛选与测试技术构成，有效地将环境激素的源头控制方针和方法渗透到已有的食品与环境保护法规中。

目前，对环境化学物内分泌干扰活性甄别方法，环境激素类化合物（endocrine disrupting compound，EDC）暴露的人群流行病学及作用机制等均已展开了深入研究，多种离体和活体的生物标志物筛选检测方法也逐渐建立和应用。由于具有低剂量内分泌干扰效应或联合作用的潜在 EDC，现有的毒理学评价方法仍可能检测不到其潜在的毒性作用。随着分子生物学技术的发展，从细胞和分子水平上研究 EDC 毒性作用及其机制，进而挖掘更加灵敏特异的生物标志物或效应终点，发展新的筛查方法，已成为目前 EDC 研究的主要方向。

4）化学投入品使用控制及减量技术已广泛应用

发达国家对农业投入品在农产品上的残留限量有极为苛刻的标准。美国政府要求所有作物上使用的农药均必须经过严格的登记试验（包括药效评价、残留降解等），建立相应的使用技术并制定最高残留限量标准。国际食品法典委员会等国际组织都已制定了大量的农兽药最大残留限量标准，成为农产品市场准入和质量安全监管的重要依据。近年来，欧盟、美国、日本等国家和地区对食用农产品设定的污染物最大残留限量（maximum residue level，MRL）数量正在快速增长，限量指标也越来越严格。

发达国家对农业投入品的使用控制也十分严格。以农药为例，为保证农产品和环境安全，国际上非常重视农药安全评估与减量技术研究，如欧盟第六个科技框架计划中“食品质量与安全”课题，其目标之一即在欧洲范围内重新规划农药应用的研究与发展，实现农药的减量和可持续使用。例如，丹麦等欧洲国家较早就开展了田间除草剂精量施用及智能决策系统研究，并已在生产上大面积应用。同时，随着现代分子生物学等先进技术的发展，抗性品种的选育、生物农药的开发及农业病虫害综合防治集成技术等农药减量使用技术的推广应用，显著降低了农产品农药残留风险[20]。

3.2.2 现实差距

我国农产品生产模式仍较为落后，组织化程度不高。生产前端是我国鲜活农产品供应链中最薄弱的环节。在家庭承包责任制下，一家一户的个体经营方式决定了我国农产品生产主体分散、小规模经营的特征。由于受到农业生产模式等多种因素制约，农产品生产对化学投入品的依赖度仍然较高，化学投入品污染仍然是影响农产品质量安全的重要因素[21]。亟待在面上对鲜活农产品病虫害及农药使用情况开展针对性的调查，探明不同种植模式下蔬菜产品质量安全控制关键技术，提出产业链中关键危害因子的防控措施，并通过基础研究探明化学投入品污染途径和致害机制、多残留和环境激素效应，以及安全施用技术。

3.3 过程控制信息化集成技术应用

3.3.1 研究前沿

1）安全生产质量保障体系得以广泛应用

全程质量控制已成为世界各国公认的食品安全最佳防控模式。安全的农产品同样有赖于风险可控的生产过程。以预防为主的质量保障体系研究已从食品安全领域向前端延伸至农产品安全生产领域。HACCP 及 GAP 作为农产品安全生产质量保障体系已在世界各国得到了广泛的应用和发展。HACCP 和 GAP 体系的优势在于它们是主动的、系统的、连续的全过程控制方法，对可能出现问题的环节预先加以评估和防范，打破了质量安全只能依靠对最终产品检测的被动局面。

HACCP 是由美国在 20 世纪 60 年代推行的一种预防性的食品安全控制体系，旨在对生产过程中的危害因子予以识别、评价和控制[22]。通过对产品种植（养殖）、采摘（屠宰、捕捞）、加工、储藏、运输至销售环节的危害因素进行分析，确定关键控制环节，建立监控程序和标准，采取有效的控制措施，将风险降低至可接受水平，且根据风险评估数据调整关键控制点中的质量安全标准，对体系本身进行验证和更新，以确保产品的全程质量安全[23]。美国、加拿大等发达国家相继制定了与 HACCP 体系管理相关的法规或文件，作为对食品企业的强制性管理措施或实施指南。例如，美国先后制定了《水产品的加工与进口安全卫生规程》《降低致病菌：危害分析和关键控制点系统（HACCP）条例》和《果蔬汁的 HACCP》，要求水产品、肉禽产品及果蔬汁产品的生产实施强制性 HACCP 管理；加拿大食品检验局（FIA）制定了以 HACCP 为基础的食品安全强化计划执行手册（1998/12）及 HACCP 教程指南和 HACCP 通用模式；欧盟公布了《渔业产品卫生规定》《欧盟内部肉和肉制品贸易中卫生问题的规定》等，要求生产者做到 HACCP 各项原则要求的操作步骤[24,25]；国际食品法典委员会（CAC）推崇 HACCP 体系为目前保障食品安全最经济有效的途径，于 1993 年制定了《HACCP 体系及其应用准则》，1997

年修改颁布了新版准则。目前，CAC 发布的 HACCP 指南已被许多成员接受采纳。

GAP 体系是以农产品的安全生产为主要控制对象的质量管控体系，是现代企业质量管理方法在农业产业的应用。GAP 制定执行的操作规范，鼓励减少农用化学品和药品的使用，关注动物福利、环境保护以及工人的健康、安全和福利，是保证初级农产品生产安全的一套规范体系。GAP 认证于 1997 年起源于欧洲，至 2007 年欧盟已形成了成熟的 Global GAP 体系，美国于 1998 年发布的《关于降低新鲜水果蔬菜中微生物危害的企业指南》中首次提出 GAP。目前欧洲、日本、美国等均已基本形成了完整的 GAP 体系，建立了认证制度，针对不同类型的产品和生产载体（主要是规模农场、生产流通及加工企业或依托相关企业的专业合作社）制订了具有较高可操作性的实施细则。目前 GAP 是联合国粮农组织（FAO）向各国推荐的质量安全规范体系。

2）追溯技术标准化及工作机制法制化

当今世界各国都在积极建立和实施基于现代信息科技及物联网技术的农产品追溯机制。基于追溯机制，一方面将供应链的相关信息透明化，最大程度降低生产者和消费者之间的信息不对称；另一方面在鲜活农产品供应链上下游实现追踪和溯源两大功能，推进鲜活农产品安全责任制，满足人们对农产品安全和品质的需求。表 2-5[26]从多方面对主要发达经济体的农产品追溯体系发展进行了对比分析，可以看出追溯向两方面发展：综合与精简。综合体现在：①追溯法律及标准与农产品/食品安全管理体系、追溯机制与认证检测的融合；②追溯参与方的权、责、利的协调；③追溯信息系统的整合，相对集中、统一管理的追溯体系融汇多种技术集成发展，主要包括编码与产品标识技术、信息快速采集技术、质量安全智能决策与预警技术、数据交换与查询技术。目前，追溯技术在追溯流程、编码方案、标识技术、信息交换格式等技术节点上趋于标准化。其中，农产品的追溯编码，国外多采用国际物品编码协会和美国统一代码委员会共同开发和维护的全球统一标志系统 EAN·UCC 系统。产品标识作为追溯码的载体，除传统的采用人工方法近距离地读取一维码和二维码外，非接触式自动识别 RFID（radio frequency identification，射频识别）技术在 20 世纪 90 年代兴起并得到应用。信息采集技术上主要有无线传感器网络技术和便携设备。数据交换方面，XML（extensible markup language，可扩展标记语言）的自描述性、可扩展性及开放性等优点已使之逐渐成为信息表示和信息交换的标准，可很好地实现不同平台和系统间的数据交换。

表 2-5　主要发达经济体农产品追溯发展对比分析[26]

经济体	追溯专职机构	实施方案	追溯系统	验证与核查	主要特点
欧盟	尚不清楚	编列追溯计划，由成员根据各自情况具体推动，其中英国在牛肉、挪威在水产方面的推进较好	动物追溯系统采用中央型，其他为分散型追溯信息架构，追溯信息分散于各企业内部信息系统	各成员建立追溯记录核查机制	强调“一步向上，一步向下”追溯模式，注重原料来源与产品出货上下游串接
美国	新成立国家级“全球追溯中心”整合各方力量共同推进	国家统一建立动物追溯系统，其他以行业协会和企业自主搭建追溯系统为主	动物追溯系统采用中央型，其他为分散型追溯信息架构，以企业内部追溯系统为主	记录文档需经一定频次、范围的查核；牲畜跨州移动必须通过州际兽医检验	注重动物跨境转运及动物疫病的管理与跟踪；注重精简流程和节省成本；着力于整合资源、力量推动全供应链的追溯
加拿大	CAN-Trace 国家级标准制定与推广；Agri-Tracabilité Québec 省级实施	主要是分省进行追溯推进实施，阿尔伯塔省和魁北克省发展较好	中央型牲畜追溯系统，其他品项以企业内部追溯系统为主	融合加拿大世界一流的食品检验系统	基于加拿大世界一流检验体系，以验证为中心，将追溯体系与食品安全检验融合
日本	日本食品市场研究与信息中心专注追溯研究和标准手册制定	牛肉由国家强制导入，其他由农林水产省编预算，机构及企业申请补助推行，主要由产业团体自主实施，非强制性；由生产履历记录运动的纸本记录过渡到电子化	牛肉追溯系统采用中央型，其他品项采用主从型追溯信息架构，需向核心追溯信息节点上传追溯信息，推动信息系统整合	牛肉需强制认证，并进行 1 万～2 万例/年的 DNA 抽检；其他品项鼓励但不强制采用第三方验证	将追溯与完善的农产品检验认证体系结合，针对具体品项制定最为精细的追溯导入规范，推动追溯的精确化；同时覆盖大型农业生产企业和中小微农户
韩国	尚不清楚	牲畜、水产国家统一实施；GAP 认证的农产品强制纳入追溯，由追溯试验项目逐步扩大范围	牲畜、水产、果蔬都为中央型追溯信息架构	牛、猪只需 DNA 检验；GAP 认证农产品必须纳入追溯	基于追溯合规性评估、注册、查核纠正、退出等完善追溯机制，纳入必要检测项目，推进追溯系统精细化
中国台湾	尚无专职机构	基于《台湾良好农业规范（TGAP）》，利用农改场和农会推广生产履历记录，鼓励提交电子记录	主从型追溯信息架构，核心追溯信息节点汇集分散系统的信息，推动信息系统整合	鼓励独立公正的第三方验证，需经审核才能纳入追溯管理，有日常记录监督机制	基于具体品项的 TGAP，融入公正第三方检验机制，推进统一的追溯云平台；不强调供应链上下游链接；同时覆盖大型农业生产企业和中小微农户

同时，针对传统的身份识别方法易丢失、易伪造、易破解的问题，为保护地方特色产品，提高生产者积极性，保护消费者合法权益，基于生物特征的身份识别技术正在兴起。其主要是分析表征不同地域来源农产品的特异性指标，具有稳定、便捷、不易伪造等优点。目前还有采用质谱、光谱和分子生物学等技术（表 2-6），通过分析鲜活农产品的有机组成、挥发性成分、同位素含量与比例、DNA 图谱等特征成分或指标，结合化学计量学研究，建立能区分鲜活农产品产地来源的特征指纹图谱的研究，从而对不同种类农产品进行产地判别，无一种独立的技术能完全用于鲜活农产品产地溯源判别分析。为达到快速、准确、廉价地判断产品来源的目的，多种技术相结合的溯源体系亟待建立。

另外，追溯工作机制日益法制化。例如，欧盟作为推动食品追溯体系发展的重要力量，已形成较为完善的、以第 178/2002 号法案为核心的农产品/食品质量安全追溯法律体系。2008 年推出的《良好追溯流程》（*Good*

表 2-6　主要产地溯源技术特点及其应用[14]

方法	优缺点	检测指标
质谱技术		
红外质谱（IRMS）	灵敏度高，准确性好，分析速度较慢，费用高	同位素
电感耦合等离子体质谱（ICP-MS）	痕量或超痕量分析，多元素同时分析，分析速度快，但操作较复杂，费用高	元素
光谱技术		
荧光光谱	无损检测，分析速度快，廉价，灵敏度高，痕量分析	任何成分
近红外光谱/中红外光谱（NIR/MIR）	无损检测，分析速度快，操作简单，样品不需要前处理，样品量大，不适合痕量分析	任何成分
原子吸收/原子发射光谱（AAS/AES）	分析速度较快，灵敏度较高，常量或微痕量分析	元素
核磁共振波谱（NMR）	无损检测，分析速度较慢，费用高，灵敏度不高	任何成分
分离技术		
气相色谱（GC）	灵敏度高，分辨率高，重复性好，分析速度较慢，费用高	挥发性化合物
高效液相色谱（HPLC）	灵敏度高，重复性好，样品用量少，易回收且前处理简单	任何成分
毛细血管电泳（CE）	操作简单，分辨能力强，分析速度较快，重复性不高	任何成分
其他技术		
分子生物学技术	分析速度快，灵敏度高，特异性强，重现性好，易出现假阴性或假阳性	DNA
电子鼻	分析速度快，重复性好，操作简单，样品前处理简单，受制造材料和检测环境的影响	挥发性化合物

Traceability Practice，GTP），包括内部追溯、供应链追溯、追溯信息电子交换指导手册，以及针对水产品、蜂蜜、鸡肉和饮料的实施标准与指南。北美洲的美国和加拿大都是追溯体系的积极实践者。美国以《生物反恐法案》和《食品安全现代化法案》为核心，确立了农产品/食品追溯法律框架。针对生鲜农产品，2002 年由美国生鲜产品运销协会（Produce Marketing Association，PMA）和加拿大生鲜产品运销协会（Canadian Produce Marketing Association，CPMA）联合成立的追溯项目推进小组（CPMA/PMA Traceability Task Force，CPTTF）首次发布了《北美生鲜产品最佳追溯规范》，还相继推出《生鲜农产品追溯实施指南》及生鲜农产品追溯行动计划（Produce Traceability Initiative，PTI），致力于在大型集团企业中推动实施追溯信息管理。日本食品安全管理相应的法律、法规体系较为健全，众多法律法规都有涉及农产品/食品追溯的相关内容，主要包括《农林产品标准化与品质标签规范化法案》（JAS 法）、《农产品检疫法》《农药取缔法》《肥料控制法》《饲料安全法》《食品安全基本法》《食品卫生法》《牛肉可追溯法》《疯牛病对策特别措施法》等。除以经济体为单位推动外，国际物品编码协会（Global Standards 1，GS1）、国际标准化组织（International Standards Organization，ISO）、国际食品法典委员会（CAC）等国际组织也制定了相关标准和实施手册，致力于在全球范围内推动食品、

农产品乃至商品追溯体系。

鲜活农产品安全生产过程控制的前沿问题在于：如何将质量安全保障认证体系中的关键控制标准、追溯系统中的过程信息与风险评估模型关联，开展实时风险预测，更新相应控制技术，并将结果与质量安全保障认证体系的关键控制标准比对，从而实现全程质量控制的实时更新和预警。

3.3.2 现实差距

尽管 GAP、HACCP 等农产品质量安全全程控制体系在国外已发展相当成熟，并成功得到广泛应用，但是在国内，作为食品链源头的农产品，其 GAP 和 HACCP 的实施工作刚起步。尽管政府在推行 GAP 方面做了大量工作，但在我国小农经济普遍存在的情况下推行 GAP 依然存在许多问题[28]。首先，GAP 认证和实施成本高。GAP 在投入物质（农药、水质、种子等）和基础设施方面有着较为严格的要求，而在目前农业生产实际中，农业基础设施条件仍较差，投入物质的检测条件也十分落后。GAP 认证的实施是一个巨大的系统工程，需要有大量的资金进行科研试验和购进试验、检测设备及库房设施、加工设施与支付环境、产品检测费用。认证成本高导致了企业进行 GAP 认证的激励不足，从而严重阻碍了 GAP 的推广。其次，我国农民的素质仍普遍较低。小而散的生产模式，导致作为生产主体的农户对 GAP 缺乏足够的认识，接受程度较低，这为 GAP 的推广造成了较大的阻力。最后，实施 GAP 缺乏足够的利益驱动。由于 GAP 产品并没有特殊的标识，造成了生产者与消费者之间的信息不对称，对于生产者而言，缺乏价格的激励，从而也阻碍了 GAP 的推广。

另外，现代信息技术正推进过程控制单项技术研发，但集成应用尚待突破。农业物联网、无线网络传输等技术的蓬勃发展，极大地推动了监测数据的海量暴发，数据实现了由“传统静态”到“智能动态”的转变[29]。现代化的信息技术全面、及时、有效地获取与农业相关的气象信息、作物生长信息、传感信息、位置信息、流通信息、市场信息和消费信息，有助于全方位推进农产品全产业链发展。但上述信息技术在农业生产中尚未能整合应用，产品生产过程的规范和控制技术集成研究还有待与质量安全认证及追溯体系深度嵌合。

3.4 多元化实用保鲜技术与品质控制

3.4.1 研究前沿

1）综合保鲜技术应用普遍

鲜活农产品产后环节易发生微生物，包括腐败菌和致病菌的繁殖和交叉污染，缩短产品货架期，造成产品安全隐患。世界发达国家在农产品产后微生物控制理论、设备设施、包装材料和工程技术的研究与创新，以及在技术集成、成果转化等方面已经取得了显著成效，包括物理性控制技术和装备研发、化学防控及生物控制等其他技术的开发研究。值得注意的是，标准化、自动化和配套化及有机（绿色）农产品贮运保鲜技术正代表着一个时代的特征和发展趋势。

2）保鲜技术研发多元化发展

目前，保鲜技术多元化发展的方向主要包括物理性控制技术和装备的研发、新型化学保鲜物质的开发应用和生物性保鲜剂的研发。其中，农产品产后微生物控制的物理方法主要是通过温度、压力、电流、辐射等手段改变微生物生理状态或破坏其细胞结构，从而抑制微生物生长或造成微生物死亡。物理性前沿技术包括波动式温度控制、超高压灭菌、高压脉冲灭菌、脉冲电流灭菌、辐照灭菌、脱水技术和气调包装等，发达国家已实现大部分技术的装备研发和安全性评价。欧洲食品安全局 2011 年批准超声波处理与蒸汽灭菌结合用于减少肉类表面细菌污染。美国 FDA 已批准辐照技术（小于 3kGy）在家禽中使用，用于减少表面沙门氏菌和空肠弯曲杆菌的污染。英国、比利时、法国、荷兰和美国都已批准用辐照技术对新鲜或冰冻水产品进行处理，用于杀灭副溶血弧菌。在腐败菌抑制方面，发达国家已普遍进入气调、冷链保鲜阶段，实现农产品采收-商品化处理-运输-贮藏-销售整个过程的高度冷链化，目前正进一步研究和发展真空预冷、超低氧贮藏等高新冷链技术。同时，发达国家在无污染保护环境的制冷和气调技术方面也处于前沿地位，其中包括与农产品保鲜处理自动化控制有关的光电子学技术和计算机控制技术，与提高农产品耐贮运性、抗病和抗冷性，控制完熟和衰老，最终提高保鲜效果有关的转基因分子生物学技术，以及从基因工程角度研究农产品完熟、衰老调控基因及抗病基因、抗褐变基因和抗冷基因的传导集成产品保鲜技术[30]。

臭氧水、电解水、有机酸和天然抗菌物质等安全、环保的化学抗菌物质的筛选、开发和安全性评价是目前产后保鲜领域的研究热点[31]。大量国外研究报道表明，臭氧水、中性电解水、有机酸和植物抗菌萃取成分可用于鲜活农产品产后加工中的消毒灭菌。其中，部分有机酸，如乙酸、乳酸及苯甲酸已被美国食品药品监督管理局列为“基本认为是安全”（generally recognized as safe，GRAS）的化学物质，允许作为食品添加剂用于产品保鲜。此外，可食涂被保鲜剂也是一种重要的新型化学保鲜方式，它注重与生物保鲜剂的结合，注重脂类、碳水化合物、蛋白质类的复合，属于防腐型、防褐型、护绿型、增光型可食性保鲜剂及保鲜技术，天然涂被剂的薄膜包装气调（modified atmosphere，MA）保鲜技术将更注重分子调节、厚度调节、裂缝调节、浓度调节和亲水与疏水性调节。结构多功能性的保鲜包装材料也被用于产后腐败菌控制，利用微孔制造工艺，结合防水材料、防腐材料、生理调节材料、半导体、陶瓷材料等不同材料的特征进行复合，以提高现有保鲜包装材料的耐湿性、透湿性、防结露性、与防腐保鲜剂的巧妙结合性，以及适应现代化搬运的托盘化包装的连接性等，此外，研制开发纳米防霉、微孔透气、防雾和脱除乙烯等多功能保鲜膜及 MA 保鲜技术和设备也是时下热点。微胶囊缓释理论和技术的研究也是目前保鲜领域的热点，强调环境启动释入、添加剂控制，并兼用包装调控释放的三控理论及两段释放控制理论，在应用方面注意保鲜剂的组装结合、保鲜剂的复配及天然保鲜剂的应用。

其他保鲜技术还包括生物性控制技术，如开发益生菌、特异性噬菌体等微生物，利用生物竞争抑制作用进行农产品产后保鲜[32]。益生菌可干扰病原微生物的基因表达、宿主附着及胞间信号传递，成为一种抗菌物质。例如，有研究表明在牡蛎净化过程中添加乳酸菌，数日后可明显降低牡蛎中的副溶血弧菌污染。噬菌体可将自身核酸注入宿主细菌细胞内，并可在其中自我复制，造成细胞裂解。美国食品药品监督管理局于 2006 年批准噬菌体添加剂用于食品中单增李斯特菌的防治。

3.4.2 现实差距

我国居民喜好采买鲜活农产品的消费习惯，正日益推动着鲜活农产品安全生产与过程控制技术的研究。鲜活农产品的安全生产有赖于新技术、新模式在生产中的集成应用，但由于我国农业生产方式分散多样，生产技术系统的构建长期倚重于种子、农业化学投入品等农业生产资料，因此相应的研究基础薄弱，现有的研究成果也尚未能覆盖鲜活农产品生产的全过程。因此，亟待在产、收、贮、运不同环节，调查鲜活农产品腐败菌，建立病原菌及毒素监测方法，明确分布范围、防控条件，研究安全使用指南；建立食源性致病菌菌株库，对获得的分离株进行“指纹图谱”鉴定、数据库比对与聚类，确定鲜活农产品中致病菌的可能污染途径和流行病学特征；开展多元保鲜技术研发，产后安全品质控制技术研发，保活、保鲜技术综合集成与应用研究。

4 发展趋势及战略需求分析

4.1 国际竞争战略需求分析

一是我国农产品贸易受政策影响显著，特别是在国际贸易中，近年来受

“一带一路”的政策影响，与东南亚国家、俄罗斯等的双边贸易增长迅速。

二是中国农产品的产品附加值比较低，以初级产品为主。应学习和借鉴农业发达国家经验，以面向出口的农产品加工龙头企业为依托，将生产、加工、销售连为一体，进行专业化生产经营，并引导农户联合参与，形成鲜活农产品产业生产与加工出口的产业群，使企业生产加工标准化、质量高、规模大。支持具有比较优势的劳动密集型的蔬菜、绿色食品、有机食品等品种的出口，支持具有发展潜力的高附加值产品、特色产品、优质加工品，建立品牌优势，实施品牌推广战略，以中国制造和中国品牌的影响力为发展目标，提升中国农产品贸易的国际竞争力。

三是品种内部结构调整。近年我国农业生产提出了供给侧改革目标，相对于世界上农业竞争力强和农产品出口国家来说，我国农业禀赋条件相对较差，农业土地和水资源等相对更加稀缺，这就要求提高我国农业竞争力必须更加紧紧依靠创新。受环境保护和资源保护的影响，我国畜禽、水产、蔬菜等鲜活农产品生产都受到不同程度的影响，但从长远来看，应从提高农业综合生产力角度出发，提高我国农产品综合能力。

4.2　农业产业升级需求分析

我国传统农业是资源消耗型产业，产能不高且无法满足鲜活农产品“质”的需求；近代农业过度依赖化学投入品，以严重的环境污染为代价，产生了鲜活农产品的“安全问题”。2016年，国务院发布了《“健康中国2030”规划纲要》，指出农产品安全是健康中国的基石。因此，必须从环境和资源制约角度考虑，转变产业生产模式，大力发展绿色和低碳农业，基于质量安全的标准化生产技术和种植、养殖全过程管理体系绿色防控技术，从农业生态系统的整体性出发，加强生态调控、生物防治和理化诱控技术研究，针对不同生态区农业生产水平和特点，优化种植、养殖布局，培育健康种苗，种养结合，改善水肥管理。同时结合农田生态工程、果园生草覆盖、天敌诱集带等生物多样性调控与自然天敌保护利用等技术，改造病虫害发生源头及滋生环境，人为增强自然控害能力和产品抗病虫能力，以达到保益灭害、提高效益、保护环境的目的[33]。

随着互联网＋物流技术的发展，鲜活农产品的经营流通模式不断改变，特别是农产品电子商务，给以传统的批发市场——农贸市场销售为主的农产品带来革命性的冲击，也给农产品质量安全管理及相关科技提出了新挑战。鲜活农产品附加值低，贮运成本高，且容易腐烂变质，属于较难实现电子商务的商品。因而，对产品标准化、快运过程中质量控制、网络销售产品质量安全监管等技术的需求迫切。

4.3 现代科技发展需求分析

化学投入品虽对保证农业稳产高产发挥了重要作用，但其残留物是农产品质量安全的重要隐患。农业生产中过分依赖农药防治病虫害，依靠化肥提高产量，滥用抗生素防治动物疾病，盲目使用饲料添加剂提高产品品质的现象，给鲜活农产品质量安全、生态环境，乃至其出口都带来了威胁。因此，亟待开展“两型”（资源节约型、环境友好型）技术的研发和应用，着眼于农业生产全过程控制，从源头保障产品质量安全。具体来说，安全优质的鲜活农产品生产，需要依据各个生产区域的具体环境条件，聚焦具有区域优势的鲜活农产品品种，重点围绕鲜活农产品生产流通过程质量安全的关键控制点，搭建绿色防控技术体系。着力开展农产品安全生产技术及其标准化研究，熟化后进行集成示范，实现农业生产过程的现代化、标准化、智能化和技术化。同时注重在产后保鲜方面强化以下三方面：一是鲜活农产品产后保鲜技术，尤其是确保鲜活的技术；二是产后致病微生物的控制技术与安全性评价技术；三是保鲜剂的性能及安全评价体系。

5　安全生产与过程控制科技创新的发展战略

5.1 发展思路

十九大报告提出，实施食品安全战略，让人民吃得放心。我国居民的消费诉求已从吃得饱转向吃得好、吃得放心，确保鲜活农产品质量安全，要以推进农业供给侧结构性改革为主线，以增加绿色优质农产品供给为目标，坚持用创新、协调、绿色、开放、共享的发展理念来引领发展方向，从产前、产中、产后各环节着手，大力推进源头治理、绿色生产和产后保鲜贮运技术等方面的科技创新、集成和应用推广，全面提升我国鲜活农产品安全生产与过程控制能力，切实保障农业产业快速发展和公众“舌尖上的安全”。

5.2 战略目标

5.2.1 全面提升鲜活农产品安全生产与过程控制科技创新水平

针对我国目前产地环境污染情况复杂，对化学投入品依赖度较高，生产过程标准化、规范化程度不高，全产业链可追溯程度低，产后贮运保鲜技术研究薄弱等科技问题，结合我国鲜活农产品安全生产与过程控制的产业升级和民生需求，扎实推进农产品生产源头控制、绿色生产和产后产品质量安全风险控制等重点技术创新，在基础理论、应用技术、前沿颠覆性技术等方面取得突破性进展，形成一大批具有自主知识产权的新方法、新技术、新标准等研究成果，为解决实际生产问题提供强有力的技术支撑。

5.2.2　大幅提升技术成果集成转化水平，提升我国鲜活农产品市场竞争力

加快目前已有种养环境修复、绿色防控、产后贮运保鲜等技术的集成、转化和应用推广，提升我国鲜活农产品的质量安全水平，支持农业产业结构升级和可持续发展，不断满足消费者对优质、安全、营养、健康农产品的需求，提升我国鲜活农产品市场竞争力。

5.3　重点任务

5.3.1　环境危害物污染行为及阻控技术研究

1）环境污染物甄别及安全评价技术研究

针对我国大宗鲜活农产品生产模式和环境类型的差异性，调查各环境类型下危害物的种类、水平及来源，明确危害物的时空变化规律；基于污染物生物富集系数及限量标准，开展鲜活农产品中环境污染物安全风险指数研究，提出不同环境条件下鲜活农产品安全风险优控的危害物清单，并利用主成分分析评价系统等科学数据统计方法，建立种养殖环境健康评估方法与技术，实现鲜活农产品生产环境危害物的识别和科学评价。针对农业环境立体污染的特点，开展危害物的识别和评价方法研究。

2）环境污染物生态过程和环境归宿研究

根据不同种养殖生物依存的环境单元组成，研究优控危害物在不同环境单元中的存在形式和污染规律，明确危害物向目标生物污染的关键途径，提出环境安全的关键控制点；针对不同类型的优控危害物及环境特征，开展不同尺度模型下的环境归宿研究；评价关键农业环境单元中残留污染物的二次污染风险；关注由气候变化引起的污染物环境行为变化的监测和控制技术研究。

3）环境污染物危害形成过程及控制机制研究

利用代谢组学、蛋白质组学及分子生物学等技术，研究环境污染物及其代谢物在模式生物中吸收、分布和代谢过程，明确化学性污染物内源代谢的通路及靶器官，揭示污染物内源代谢的动力学过程；探讨污染物内源代谢过程中生物分子、蛋白质、组织等水平的代谢应答表征，并筛选生物标志物，解析生物对污染物代谢的自我调控机制，探讨重点污染物的危害原理，并通过模式生物研究掌握形成机制和调控机制。

4）产品中环境污染物阻控技术研究

利用大数据和物联网技术，结合不同污染物的变化规律和生态行为，筛选高灵敏生物标志物和指示物种，建立污染物的预测预警技术；基于空间分析技术、地理探测器模型等，构建基于技术预警与数据预警的风险预警平台。根据污染物危害形成过程及控制机制，建立化学性污染物的传递阻隔及净化削减技术，以及生物污染物的高靶向性净化控制技术；结合产地划型、地理信息系统技术应用，建立环境污染物的预警机制。

5.3.2　化学投入品安全使用技术及其对产品质量安全影响研究

1）化学投入品污染途径和致害机制研究

研究农药、兽药、鱼药等在使用后对鲜活农产品的污染途径，以及在环境和动植物体内的挥发、吸附、迁移、转化、富集、分布和代谢规律；从分子、细胞、组织和个体水平研究其毒理学机制及其剂量-效应关系，明确农业化学投入品的污染途径和致害机制，提出农业化学投入品的残留限量和安全间隔期。

2）化学投入品多残留和环境激素效应研究

采用常规毒理学和分子毒理学方法，研究多种化学投入品在多残留状态和低剂量污染时的毒理效应及机制，明确不同污染物的复合毒理和内分泌干扰效应，建立化学投入品多残留和类激素污染预警与防控体系。

3）化学投入品安全使用技术研究

引进国际农兽鱼药应用评价技术和质量保证体系，针对养殖业产品，开展光合细菌、有效微生物（effective microbe）菌剂、中草药等生物药剂、高效环保饲料、添加剂、疫苗等产品的研发和应用。针对种植业产品，根据不同防治对象（尤其是小宗鲜活农产品），开展高效生物源农药产品的研发，生态防治技术、农业投入品安全使用技术等的研究，并建立集成减量决策系统，综合评价其对鲜活农产品安全的影响及其经济、生态和社会效益。

5.3.3　产品生产过程绿色控制技术研发与集成示范

1）质量安全认证与追溯体系嵌合技术研发及推介

以质量安全保障认证体系中的关键点为追溯核心对象，应用物联网＋技术，构建集全面感知、实时传输、智能决策为一体的鲜活农产品追溯系统，通过对种养殖环境、过程的监控，及时调控农艺措施，实现农业生产的现代化、智能化和高效化管理，明确鲜活农产品质量安全责任主体。重点探索质量安全保障认证体系下关键控制标准、追溯系统的信息与风险评估模型的数据交互关联技术，开展实时风险预测，更新相应控制技术，以及基于产品特征成分、物种遗传信息和现代分子生物学等组合技术的高通量、高准确度的产地判别技术。

将强制与自愿相结合的质量安全保障认证机制纳入追溯体系。以认证作为参与追溯体系的前提，并依据追溯信息，修正质量安全保障认证体系。将认证与追溯两者进行深入整合，在保障质量安全的同时有利于维护追溯信息本身的准确性、真实性和可靠性，可最大程度杜绝信息造假。

受我国农村现有土地经营体制的限制，普遍推行质量安全保障认证体系和追溯系统尚不现实。可率先推行“三品一标”（即无公害农产品、绿色食品、有机食品和地理标志农产品）的质量安全保障体系认证和追溯管理，实现全国“三品一标”从产地到市场、从产品源头到消费者的全程信息监控。通过科普宣传、市场调节和政策引导逐步逐层辐射带动整个产业的发展。

2）产品生产过程控制技术集成和规范研究

基于科学合理的产地区划，调整种植、养殖结构和模式，建立区域内农作物种质资源挖掘平台、产地土壤质量数据库、投入品数据库、病虫害发生监测诊断系统等大数据平台。基于鲜活农产品产地安全状况，因地制宜地确定适宜生产的鲜活农产品品种，及时调整种植、养殖结构，摸索合理高效的生产模式，集成规范和控制技术，推进标准化生产。

围绕鲜活农产品安全生产与过程控制，重点开展农药、兽药、化肥等农用投入品残留、富集、迁移及消解动态研究，制定安全使用标准，有效控制有毒有害物质在农产品中的残留量；开展农业投入品减量技术等研究，关注有害生物绿色无公害防控技术；完善作物优质高效生产和水产、畜禽标准化健康养殖技术体系，从源头解决制约安全提升的技术短缺问题。在此基础上，将研究成果和技术转化为标准，重视技术集成，建立健全效能评价体系，推介切实可行的过程控制技术的标准化及其示范推广。同时构建标准化示范区的评价体系，追踪推进前期集成技术的改进升级，及时反馈集成技术标准化应用效能。

按照“健康、生态、集约、低碳”要求，开展封闭式循环水系统研发，建立健康养殖技术规范和控制鲜活农产品生产过程，加快农业生产方式由“粗放型”向“资源节约-环境友好型”转变，重点包括农作物生产中重金属污染控制技术研究；粮油产品中生物毒素的污染控制和脱毒技术研究；海洋贝类中生物毒素全链条污染控制及脱除技术研究；鲜食产品中药物残留污染控制技术研究；畜禽产品中抗生素、抗菌药等药物残留污染控制技术研究；鲜活畜禽产品中病原微生物污染途径及其迁移风险研究；针对畜禽产品中病原微生物的减菌技术研究；运输过程中畜禽发生应激反应影响其质量的机制研究；鲜活畜禽包装材料中潜在有害物质对产品质量安全的影响研究；产品初加工过程消毒保鲜剂安全性评价技术研究。

同时，针对农业经营体系的管理水平差异，建立不同推广渠道、模式。开展新技术推广普及方法、推广效果、接受能力、应用能力等评价研究，开展技术集成体系运行所产生的生态效益、社会效益和经济效益综合评价研究，建立评价程序和评价标准。

5.3.4 产品产后质量保障与安全风险控制技术研究

1）多元化保鲜技术研究

针对我国鲜活农产品品种多样、各地条件不一等复杂多样的条件因子，研发多元化的系列保活、保鲜技术，满足多种情况下的保鲜需求，尤其是畜禽、水产等的保活、保鲜贮运的安全实用产品和技术，研发对部分畜禽、水产遇不适环境产生生物毒素进行监控的技术是重点。

保鲜材料上，研发实用、环保、绿色、易回收、经济、用途广的保鲜包装材料，以生物源材料代替化工类的保鲜包装材料。重点研究脂类、碳水化合物、蛋白质类的复合，提高现有保鲜包装材料的耐湿性、透湿性、防结露性，建立能与防腐保鲜剂巧妙结合，并适应现代托盘化流通的包装技术体系。保鲜剂上，研发消费健康、环境友好型的绿色可食植物源的保鲜剂，充分融合我国中医理论和技术，研发天然植物源的可食涂被保鲜剂，注重脂类、碳水化合物、蛋白质类的复合，研发应用防腐型、防褐型、护绿型、增光型可食性保鲜剂及保鲜技术。

2）产后安全品质控制技术研究

重点研究产后鲜活农产品生理变化及微生物生长、衰亡和交叉污染机制；投入化学品的残留、降解、迁移、转化规律；生产中使用的投入品对产后的安全品质影响机制；农产品产后存放期间致病微生物种类监测、致病性检测等技术；农产品产后安全品质多指标的监测与控制技术。

3）保活、保鲜技术综合集成与应用研究

针对我国各地不同的生产条件，在鲜活农产品存活及贮藏保鲜中分级、预冷、包装、贮藏保鲜、运输等环节，逐个环节进行差别化技术集成，将单项技术集成并与相应的设备关联，为产业提供全套的技术、装备、质量管控支撑。

5.3.5 鲜活农产品收贮运环节“三剂”的“三性”研究

随着农产品产后商品化处理和初加工比例的不断提高，食用农产品“三剂”被广泛应用于农产品收贮运环节。近年来，国家农产品质量安全风险评估团队已对我国大宗农产品收贮运环节“三剂”的使用及质量安全风险隐患进行了系统排查，基本摸清了食用农产品“三剂”的使用现状。目前“三剂”的质量安全监管仍存在以下问题：①法律法规不完善。《中华人民共和国食品安全法》《中华人民共和国农产品质量安全法》及《农产品包装和标识管理办法》中虽对“三剂”的监管有部分条款涉及，但均未有具体的监管细则。②违规使用的情况未明。近年来媒体曝光了大量乱用“三剂”的现象，相关单位开展的评估工作已取得了较好的成效，但仍有风险隐患待摸清。③标准制修订滞后。许多经风险评估确认是安全且有效的“三剂”因缺少标准而导致其不合理使用。④监管手段不足。现场快速检测、非法添加物确证等技术有待提高，尚无法实现对各类“三剂”的科学监管。总之，作为一个新的领域，“三剂”的质量安全监管面临法规缺失、家底不清、标准滞后、监管技术不足等巨大的挑战。针对以上存在问题，重点开展“三剂”的“必要性、安全性、合法性”的研究。

1）开展收贮运环节“三剂”使用的必要性研究

需要明确其是否具有使用的必要性，即在生产和收贮运销过程中是否有防病治虫、除草、调节农作物生长发育、防腐保鲜等需要，并且这种需要是否可以由其他非化学投入品来满足。使用化学投入品的原则是尽可能不用，必要时才用，即只有在既有需要又没有其他替代方法并且化学投入品已证明有效的情况下，才考虑使用化学投入品。

2）开展收贮运环节“三剂”使用的安全性研究

对具有使用必要性、有可能使用的化学投入品必须进行安全性风险评估，如风险评估结果存在不可接受风险或风险不可控则坚决不能使用，只有通过安全性风险评估的化学投入品才可以考虑进入实际使用阶段。

3）开展收贮运环节“三剂”使用的合法性研究

这些具有使用必要性、安全性又有保证的化学投入品，必须得到国家登记或允许使用等规定后才能真正开始使用，并且必须按国家规定的使用标准合理安全地使用这些化学投入品。

5.4　科技项目建议

5.4.1　基础研究

1）化学投入品污染途径和致害机制研究

研究化学投入品在使用后对鲜活农产品的污染途径，一是研究化学投入品在环境、动植物体内的挥发、吸附、迁移、转化、富集、分布和代谢规律；二是从分子、细胞、组织到个体水平研究其毒理学机制及其剂量-效应关系，从污染途径和致害机制的层面上明确化学投入品使用的必要性和安全性，提出残留限量，形成合理使用技术。

2）化学投入品多残留和环境激素效应研究

采用常规毒理学和分子毒理学方法，研究多种化学投入品在多残留状态和低剂量污染时的毒理效应及机制，明确不同污染物的复合毒理和内分泌干扰效应，建立化学投入品多残留和类激素污染的预警与防控体系。

3）有害生物绿色生态防控技术研究

重点包括鲜活农产品生产中重金属污染控制技术研究；生物毒素的污染控制和脱毒技术研究；畜禽产品抗生素等药物残留污染控制技术研究；开发应用非化学的动植物病虫害防治技术，替代或减少化学投入品的使用；采用现代生物技术，发掘和创造作物新种质，筛选培育和大规模推广抗性品种、对重金属及持久性环境污染物低富集的作物品种。

5.4.2 应用研发

1）对未登记农药采取临时用药措施

项目组长期呼吁加快小作物登记管理，即在小作物生产中具有使用必要性，且安全性明确没有问题的大多数农药（对环境、消费者风险可控或可接受的），需要国家给予合法使用的地位。这一意见已初步被我国农业主管部门采纳。2017 年的《农药登记管理办法》第四十六条中已提出“用于特色小宗作物的农药登记，实行群组化扩大使用范围登记管理，特色小宗作物的范围由农业部规定。尚无登记农药可用的特色小宗作物或者新的有害生物，省级农业部门可以根据当地实际情况，在确保风险可控的前提下，采取临时用药措施，并报农业部备案。”

2）健全对鲜活农产品“三剂”的监管

建议一是以修订《中华人民共和国农产品质量安全法》为契机，在原有规定“三剂”应当符合国家有关强制性技术规范要求的基础上，增加对“三剂”管理主体及办法的规定，以完善“三剂”管理的法律依据，让“三剂”管理做到有法可依，同时建议将“三剂”改名为“农产品添加剂”。建议二是建立健全“三剂”监管体制。以《中华人民共和国农产品质量安全法》《中华人民共和国食品安全法》及相关法律法规为基础，明确界定“三剂”的概念和范围。建议对“三剂”进行分类管理：①划归农药类“三剂”，建议由农药管理部门管理，需针对产后“三剂”使用环节、用途等制定管理制度及规程；②划归食品添加剂类“三剂”，建议由食品管理部门继续管理，需建立在农产品上使用的规范及管理体系；③非农药非食品添加剂类“三剂”，建议单独管理，需建立登记准入制度，明确安全评价、合理使用、安全限量标准等要求。建议三是加强“三剂”科学研究。在农产品质量安全和贮藏保鲜领域，组建“三剂”专门的研究团队，争取科技管理部门的专项支持，建立“三剂”特征谱、毒理学、国内外标准等基础信息数据库；开展“三剂”残留快速、高效、多组分检测技术及确证性技术研究；加快低残留、无污染、高效安全的绿色“三剂”的产品开发、应用推广和产业化；开展农产品商品化过程中高风险或新的“三剂”品种风险评估；根据风险评估结果，制定“三剂”允许使用清单、使用范围和残留限量标准。建议四是加强科普宣传。通过微博、微信等现代媒介加大“三剂”基本概念和规范使用等相关知识的宣传，使生产者、经销商和消费者科学认识“三剂”使用的技术必要性和安全性，杜绝误用、滥用“三剂”等现象。

3）产品生产过程规范和控制技术集成研究

基于科学合理的产地区划，调整种植、养殖结构和模式，建立区域内农作物种质资源挖掘平台、产地土壤质量数据库、投入品数据库、病虫害发生监测诊断系统等大数据平台。基于鲜活农产品产地安全状况，因地制宜地确定适宜生产的鲜活农产品品种，及时调整种植、养殖结构，摸索合理高效的生产模式，集成规范和控制技术，推进标准化生产。

围绕鲜活农产品安全生产与过程控制，制定安全使用标准，有效控制有毒有害物质在农产品中的残留量；开展农业投入品减量技术等研究，关注有害生物绿色无公害防控技术；完善作物优质高效生产和水产、畜禽标准化健康养殖技术体系。在此基础上，重视技术集成，建立效能评价体系，将研究成果和技术转化为标准，推介切实可行的过程控制技术的标准化及其示范推广。同时构建标准化示范区的评价体系，追踪推进前期集成技术的改进升级，及时反馈集成技术标准化应用效能。

4）质量安全认证与追溯体系嵌合技术研发及推介

以质量安全保障认证体系中的关键点为追溯核心对象，应用物联网＋技术，构建集全面感知、实时传输、智能决策为一体的鲜活农产品追溯系统，通过对种植、养殖环境、过程的监控，及时调控农艺措施，实现农业生产的现代化、智能化和高效化管理，明确鲜活农产品质量安全责任主体。重点探索质量安全保障认证体系下，关键控制标准、追溯系统的信息与风险评估模型的数据交互关联技术，开展实时风险预测，更新相应控制技术，以及基于产品特征成分、物种遗传信息和现代分子生物学等组合技术的高通量、高准确度的产地判别技术。

将强制与自愿相结合的质量安全保障认证机制纳入追溯体系。以认证作为参与追溯体系的前提，并依据追溯信息，修正质量安全保障认证体系。将认证与追溯两者进行深入整合，在保障质量安全的同时有利于维护追溯信息本身的准确性、真实性和可靠性，可最大限度地杜绝信息造假。率先推行“三品一标”的质量安全保障体系认证和追溯管理，实现全国“三品一标”从产地到市场、从产品源头到消费者的全程信息监控。通过科普宣传、市场调节和政策引导逐步逐层辐射带动整个产业的发展。

参 考 文 献

[1] van Boxstael S, Habib I, Jacxsens L, et al. Food safety issues in fresh produce: bacterial pathogens, viruses and pesticide residues indicated as major concerns by stakeholders in the fresh produce

chain. Food Control, 2013, 32(1): 190-197.

[2] 郭琦, 赖卫华, 山珊. 仪器法在菌落总数推测及食源性致病菌检测鉴定中的研究进展. 食品安全质量检测学报, 2015, 6(9): 3420-3427.

[3] Codron J M, Adanacioğlu H, Aubert M, et al. The role of market forces and food safety institutions in the adoption of sustainable farming practices: the case of fresh tomato export sector in Morocco and Turkey. Food Policy, 2014, 49(2): 268-280.

[4] Alexander J, Benford D, Boobis A, et al. Risk assessment of contaminants in food and feed. The EFSA Journal, 2012, 10(10): 1004.

[5] 石矛, 陈丽娜, 马杰. 红松松针功能酸奶生产工艺优化及质构分析. 食品安全质量检测学报, 2017, 8(1): 116-121.

[6] Food and Agriculture Organization of the United Nations. The State of World Fisheries and Aquaculture: Opportunities and Challenges. http: //www.fao.org/3/a-i3720e.pdf[2017-10-31].

[7] Cabado A G, Vieites J M. New trends in marine freshwater toxins: food and safety concerns. *In*: Anderson de Souza S A, Bernadette D G M F. Advances in Food Safety and Food Microbiology. New York: Nova Science Publishers Inc, 2012.

[8] 周名江, 于仁成, 雷坤, 等. 我国近海的富营养化及其生态环境问题. 北京: 中国环境科学出版社, 2013: 54-104.

[9] 李斌, 赵春江. 我国当前农产品产地土壤重金属污染形势及检测技术分析. 农业资源与环境学报, 2013, 30(5): 1-7.

[10] Yang X F, Luo J H, Li S H, et al. Evaluation of nine pesticide residues in three tropical fruits from south China. Food Control, 2016, 60: 677-682.

[11] 戴小枫, 赵秉强. 我国农产品安全生产技术发展的现状与优先领域. 中国科技论坛, 2002, 20(2): 21-24.

[12] 祁胜媚. 农产品质量安全管理体系建设的研究. 扬州: 扬州大学博士学位论文, 2011.

[13] van Boxstael S, Habib I, Jacxsens L, et al. Food saety in fresh produce: bacterial pathogens, viruses and pesticide residues indicated as major concerns by stakeholders in the fresh produce chain. Food Control, 2013, 32: 190-197.

[14] 张晓焱, 苏学素, 焦必宁, 等. 农产品产地溯源技术研究进展. 食品科学, 2010, 31(3): 271-278.

[15] 孙璐. 食品行业冷链一体化的研究. 成都: 西南交通大学硕士学位论文, 2009.

[16] Joint FAO/WHO Food Standards Programme Codex Alimentarius Commission. Report of the thirty-second session of the Codex Committee on fish and fishery products. Bali Indonesia, 2013, 36: 1-5.

[17] U.S. Department of Health and Human Services. Guide for the control of molluscan shellfish 2009. Columbia: Interstate Shellfish Sanitation Conference, 2011: 26-40.

[18] FAO. The State of World Fisheries and Aquaculture 2016 (SOFIA): contributing to food security and nutrition for all. State of World Fisheries & Aquaculture, 2010, 4(1): 40-41.

[19] Cato J C. Seafood safety economics of hazard analysis and critical control point (HACCP) programmes. http://www.doc88.com/p-9853668155324.html[2017-10-30].

[20] 束放, 熊延坤. 我国农药生产应用现状及减量使用重要意义. 中国农药, 2016, (1): 42-45.

[21] Yu R, Liu Q, Liu J S, et al. Concentration of organophosphorus pesticides in fresh vegetables and related human health risk assessment in Changchun, Northeast China. Food Control, 2016, 60: 353-360.

[22] FAO/WHO. Principles and methods for the risk assessment of chemicals in food. World Health Organization, 2009, 68(2): 251-252.

[23] Weiss J, Gibis M, Schuh V, et al. Advances in ingredient and processing systems for meat and meat products. Meat Science, 2010, 86(1): 196-213.

[24] Caroline S D, Nadine R. Global and Local: Food Safety Around the World. Washington, DC: Center for Science in the Public Interest, 2005: 95.

[25] Xiong L W, Li J H, Li D. Current legal and standard systems concerning meat and meat products in China. Meat Research, 2011, 25(5): 46-53.

[26] 王东亭, 饶秀勤, 应义斌. 世界主要农业发达地区农产品追溯体系发展现状. 农业工程学报, 2014, 30(8): 236-249.

[27] 王东亭. 基于大通量分级系统的脐橙质量安全追溯技术与装置. 杭州: 浙江大学博士学位论文, 2015.

[28] 苏昕. 我国农产品质量安全体系研究. 青岛: 中国海洋大学博士学位论文, 2007.

[29] 李瑾, 郭美荣, 高亮亮. 农业物联网技术应用及创新发展策略. 农业工程学报, 2015, 31(S2): 200-209.

[30] Lu D, Liu S, Ding F, et al. Large-scale production of functional human lysozyme from marker-free transgenic cloned cows. Sci Rep, 2016, 6: 22947.

[31] Kassis N, Drake S R, Beamer S K, et al. Development of nutraceutical egg products with omega-3-rich oils. LWT-Food Science and Technology, 2010, 43(5): 777-783.

[32] Zhang X, Kong B, Xiong Y L. Production of cured meat color in nitrite-free Harbin red sausage by *Lactobacillus fermentum* fermentation. Meat Science, 2007, 77(4): 593-598.

[33] 刘旭. 加强农产品质量安全科技创新 促进现代农业发展//中国科学技术协会学会学术部 中国农学会. 农产品质量安全与现代农业发展专家论坛文集. 北京: 中国科学技术出版社, 2011: 1-6.

专题二　鲜活农产品质量安全风险评估科技创新发展战略

农产品质量安全风险评估侧重于对农产品中影响人健康、安全的因子进行风险探测、危害评定，以及对产品本身的营养功能评价（探索未知、评价已知和营养功能评价），关注的对象是农产品的质量安全，突出对农产品从种植、养殖环节到进入批发、零售市场或生产加工企业前的环节进行科学评估[1]。由于影响鲜活农产品质量安全的危害因子众多，且大多数鲜活农产品没有明确固定的成熟期，其内在形成的品质、危害因子的代谢转化进程、残存物质的结构与组分和含量自然也不同，因此增加了农产品质量安全控制的难度和特殊性[2]。鲜活农产品质量安全风险评估的开展不仅可科学评价农产品中已知危害因素，还有助于科学探索可能影响鲜活农产品质量安全的未知危害因素，是完善我国鲜活农产品质量安全标准体系、科学指导生产、保障健康消费的重要基础。

1　鲜活农产品质量安全风险评估发展现状

鲜活农产品质量安全风险评估涉及农学、食品科学、微生物学、化学、流行病学、药学、毒理学和统计学等多方面的知识。我国鲜活农产品质量安全风险评估工作主要依赖于风险评估关键技术的创新与发展，如未知危害物的识别与筛查技术、污染物的毒理学评价技术、风险评估模型与方法等。

1.1　非定向筛查技术

当前，在农产品生产、加工、经营中，农药、兽药、非法添加物、环境污染物等化学污染会严重影响产品质量安全，这些污染物十分复杂，可能是一种或一类化学物质，也可能是尚未被监测到、不在检测标准范围内的组分或其他化学物质。针对已知污染物的定向检测，目前我国已基本建立了成熟可靠的检测方法和体系。但是，在样品前处理、检测监测理念上并没有明显的创新，还不能实现有效的“非定向”检测，对于未知风险的筛查水平和技术储备也远远不能满足现实需要。

目前用于解决未知物非定向筛查的方案主要有 3 种：①基于串联质谱的非定向筛查技术，如三重四极杆串联质谱（QQQ）、四极杆-线性离子阱串联质谱（QTrap）。多重反应监测（MRM）技术的灵敏度和高选择性，可以使三重四极杆质谱一次定量检测数百种污染物。②基于高分辨质谱的非定向筛查技术，如飞行时间质谱、轨道阱质谱等。一个化合物的准确定性，包括分子式和结构确证两个部分。对于突发事件中疑似物的应急检测，在缺乏化学标样、无法在短时间内优化方法的情况下，高分辨质谱基于分辨率高、能测量精确分子质量等优点，成为分析这类非目标化合物乃至未知物的有效工具。高分辨质谱目前在污染物非定向筛查中应用最为广泛。③基于组学技术的非定向筛查技术，基因组学、转录组学、代谢组学、蛋白质组学四大高通量分析组学技术，为在不同层次研究农产品质量与安全提供了技术平台。近年来，组学分析技术在农产品未知物分析过程中被广泛采用，其中代谢组学和转录组学应用最广。

1.2 毒理学评价技术

随着毒理学试验方法和技术的快速发展，污染物毒理学的发展已经完成了从宏观到微观，从整体到细胞，进而到分子的演变，其整体迈入以毒理基因组学为先导的分子毒理学时代，并将呈现由被动毒理学向主动毒理学发展、由高剂量测试向低剂量测试发展、试验动物由单一性模型向特征性模型发展、由低通量测试向高通量测试发展、由单一用途向多用途和多领域发展的趋势[3]。目前我国已相继建立了急性毒性、蓄积毒性、长期毒性、生殖发育毒性、遗传毒性等毒性评价方法，在农药残留量标准的制定、食品添加剂使用的研究、化学污染物的研究、霉菌毒素污染的研究、保健食品的安全性评价等方面发挥了重要的作用。近年来，我国鲜活农产品中污染物毒理学研究主要集中在急性毒性、遗传毒性、致畸性和致癌性等领域，正致力于特殊毒理包括神经毒性、免疫毒性与过敏性、内分泌干扰作用等的新评价技术和标准化方法的建立，细胞毒理学技术、现代分子生物学技术、毒理组学技术、生物标志物、转基因动物、体外替代法等被广泛运用于其中[4]。

此外，针对混合污染的联合毒性评价，我国科学家也开展了相关研究，并取得了一定进展。中国农业科学院农业质量标准与检测技术研究所的农产品质量安全风险监测与风险评估技术创新团队在农产品危害因子混合污染联合效应风险评估领域取得重要进展，该团队先后利用斑马鱼、蚯蚓等模式生物对农药残留、重金属等二元和多元、同类和跨类混合污染的联合效应进行了系统研究，以丁草胺、毒死蜱、高效氯氟氰菊酯等不同种类农药残留组成的混合污染物为研究对象，利用酶活力、急性毒性等毒性终点测定了二元、三元及多元农药残留混合物的联合毒性效应[5]。二元混合物表现出浓度相加的联合作用特点，有部分组合偏离了浓度相加或者独立作用，偏离系数通常在2以内；三元农药残留混合物在不同浓度水平呈现出了不同的联合毒性效应，并随急性毒性的增加而增加；多元农药残留混合污染则呈现出显著的协同作用，并随着混合物复杂性的增加而增加。一方面，混合污染的联合毒性效应由各组分的毒性作用机制所决定，但当这些组分作用于环境中非靶标生物时，其作用机制可能会改变并且变得未知。另一方面，联合毒性效应还会受到毒性效应水平的影响，导致联合作用方式在不同效应水平下更加复杂，不再与各组分的作用机制有明显相关性。此外，针对不同物种开展的同一混合物毒理学测定可能会表现出不同反应，且随着混合物组分复杂性的增加，联合效应趋于显著的协同作用。研究结果表明，农药残留混合污染的联合毒性效应广泛存在，仅考虑单一物质的毒性效应容易低估真实的风险水平，但可为农药残留联合毒性效应评价，以及混合污染风险评估提供基础数据和科学依据。该创新团队通过生态毒理学的手段初步揭示了复杂混合污染的联合毒性效应规律，尤其是低浓度条件下的协同效应，相关研究结果对农产品中混合污染的安全性评价和风险监管具有重要意义[5]。此外，该科技创新团队针对我国在蔬菜、水果中使用的农药进行了体外细胞毒性评价测定，初步从细胞水平上探明了农药残留的联合效应机制。针对我国果蔬生产中使用的20种高风险农药（大多具有内分泌干扰效应），从细胞毒性通路水平初步探明了农药残留混合物对人HepG2细胞的联合效应。针对体外毒性效应较强的6种农药，依据农药单剂及多种组合对细胞内活性氧类（ROS）含量及凋亡相关蛋白Caspase-3/7含量的影响，筛选出毒性较高的农药及其组合，并初步探明了多菌灵＋阿维菌素、咪鲜胺＋百菌清＋三氟氯氰菊酯等混合物，通过细胞凋亡毒性通路发生的联合效应，为进一步研究农药联合效应作用机制奠定了基础。总体来看，我国鲜活农产品中混合污染的联合评价技术研究起步较晚，目前还处于引用国外的多残留评价方法和技术对农产品中多种化学污染联合毒性风险进行评价的阶段。

1.3　风险评估方法及模型

科学、合理、实用的暴露评估方法和模型是风险评估的关键技术之一。

目前国内有关暴露评估的研究主要集中在化学性危害风险评估和生物性危害风险评估。目前主要方法及模型包括：①食品安全指数评估模型。该模型主要通过人体污染物实际摄入量（EDI）与安全摄入量（SI）的比较，从而评价食品中某种化学残留对消费者健康的影响。例如，马丽萍等[6]利用食品安全指数法对余姚市地产蔬菜的农药安全风险进行了评价。②剂量-反应关系的生物学模型。由以生理学为基础的药代动力学模型（PBPK）及药效动力学模型（PBPD）结合形成，PBPK可以根据任何器官或组织内化学物及其代谢物浓度的时间变化，获得其在体内的分布数据，并模拟肝等的代谢转化功能，从而提供毒物在体内的生物转化数据。③点评估模型。该模型一般是膳食暴露评估的保守方法。根据不同应用范围可将点评估分为筛选法、基于食品消费量粗略评估和精确点评估 3 种方法。其中筛选法又分为交易数据评估法、膳食模型粗略估计评估方法、预算法、改良的点评估方法。点评估适用于评估不同消费者在某时刻或某段时间暴露于污染物的风险，所得到结果的代表性和评估结果取决于评估中使用的数据和假设前提，如某种化学物的急性毒性风险评估。④简单分布模型。该模型表现的是食品摄入量的分布，但对于化学物残留量或浓度应使用一个固定参数值的方法。由于该模型考虑了食品消费模式中所存在的变量，同时保留了很多保守的假设，因此，该结果比点评估更具有信息价值。⑤概率暴露评估模型。该模型与忽略了个体差异的点评估法和简单分布法不同，利用数据分布将食品消费数据、化学物残留量、浓度数据等当作变量。此外，针对输入的每种化学物的分布，都有与暴露过程匹配的数学模型，可通过随机生成的数值来模拟膳食暴露，也可以定性分析与暴露评估相关的不确定因素。概率暴露评估模型更多地适用于根据危害因素暴露量、人均体重、每人每日允许摄入量计算膳食暴露风险评估中。⑥相对潜力因素评估法（RPF）。该方法用于膳食化合物，尤其是杀虫剂暴露量的风险评估。此方法可与暴露概率评估模型结合，用于计算机制、化合物的累积暴露量，如有机磷酯、氨基甲酸酯等的风险评估。

鉴于我国特有的膳食结构和消费食物种类及水平，膳食暴露评估软件也就相应不同。刘沛等借鉴欧盟蒙特卡罗风险评估（Monte Carlo risk assessment，MCRA）自主开发了中国膳食暴露评估模型（dietary exposure evaluation model，DEEM）软件。

总体上，我国虽然也应用一些模型对微生物和化学物质进行了风险评估，但原创性较低。大多是直接引用国外现有的模型，并没有根据我国的实际情况进行调整，针对部分物质开展了初步研究，但在数据和理论支持上都受到了限制，缺乏拥有中国自主知识产权的评估模型和软件。

1.4 风险排序技术

风险排序是用来进行确认、分级，并得出最重要风险的技术方法，其目的是更好地分配风险管理资源。风险排序的步骤包括危害列表、评价指标确立和计算排序3步。风险排序的评价指标是风险排序中用于衡量不同风险等级的维度，针对不同类型的风险需要设定不同的评价指标。在鲜活农产品和食品安全领域，风险排序主要有基于多种判据排序法和风险期望值排序法两种类型，前者较适合于农产品风险排序，后者更适合食品风险排序。风险排序中面临的主要挑战是大量不同性质风险同时并存及主观判断干扰等。

目前国内有关风险分级及排序方面的研究几乎是空白，缺乏适合我国鲜活农产品风险评估的有效风险排序模型和软件，仅有少量的学者或组织在参照国外风险排序模型的基础上，结合我国的实际情况，对我国部分鲜活农产品或食用农产品风险排序进行了一些探索性的研究。例如，国家食品安全风险评估中心利用矩阵排序法对危害性和可能性进行赋分，从而对食品中化学物健康风险进行了分级排序；农业部农产品质量标准研究中心以英国兽药残留风险排序方法为基础，开发了“农产品质量安全风险因子排序系统”。该系统通过物质毒性、毒效、膳食比例、使用频率、高暴露人群及残留值等指标，实现农产品中农药残留和兽药残留风险分数计算及自动排序，同时，可根据产品、因子和地区等8种不同组合方式计算风险大小及自动排序。

1.5 风险评估体制机制建设

1.5.1 法律法规赋予明确职责

农产品质量安全风险评估是《中华人民共和国农产品质量安全法》《中华人民共和国食品安全法》和《中华人民共和国食品安全法实施条例》确立的一项基本制度。

《中华人民共和国农产品质量安全法》总则中的第六条中明确提出，由农业行政主管部门设立“农产品质量安全风险评估专家委员会”，负责对可能影响农产品质量安全的潜在危害进行风险分析和评估，并根据农产品质量安全风险评估结果，采取相应管理措施，将农产品质量安全风险评估结果及时通报国务院有关部门[7]。

2015年10月施行的《中华人民共和国食品安全法》，建立了史上最严格的全过程食品安全监管制度，明确将食品安全风险监测和评估作为整个法律的第二章进行重点强调[8]。法律中第十四至二十三条，详细规定了食品安全风险监测和评估的范围、内容、相关机构的职责、结果的发布等。其中，第十七条明确指出由国家建立食品安全风险评估制度，国务院卫生行政部门负责组织食品安全风险评估工作，而对于农药、肥料、兽药、饲料和饲料添加剂等的安全性评估，应当有食品安全风险评估专家委员会的专家参加。第十九条要求国务院食品药品监督管理、质量监督、农业行政等部门在监督管理工作中发现需要进行食品安全风险评估的，应当向国务院卫生行政部门提出进行食品安全风险评估的建议。对于风险监测信息和风险评估结果的发布，第二十条规定省级以上人民政府卫生行政、农业行政部门应当及时相互通报食品、食用农产品安全风险监测信息。国务院卫生行政、农业行政部门应当及时相互通报食品、食用农产品安全风险评估结果等信息。第二十二条要求对可能具有较高程度安全风险的食品，国务院食品药品监督管理部门应当及时提出食品安全风险警示，并向社会公布。

2016 年修订的《中华人民共和国食品安全法实施条例》第十四条规定省级以上人民政府卫生行政、农业行政部门应当及时相互通报食品安全风险监测和食用农产品质量安全风险监测的相关信息。国务院卫生行政、农业行政部门应当及时相互通报食品安全风险评估结果和食用农产品质量安全风险评估结果等相关信息。第六十三条明确指出食用农产品质量安全风险监测和风险评估由县级以上人民政府农业行政部门依照《中华人民共和国农产品质量安全法》的规定进行。

1.5.2 风险评估体系及工作机制初步建立

随着《中华人民共和国农产品质量安全法》和《中华人民共和国食品安全法》的顺利推动与实施，我国鲜活农产品质量安全风险评估也进入了快速发展阶段。

（1）成立国家农产品质量安全风险评估专家委员会，作为农产品质量安全风险评估的最高咨询机构。早在 2007 年，依据《中华人民共和国农产品质量安全法》相关规定，我国就成立了国家农产品质量安全风险评估专家委员会，作为我国农产品质量安全风险评估的最高学术和咨询机构，在国内率先对农产品质量安全实施风险评估。委员会涵盖了农业、卫生、商务、工商、质检、环保和食品药品等部门，汇集了农学、兽医学、毒理学、流行病学、微生物学、经济学等学科领域的专家[9]。2008 年农业部办公厅印发了《国家农产品质量安全风险评估专家委员会章程》，对我国农产品质量安全风险评估的具体工作程序和相关要求作出规定。2012 年，根据实际工作需要，成立了第二届国家农产品质量安全风险评估专家委员会，同时，修订了《国家农产品质量安全风险评估专家委员会章程》。国家农产品质量安全风险评估专家委员会和国家食品安全风险评估专家委员会一起，共同推进了我国农产品和食品质量安全的科学监管。

（2）初步构建四级农产品质量安全风险评估体系，大力推进风险评估队伍建设。截至目前，我国已初步形成了“以国家农产品质量安全风险评估机构为龙头、部级各专业性和区域性风险评估实验室为主体、主产区风险评估实验站为基础”的国家农产品质量安全风险评估技术体系（图 2-1）。2007 年中央机构编制委员会办公室（简称中编办）同意农业部依托中国农业科学院农业质量标准与检测技术研究所成立农业部农产品质量标准研究中心，进一步明确了其开展农产品质量安全风险分析理论、关键技术研究和监控技术支撑的职责。2011 年开始，农业部进一步明确了农业部农产品质量标准研究中心作为国家级的农产品质量安全风险评估机构，承担牵头实施风险评估和风险监测、指导风险评估实验室建设和业务工作等职责。同时，农业部分期分批规划认定了 105 个部级农产品质量安全风险评估实验室（专业性风险评估实验室和区域性风险评估实验室），按照实验室各自的专业领域分工、技术优势和行政地域范围开展相应的风险评估工作。同时认定了 148 个风险评估实验站，具体承担定位监测、现场调查等工作。在“十三五”期间，还将在各农产品生产基地、生产企业、农民专业合作社和种养殖大户中设置动态观测点，以全面掌握农产品生产过程的质量安全变化情况。

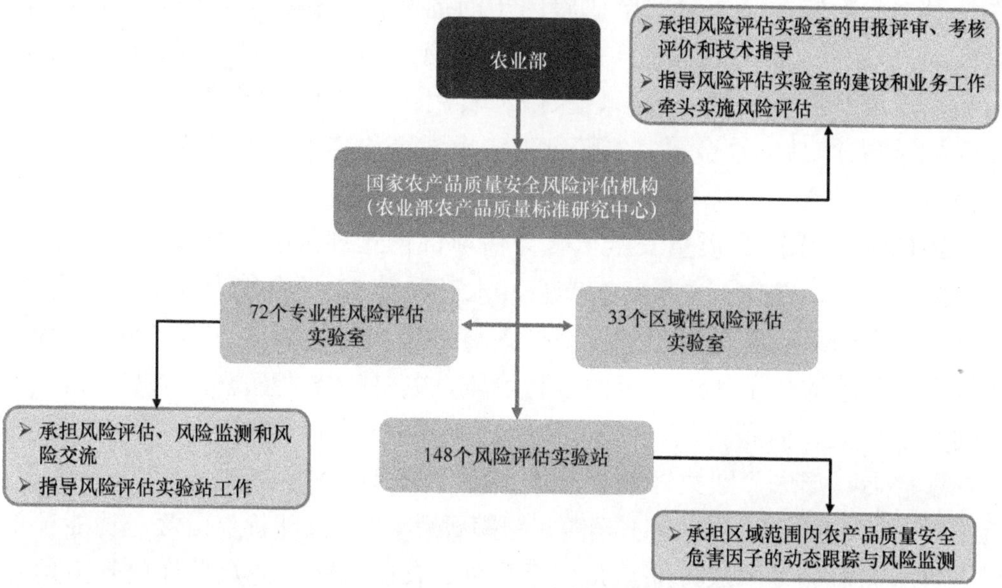

图 2-1　我国农产品质量安全风险评估技术体系构架

（3）制定风险评估管理制度，推进风险评估工作科学有效开展。近年来农业部门先后制定并实施了关于农产品质量安全风险评估工作的一系列管理制度（表 2-7），如《国家农产品质量安全风险评估专家委员会章程》《农业部农产品质量安全风险评估实验室管理规范》《农产品质量安全监测管理办法》等，分别对农产品质量安全风险监测、风险评估的内容和相关制度进行了详细规定，明确了国家农产品质量安全风险评估专家委员会职责、风险评估内容、风险监测制度等相关问题。此外，为动态实时监测质量安全舆情发展动态，农业部门专门设立了《农产品质量安全舆情快报》编辑部，配置专门人员、专用设备实时监测、分析、报告农产品质量安全舆情信息。

表 2-7　农产品质量安全风险评估工作管理制度规范

类别	时间	名称
风险评估体系运行规范	2011 年	《农业部农产品质量安全风险评估实验室管理规范》
	2012 年	《国家农产品质量安全风险评估专家委员会章程》
	2014 年	《农产品质量安全监测管理办法》2014 年修订
	2014 年	《农业部农产品质量安全风险评估实验站管理规范》
项目管理规范和系统	2016 年	《国家农产品质量安全风险评估项目管理办法》
	2016 年	农产品质量安全风险评估项目管理系统

1.5.3　风险评估工作全面推进

农业部从 2011 年开始全面规划和推进全国农产品质量安全风险评估工作。根据影响农产品质量安全风险因子的危害程度和社会关注热点，农业部对粮食、果蔬等 8 个行业的重点区域、重点产品、重点环节存在的潜在风险隐患，组织开展了稻米、油料、果蔬、食用菌、茶叶、参茸、畜产品、水产品等 21 类农产品中重金属、农药、生物毒素等危害因子的风险摸底排查与专项评估。

2012 年，农产品质量安全风险评估项目正式列入中央财政预算，并分批对蔬菜、水果、谷物、油料、畜产品、水产品等 22 类食用农产品质量安全方面可能存在的风险隐患进行了摸底排查与专项评估。2013～2014 年，农产品质量安全风险评估工作进入全面推行阶段，主要围绕“菜篮子”和“米袋子”，连续对隐患大、问题多的品种和环节组织展开了全国范围内的农产品质量安全专项评估，形成“四大评估、一大评价”的风险评估方式。“四大评估”包括专项评估、应急评估、验证评估和跟踪评估，“一大评价”指营养功能评价。2015 年，面对频发的农产品质量安全事件，农业部针对公众关注的热点问题，共设置 14 个评估总项目、34 个评估项目，对重点产品、关键环节的质量安全问题开展了各项评估。2016年，国家农产品质量安全风险评估项目扩大到15个专业领域。

通过连续几年的风险评估工作，发现了很多影响食用农产品安全的风险隐患，为我国农产品质量安全监管、应急处置、产业指导、消费引导、风险交流等提供了强有力的技术支撑，不仅增强了我国农产品质量安全风险预警和风险防范的能力，还在一定程度上降低了农产品质量安全突发问题对产业的冲击，维护了农民利益。

2 国外风险评估技术研究与现实差距

国际上的风险评估机构在开展不同危害物的风险评估、建设完备风险评估机制的同时，还大力拓展和提升评估方法。近年来，鲜活农产品风险评估领域的研究重点主要在风险识别技术、复合污染联合暴露评估技术、毒性评价技术和风险评估建模技术等方面[10]。

2.1 风险识别技术

污染物种类的复杂性和多样性，给潜在风险的识别提出了严峻挑战。风险识别技术主要是围绕高通量和高分辨技术发展。

2.1.1 基于高通量的风险识别

高通量的风险筛查识别技术主要包括多因子高通量筛查技术和多样品高通量筛查技术。

1）多因子高通量筛查技术

多因子高通量筛查技术是通过不断提升样品前处理技术和仪器分析技术水平来同时分析上百种目标物。

样品前处理技术方面，国际上研发了Mills多残留分析方法、Luke多残留分析方法、DFG S19多残留分析方法和QuEChERS多残留分析方法等[11]。其中，QuEChERS多残留分析方法是目前农药、兽药和抗生素残留等分析最为常见的样品前处理手段，超过200种目标物的农药残留分析可使用该方法。与传统分析方法相比，QuEChERS方法简化了提取步骤，减少了分析过程中溶剂的消耗，分析速度快[12]。

仪器分析方面，国际上采用色谱-质谱联用、基于组学作为高通量风险筛查的关键技术，为在不同层次系统研究农产品质量与安全提供技术平台[13,14]。色谱-质谱联用技术依托多重反应监测（MRM）技术和危害因子筛查数据库，满足在一次检测中进行数百种污染物的定量检测的高通量筛查分析要求。此外，代谢组学、基因组学、转录组学、蛋白质组学四大高通量分析组学技术在农产品未知物分析过程中被广泛采用，其中以代谢组学和转录组学应用最广。

2）多样品高通量筛查识别技术

国际上先进的多样品高通量筛查识别技术主要向机械化、自动化和便携化的方向发展。目前已经开发出了几种前处理技术并与最终测定仪器联用，如固相萃取-高效液相色谱法（SPE/HPLC）、固相微萃取-气相色谱法（SPME/GC）、净化定量浓缩多联机系统-高效液相色谱法（GPC/HPLC）等，加上自动进样器的使用，能够大大提高工作效率和样品测定数量，使得分析结果的准确度、精密度和重现性得以提升，减少了操作人员与有害化学品的接触和大量的手工操作。自动化的 SPE 装置可以一次同时处理几十个样品。多通道固相微萃取仪器的开发，更是把高通量样品前处理能力提升到新高度，可同时自动萃取 96 个样品，大大提高了分析效率。

基于基因和蛋白芯片的便携式筛查技术，主要用于基因、病菌、兽药领域的高通量风险筛查。例如，利用多种食源性致病菌的基因芯片检测技术，建立了基于随机引物 PCR 的基因芯片技术对多种食源性致病菌进行检测的方法，为病原细菌高通量筛查检测提供了一种新的思路。也有人将蛋白芯片技术应用于动物组织中重要兽药磺胺二甲基嘧啶、恩诺沙星、盐酸克伦特罗（“瘦肉精”）和链霉素的多样品高通量筛选。

2.1.2 基于高分辨的风险识别

高分辨质谱和核磁共振等已经成为非定向风险筛查的关键技术，可实现对未知物结构的解析和确证。

目前，高分辨质谱作为分析未知有机化合物的有效工具，在国际上主要用于对突发事件中疑似物的应急检测，以满足标准品缺乏、快速应对的风险筛查要求，主要包括飞行时间质谱（TOF MS）、傅里叶变换离子回旋共振质谱（FTICR-MS）和静电场轨道阱质谱（Orbitrap MS）3 种类型[15]。由于质量分析器结构和检测方式不同，这些高分辨质谱仪器在性能上有很大差异。例如，Stolker 等利用 UHPLC-TOF MS 建立了牛奶中 101 种化合物的定量筛选方法，覆盖了大环内酯、内酰胺、苯并咪唑、喹诺酮、磺胺、吡啶、硝基咪唑、四环素、镇静剂、离子载体、氯霉素、非甾体类抗炎药 12 类药物。通过采集数据，根据每个药物的相对分子质量提取精确质量色谱图，进行定性定量分析。

核磁共振技术主要通过提供化合物中原子的化学位移、原子数目等信息及未知物核磁共振谱图，来确证化合物的结构。在没有化合物谱库的情况下，也可以通过化学位移、原子数目推断未知物结构。随着核磁共振技术兆数及分辨率的提高，对大分子质量的蛋白质结构进行解析成为可能，目前二维和三维的核磁共振技术是应用最为广泛的。

2.2 复合污染联合暴露评估技术

目前，大部分发达国家已经将复合污染风险评估纳入了本国立法。美国在1996年的《食品质量保护法》中要求美国国家环境保护局（EPA）制定农药残留限量时考虑来源于不同暴露途径的多种农药的联合效应[16]。欧盟396/2005号法规也规定了在制定农药残留限量时必须考虑农药的累积性风险（欧盟和美国评估机构称联合暴露风险评估为累积性风险评估）[17]。2007年，世界卫生组织国际化学品安全规划署（WHO/IPCS）为混合化合物的风险评估制定了通用框架，并推荐了分层（或分级）推进评估法（tiered risk assessment）[18]。欧洲食品安全局（EFSA）专门成立了累积性风险评估工作组，其植物保护产品和残留科学委员会（PPR）提出了多种农药联合暴露累积性风险评估方法[19]。此外，荷兰健康委员会（Heath Council of the Netherland）和挪威食品安全委员会（Norwegian Scientific Committee for Food Safety，VKM）等也相继开展了农药残留联合暴露风险评估研究，并出版了相应的指南、报告。

2.2.1 复合污染联合暴露的分组方法

在多个化合物的作用机制相同、但单个化合物的暴露量低于其无作用剂量时，在联合暴露下，也可能产生明显的不良效应。美国国家环境保护局在1999年提出“对具有相同分子靶标的化合物，如作用于乙酰胆碱酯酶的有机磷类农药，可作为一个评估组进行评估，这种评估组称为共同机制组（common mechanism group，CMG）”。以此作为分组依据，美国国家环境保护局评估了5组具有共同作用机制的农药：氨基甲酸酯类、有机磷类、三嗪类、除虫菊酯类/拟除虫菊酯类和氯代乙酰苯胺类。在此基础上，欧洲食品安全局又提出了累积性评估组（cumulative assessment group，CAG）的概念。累积性评估组比共同机制组包含的内容更广泛，不仅包含了作用机制相似的农药，还包含了机制不同但毒性作用相似的农药。欧洲食品安全局认为，除了具有相同分子靶标的农药可归为相同评估组外，作用于相同靶器官的农药也能归类为同一个评估组。不管是共同机制组还是累积性评估组，均是以浓度相加为基础，对风险进行叠加计算。为推进农药评估组的建立，欧洲食品安全局收集了2009年5月1日之前所有登记农药的相关毒理学数据，并根据不同农药将不同靶标器官的作用进行了归类。随后，Wolterink等完成了所有已登记农药对神经系统、肝和生殖发育系统的不良效应的分组。该工作也给其他国家的相关研究提供了借鉴及基础数据来源。

2.2.2 联合暴露的风险计算方法

联合暴露包括累积性暴露与聚集性暴露。由于聚集性暴露涉及多种暴露途径，其评估难度较大，至今国际上仍没有完善的评价方法。在累积性暴露评估方面，FAO/WHO、EPA、荷兰、EFSA等相继提出了关于累积性暴露的指南和研究进展。目前在假定剂量可加的情形下建立了以下评估方法，危害指数（HI）法、累积风险指数（CRI）法、联合暴露限（MOET）法、分离点指数（PODI）法、相对强度因子（RPF）法、毒性当量因子（TEF）法。HI法用于计算具有相同毒性机制的各种化学物暴露的危害系数之和，当HI小于1时，认为风险可以接受。HI法的优点在于简单易懂并且与参考剂量直接关联。CRI与HI互为倒数。MOET是同时暴露的化学物暴露限的倒数和的倒数，当MOET大于100时认为风险是可接受的，该方法的优点是直接与实际暴露量和毒理学数据相关。PODI与MOET互为倒数。RPF法指将具有共同作用机制的化学物的浓度通过RPF转换成标准指示化学物（index chemical，IC）的当量浓度再进行累积评估，通过IC与各化学物毒性分离点（point of departure，POD）之比获得，其中指示化学物的选择很大程度上依赖于可利用的毒理学数据和毒性终点的选择，当RPF小于IC的参考计量时认为风险可以接受。TEF法的原理与RPF法类似。以上的方法均是基于剂量可加的假定条件，在实际情况中，假设通常无法得到验证，因此存在的不确定性比较大。EFSA推荐将生理毒代动力学（PBTK）模型引入累积性风险评估，PBTK模型可以对多种化学物的内暴露水平直接预测，避免了之前方法对假设条件的依赖，具有较高的精确性。

2.3 毒性评价技术

毒性评价的核心是剂量-反应评估模型，是通过毒理学动物试验来构建风险物质的剂量与受试动物反应间的函数关系。

2.3.1 毒理学试验评价新方法——体外替代法

以体外细胞毒性测试为代表的试验动物替代方法的发展与应用，已经成为毒性测试的重要方向，得到了广泛的认可。目前，毒理学替代法已经涵盖了一般毒性、遗传毒性、靶器官毒性、致癌性等多种毒性终点，研究手段与技术方法也逐步形成了包含代谢组学、基因组学、蛋白质组学、系统生物学和计算机模拟等多学科、多层次的综合评价体系。欧盟、美国、德国、日本、荷兰等国家和地区已经建立了专门机构开展替代方法的建立、验证和管理工作，如欧洲替代方法验证中心（ECVAM）、美国替代方法验证协调委员会（ICCVAM）、德国动物试验替代方法评价研究中心（ZEBET）、日本动物试验替代方法学会（JSAAE）和荷兰国家替代法研究中心（NCA）等。截至 2011 年 7 月，已有 69 种动物试验替代方法获得了经济合作与发展组织（OECD）等组织的管理认可[20]。

未来的毒性测试重点将由整体动物试验转向基于人类细胞的体外替代方法的测试策略。毒性测试主要包括化学物特性分析、含毒性通路和靶向测试的毒性测试、剂量-反应与外推模型的研究，通过此类研究进一步开展外源性化合物的风险评价和暴露评估。毒性测试的关注因素主要包括敏感检测终点的选择与评价、高通量与中通量方法的构建和应用、细胞-反应网络、作用机制与模式、毒性通路及系统生物学效应等，着力实施高通量、低成本、高灵敏度、强预测能力的毒性测试策略。

随着体外毒性测定技术的发展，美国国家环境保护局和美国国家卫生研究院等机构合作，启动了“21 世纪毒理学计划（TOX21）”。TOX21 借助高通量的自动化机器人设备，通过一系列的毒性通路，研究环境中复杂化学物对人体细胞的影响。目前，该计划的第一阶段高通量测试已经完成，包括 11 000 种化学物。涉及的毒性测试终点包括细胞活力、细胞凋亡、DNA 损伤、核酸受体效应、线粒体毒性及各种通路效应等。该计划还包括利用斑马鱼、线虫等模式生物和 3D 体外细胞系（皮肤、肺、肾等）作为测试对象的补充，借助生物信息手段对测试结果开展分析。TOX21 的评估结果将作为今后化学物毒性优先评价的重要基础和依据。

2.3.2　剂量-反应关系的评价

针对传统的单个化学品毒性评价方法（NOAEL，无可见有害作用水平）的一些局限性，如 NOAEL 法适用于存在阈值的毒理学效应，对定性资料进行的分析无法评价不确定性的大小，不适用于具有遗传毒性或致癌性物质的毒性评价等，EFSA（2005）和 JECFA（2006）提出了使用更加科学、先进的基准剂量（BMD）法来替代 NOAEL 法作为化学品参考剂量推导方法，因为 BMD 法拓展了可用的剂量-反应数据的使用范围，并且对剂量-反应数据中的不确定性进行了量化。作为特定基准反应的结果，研究者用BMD法推导出的参考剂量比NOAEL法更加一致。目前，研究人员已经开发出多款BMD分析软件，其中应用最广泛的有以下两种：美国国家环境保护局（EPA）开发的BMDS软件（benchmark dose software，www.epa.gov/ncea）和荷兰公共卫生及环境国家研究院（RIVM）研发的PROAST软件（www.rivm.nl/proast）。

2.3.3　毒理学预测新方法——计算毒理学

计算毒理学是为了减轻公众对化合物安全性的担忧和满足新化合物快速研发需求而新发展起来的一种毒理学研究方法。该方法通过毒理学试验技术、毒理学概念与计算机技术的有机结合，开展辅助数据分析和机制探索，进而对化合物自身性质与毒性间的关系进行解释。2012年在*Nature*期刊上发表了多篇关于计算机预测药物不良反应的文章[21,22]。其中，重要的分析工具是定量构效关系（QSAR）。1995年以来，QSAR对环境毒理学的影响越来越突出。QSAR是能够用来替代试验进行毒性测定的主要研究手段之一[23]。近年来，各类QSAR模型的发展推动了QSAR在毒理学中的应用。例如，Li等[24]用3D-QSAR方法预测6种芳香族化合物：苯、甲苯、苯胺、苯酚、硝基苯和氯苯对水体中四膜虫的毒性。其他学者使用QSAR研究酚类物质的毒效[25]、硝基芳香化合物的毒效[26]、新兴的药物污染物的毒效[27]等，都取得了一定的成效。

2.4　风险评估建模技术

1989年以来，国际上尤其是欧盟开始逐步采用概率模型进行暴露评估，概率评估已逐渐得到广泛的应用，目前概率评估已成为国内外膳食暴露评估研究的主流方向。由于缺乏个体长期食物消费量的信息，如何有效地通过短期膳食调查来评估长期膳食暴露，就需要采用各种数学模型来实现，常用的模型有观测个体均值（OIM）模型、艾奥瓦州立大学的食品模型（ISUF）、贝塔二项-正态分布模型（BBN）。截至目前，膳食暴露评估的方法学研究已较为成熟，一些专用评估模型已被陆续研发出来，并用于具体评估研究。目前比较成熟的膳食暴露评估模型有荷兰国家公共卫生与环境研究所研发的MCRA 7.0模型、德国人类营养研究所（DIfE）研发的MSM模型和美国国家环境保护局研发的DEEM-FCID/Calendex模型。

在现有的风险评估体系中，危害描述和暴露评估是独立开展研究的。研究者往往只关注自己研究领域的变异性和不确定性，而忽视了其他风险来源或暴露过程其他环节的相关信息，这对全面、准确地认识和评价风险是不利的。针对该问题，荷兰瓦格宁根大学的 van der Voet 教授提出整合概率评估方法，将危害描述和暴露评估过程在方法学上整合起来，从而从整体上来考察风险特征。由于敏感性不同，不同个体对同一种农药残留的反应是不一样的，每个个体都有各自的临界效应剂量（individual critical effect dose，iCED）。此外，由于个体暴露水平的差异，每个个体都有各自的个体暴露量（individual exposure，iEXP）。

与化学危害因子不同，鲜活农产品收储运过程中致病性微生物及其毒素污染水平受温度、湿度和时间等多因素影响，极易发生变化。暴露评估模型需定量描述鲜活农产品从农田至餐桌过程中微生物的污染水平变化。将微生物预测模型与微生物学、数学和统计学的知识相结合，建立数学模型来描述细菌在不同环境条件（温度、水分活度、pH 等）下的消长规律，从而预测病原菌的暴露量。一般来说，微生物预测模型具有三级水平：初级模型主要描述随时间变化微生物数量的变化规律，目前国外研究广泛的有指数模型、Gompertz 模型、Baranyi 模型等；二级模型主要用于描述环境因素对一级模型中动力学参数的影响，平方根模型、响应面方程、Arrhenius 方程等应用较为广泛；三级模型是结合以上两种模型来建立可兼容的专家系统或开发决策系统，用于计算环境中微生物数量的变化规律，目前美国、英国、澳大利亚都开发建立了微生物预测软件，其中，美国农业部开发的病原菌模型程序和英国 Campden 食品饮料研究协会开发的食品微模型程序是应用较广的两个简单三级模型。ComBase 是近年来较受欢迎的在线三级模型程序，主要利用 DMFit 软件进行微生物行为预测，其包含了大量的研究数据、上千条细菌生长或致死曲线及相应的动力学参数。

2.5 管理机制

国外农产品质量安全风险评估制度建立较早，各项配套机制比较完备。相较于中国目前现状，其先进性和科学性主要体现在风险评估工作模式、管理机构的运作协调、法律法规和政策的保障、能力建设和人才培养，以及评估技术和方法的不断完善等方面。

2.5.1 国际通行的风险评估模式

风险评估是被各国政府认可并采纳作为保障农产品质量安全，引领公众健康消费的科学方法，与风险管理、风险交流环环相扣，目前国际通行的评估工作模式如下。

1）多种渠道确定评估对象

风险管理者选择评估对象的依据包括评估工作的系统性需求、公众意见、经风险管理经验得出需关注的风险，以及科学研究发现的潜在危害物质，然后基于决策方法论确定风险评估项目。例如，日本食品安全委员会在参考风险管理机构提出的建议时，同时参考风险检测过程中发现的可能或者疑似风险而提出评估诉求，再由委员会进一步查明或者调研风险状况，从而判断是否将其纳入常规或者应急风险评估。此外，委员会还聘用大量的安全监督员，在日常生活中搜集公众关心的安全问题。食品安全委员会根据监督员的报告进行调研，并分区举行会议，将监督员的意见进行双向交流，提取有价值的信息。最终，食品安全委员会基于决策理论方法对经不同途径收集的信息进行优先排序，作为启动风险评估或者实施深入调查的依据。食品安全与应用营养中心（CFSAN）和食品安全检验局（FSIS）分别作为美国食品药品监督管理局（FDA）和美国农业部（USDA）的食品安全风险评估机构，设有风险管理部门，每年根据评估中心工作需求、公众意见及科学研究新报道的有害物质，在决策论的基础上确定风险评估项目。

2）专业机构实施风险评估

风险评估一般由专业技术机构开展。根据风险管理者提出的问题，制定评估计划，基于科学性方法对风险进行定性或定量的评估，形成评估报告。评估报告由专家委员会讨论审定后向公众公开。例如，FAO/WHO、FDA、USDA、EPA 的风险评估机构根据各评估项目的重点，依照评估四步法对风险进行评价，形成风险评估报告初稿后，在专家库中召集各国各领域的专家学者对报告进行审定，通过后在各机构网站上公开，同时公开专家评审意见，此外，接受并解答社会各界对此评估报告的疑问。

3）多个层面促进风险交流

进行风险交流是风险评估机构的法定职责。风险交流的目标群体包括消费者、政府管理机构、团体、学会、协会等。利用新闻、消费刊物、教育活动、学术会议、信息系统或者平台等交流形式，定期发布检测信息和食品安全信息。美国 FDA、USDA、美国国家环境保护局（EPA）、欧洲食品安全局（EFSA）等评估机构的研究人员十分重视评估研究的交流，每年在国际食品保护协会年会、风险分析学会年会中宣传和交流评估结果，为工业界提供风险控制措施意见。此外，机构网站上设有公众交流平台和实时对话框，对公众关心的食品安全风险问题进行解答。德国联邦风险评估研究所（BfR）非常注重交流的有效性，避免风险评估中出现过于详尽的信息和过多的数据及科学术语，同消费者和媒体沟通时，应尽量采用简洁易懂的语言，避免媒体曲解，引发消费者不必要的恐慌。

虽然风险管理、风险评估和风险交流工作由评估机构的不同工作小组负责，但工作过程中三方面不断进行信息交流，根据管理者目的、评估者的不确定描述及风险交流的重点，适时对评估工作进行调整。

2.5.2　部门间协同合作交流

1）资源共享

国外的鲜活农产品质量安全风险评估也是在不同农产品或食品安全机构开展。例如，美国农药残留监控项目由农业部 FSIS 负责，不同部门共同参与制定监控计划。不同部门的监测结果在部门之间公开，数据共享。例如，FSIS 会将国家农药残留报告提供给美国国家环境保护局实施风险评估，为制定农药残留限量和农药再评价服务。FAO 收集公开各国食品贸易、消费的数据，可免费查询。此外，USDA 东部研究中心研发的预测微生物软件 PMP、FDA 开发的 iRisk 评估软件，以及各国合作开发的 ComBase 软件等风险评估资源，均为世界各国的评估机构和学者共享[28]。

2）技术合作

美国食品安全和应用营养联合研究所（JIFSAN）成立了食品跨部门风险评估联盟，成员包括 FDA、USDA、EPA、健康与人类服务部（DHHS）等国家及风险评估机构，成员共同开展风险评估研究领域交流、合作等能够推进风险评估发展的活动。联盟负责制定发展战略、每年的活动计划，每季度开展交流活动。此外，该联盟内各领域的专家组，如膳食评估小组、风险交流小组等，分主题开展合作交流活动，并每年提交工作总结。

2.5.3　完善的政策保障措施

1）法律法规和政策保障

各国均已颁布了农产品或食品相关安全法，将风险评估工作作为制定食品安全标准、采取控制措施的必要环节。此外，将风险评估项目列入国家财政计划，专款专项支持风险评估项目实施。例如，美国联邦政府最新通过了 FDA 的“食品安全现代行动”，该计划再次强调了应以风险评估为基础进行食品安全管理。此外，该行动正式列入联邦政府 2016 年财政预算，其中，风险分析部分预算金额为 450 万美元。

德国 BfR 虽然在欧盟食品安全管理的统一框架下运作和实施，具体运作机制和模式与欧盟保持一致，但是作为一个独立的科学评估和研究机构，联邦食品、农业和消费者保护部（BMELV）每年约向 BfR 提供 5000 万欧元的运转经费支持，有效保障了 BfR 评估活动的公益性和中立性。

2）能力建设和人员培训

各国评估机构均重视检测方法、平台和试验条件方面的能力建设。例如，美国 FDA 于 2013 年实施的“食品安全现代行动”明确了评估新工具和实验室方法改进环节的能力建设，其中包括加快发展食品中微生物和化学污染物的快速检测方法、手持式检测仪器、未知化学物和微生物的毒理学评价新技术、快速评估能力和食品科学新技术如纳米技术等。此外，为确保工作程序规范、工作成果能够获得国际的广泛认可，有些实验室按照国际标准开展认证活动。例如，德国的 BfR 通过了 ISO/IEC 17025《检测和校准实验室能力的通用要求》认证。2010 年还通过了 ISO 9001 质量管理认证，实验室、科学评估和日常管理都达到了国际标准的要求，促进了整个实验室的工作规范化和科学水平的提升。

提升评估队伍素质也是各国农产品和食品安全机构的工作重点之一，具体表现为：一是定期组织内部培训课程，对人员进行专业技术培训，如德国 BfR、澳大利亚国家卫生部、新西兰农业部、美国 FDA/JFSAN 等每年举办风险评估培训课程，邀请领域内知名学者对员工进行新方法培训，并邀请世界各国评估领域的科学人员参加，进行技术交流；二是与高校、科研院所和学术团体等开展合作研究，定期开展政策、方法等方面的网络或电话学术会议。例如，美国 FDA 建有视频和电话会议平台，定期与国际食品保护学会会员开展研究工作进展的交流，征询学术界的问题和建议。

2.6 现实差距

2.6.1 风险评估技术支撑不够，作用发挥不充分

一是风险识别、毒理学评价、评估建模等风险评估共性技术创新度不够，研究亟待加强。我国的鲜活农产品质量安全风险评估研究起步较晚，危害因子识别与筛查技术、毒理学评价技术、评估方法与模型、风险排序技术等风险评估共性技术或产品基本上都是引进国外，并在此基础上进行改进，创新度不够。多数风险评估的模型、软件及快速筛查技术等缺乏自主知识产权。二是鲜活农产品复合污染评估技术和方法缺失。农产品在其生产、加工和运

输过程中往往会受到多种不同化学物的污染，但是多年来风险评估技术一直关注于单一污染物对人体健康的影响，探讨多种化学物同时暴露给人体所带来的健康风险的研究较少，目前还非常缺乏鲜活农产品混合污染风险评估技术和方法，包括鲜活农产品中混合污染联合毒性监测和识别技术缺乏、鲜活农产品中化学污染物联合毒效机制不清楚、鲜活农产品中化学污染物联合评估模型和预警技术匮乏等。三是缺乏鲜活农产品风险评估抽样方法及样本容量的选择标准或指南。目前，我国鲜活农产品质量安全风险评估基础数据匮乏，因此，在评估过程中需要进行大量的取样验证。抽样代表性（抽样方法和样本容量的选择）成为影响风险评估结果重要的一环，如何在满足与目标需求一致的精度要求下，结合经费允许性、资源可匹配性、时间允许性及现实可操作性，确定最终的抽样方案和抽样数量等，是保证最后风险评估结果的关键。因此，制定鲜活农产品风险评估抽样方法及样本容量的选择标准或指南刻不容缓。四是鲜活农产品评估关键点控制技术缺乏。目前，我国鲜活农产品种养殖和收贮运全程危害因子并没有被全部掌握，已有危害因子的危害程度、分布、来源、消解动态和迁移转化规律还需要进一步研究；高灵敏、高通量的识别与非定向筛查技术缺乏。因此，急需明确生产全程的危害因子及关键控制点与关键控制技术，为农产品质量安全全程监管、标准化生产、种养殖指导、产地准出、质量追溯等管控提供科学依据。

2.6.2　现有协调机制不健全，监管效率不足

我国农产品质量安全管理体系庞大，涉及诸多环节和诸多领域。在国务院对食用农产品安全监管职能调整之前，鲜活农产品质量安全管理权限分属不同部门，存在很大程度的管理职能错位、缺位和交叉分散现象，难以形成协调配合、运转高效的管理机制。监管体制调整后，农业部门的职责由农产品生产环节质量安全监督管理，延伸到进入市场或加工企业前的收购、贮藏、运输等环节，并强化了农业投入品监管责任。农业部门能够根据监管工作的需要，进入批发和零售市场开展农产品质量安全风险监测和评估工作。对于可能发生职能交叠的部分，2014 年 11 月，农业部和国家食品药品监督管理总局（简称国家食药总局）签署了《加强食用农产品质量安全全程监管合作协议》，对食用农产品的监管职责划分、合作机制、组织保障等进行了明确规定，对于职责明确的监管领域，原则上由一个部门统一负责，这避免了两部门的职责交叉。但是，从多段管理到市场统分的监管体制转变，仍然存在边界模糊、职能交叠的问题，如对于收购农产品并批发给批发市场的环节由哪里监管？对于市场和加工企业的细分还需要进一步明确。对于投入品的管理，以

农药管理和农药残留监测为例，我国目前涉及农业部、国家卫生健康委员会、国家质量监督检验检疫总局（简称国家质检总局）等多个行政管理部门，在同一部门又涉及多个司局管理，由于彼此间职责界定不清，管理重叠或管理缺位，部门间相互推诿扯皮，因此农药残留监测工作难以协调有序地进行。另外，由于各部门都建立了自己的农药残留监测体系，存在严重的重复建设问题。以当前的条件，根本无法满足农产品质量安全监管的现实要求，也难以适应职能拓展的需要。

2.6.3 评估专业队伍不足，整体素质良莠不齐

虽然我国已初步建立起“以国家农产品质量安全风险评估机构为龙头、部级各专业性和区域性风险评估实验室为主体、主产区风险评估实验站为基础”的国家农产品质量安全风险评估体系，但是还缺乏一个为全国农产品质量安全风险评估工作提供权威技术支撑的部级层面的专业人才队伍，且需加强与食品安全风险评估工作的衔接。此外，风险评估人才队伍的专业素养和业务水平还有待进一步提高。一方面，不同风险评估实验室的风险评估软硬件条件间存在较大差异，东西部地区的实验室人员队伍的文化程度、业务技能等方面也存在明显差异；另一方面，由于风险评估工作的专业性强，需要统一制定业务能力的训练计划，并进行定期培训和考核，以保障人员的知识水平和队伍的业务能力与国际发展水平同步，甚至具备国际领先水平。因此，在国际化和现代化的大背景下，亟待拓展我国农产品风险评估队伍的视野，提升整体风险评估队伍的素质。

2.6.4 信息公开不足，风险交流效果不佳

由于我国鲜活农产品质量安全风险评估工作还处于起步阶段，连续多年的评估结果和数据并未向公众公开，因此公众对鲜活农产品质量安全风险认知不足、感知不准确，加上人们对食用农产品，特别是鲜活农产品质量安全的重视和关注，公众对于风险的敏感度非常高，一旦媒体曝出“风险事件”，舆情信息就开始大规模扩散，如若没有相应的、公众可接受的应急处置和管理措施，短时间内就会波及整个产业，造成难以想象的后果，“速生鸡”“草莓乙草胺风波”等鲜活农产品质量安全事件无一例外，足以显示信息公开和风险交流的重要性。政府部门和相关风险评估机构应当主动公开农产品质量安全风险信息和相关评估数据，并逐步扩大公开范围，细化公开内容，及时发布权威信息，并提高发布实效，使风险评估的相关政策法规和农产品质量安全风险相关信息公开、透明，让公众“看得到”。

3 发展趋势及战略需求分析

3.1 国际竞争战略需求分析

开展鲜活农产品质量安全风险评估技术创新研究，对鲜活农产品中危害因子进行科学评估，并开展持续、系统、动态的跟踪评价和隐患验证分析，建立科学高效的全程质量控制技术体系，不仅能够提升我国鲜活农产品的国际竞争力，促进鲜活农产品出口贸易，还能够有效解决贸易争端，保护鲜活农产品进出口贸易合法权益，是实施国际竞争战略的迫切需求。

进行风险评估是农产品质量安全管理的国际通行做法，也是打破国际贸易壁垒的重要技术支撑，增加国际贸易话语权的有力抓手。近年来，随着农业生态环境的恶化，农产品重金属污染日趋严重，毒素污染呈加重趋势等，严重威胁我国鲜活农产品出口贸易。提升鲜活农产品质量安全风险评估的科技创新能力，并基于科学的风险评估结果，推动鲜活农产品安全生产，能够有效提升我国鲜活农产品质量安全的总体水平，从而增强国际竞争力，促进出口贸易。此外，风险评估作为制定国际公认的国际贸易标准、技术性贸易措施等的基础，还是打破农产品技术性贸易壁垒的重要手段。世界许多国家纷纷利用 WTO 有关协议，特别是贸易技术壁垒协定（TBT）和卫生与植物卫生措施协议（SPS），抵制国外产品，保护本国产业。我国是鲜活农产品贸易大国，《实施卫生与动植物检疫措施协议》中规定各国政府采取的保护该国人民健康、免受进口食品带来危害的强制性卫生措施必须是建立在风险评估基础上的。而我国鲜活农产品风险评估创新研究基础薄弱，对国际贸易规则的掌握和运用不够，尤其是对 TBT、SPS 有关风险评估规定的应用能力不足，在建立和应对技术性贸易措施时，既不能合理制约他人，又不能有效保护自己，当前正面临着国内农产品出口受阻和国外农产品涌入的双重压力。因此，开展鲜活农产品质量安全风险评估创新研究，建立既符合国际通行规则，又具有中国特色的全国农产品质量安全风险评估技术，夯实技术性依据，是解决贸易争端、打破制约我国农产品国际化发展的瓶颈的战略需求。

3.2 农业产业升级需求分析

开展鲜活农产品质量安全风险评估科技创新，对农产品产前、产中和产后各个环节中的风险因子进行识别与评价，探明农产品中危害因子分布，掌握其来源及污染程度，摸清危害因子发生、代谢、转化、消解和累积规律，科学制定生产技术规程，从生产源头防范农产品质量安全风险，引导和规范生产行为，是促进我国农业产业升级、推动我国农业产业实施可持续发展战略的现实需求。

多年来，为保证产量和经济效益，农产品生产过程中过度使用农药、化肥等化学投入品，化学投入品的过量使用造成土壤的物理、化学及生物属性退化，土壤有机质逐渐接近于零，土壤酸化和板结严重；同时，农、兽药等化学品不规范使用，重金属污染日趋严重，毒素危害日益显现，植物生长调节剂过量使用，致病微生物污染等农产品质量安全事件频繁发生，严重威胁了公众的身体健康和生命安全。2010 年环境保护部①发布的《第一次全国污染源普查公报》结果显示，我国农业污染已经超过工业和生活污染，成为污染物的最大来源。化学投入品的过量使用已经成为制约我国农业产业可持续发展的重要瓶颈。加之，伴随经济社会的发展和生产技术的革新，新技术、新产品应用到鲜活农产品的生产、加工、流通等过程中，带来了新的未知危害，将成为鲜活农产品质量安全风险评估科技创新关注的热点。例如，地膜技术的发展，传统生产模式向全程机械化生产模式的转变，农用膜、农药、化肥等的大量使用，给鲜活农产品消费安全和农业环境带来了潜在未知的危害和风险；全氟有机化合物（PFC）、微塑剂、多溴联苯醚（PBDE）、纳米材料等新型污染物也会因包装和环境污染等进入鲜活农产品中，从而影响鲜活农产品的消费安全。近年来，人用抗生素、β-受体阻断药、镇痛消炎药、神经系统药、激素和农药等，在江河、湖泊、近海等水体中被频繁检出，这些物质可通过种养殖环境进入动植物体内，加剧细菌耐药性，从而给鲜活农产品带来新的危害风险。

针对农产品中未知化学污染、非法添加等问题，需要开发灵敏度高、能高效识别未知污染物的技术手段。分析测试目标物十分复杂，可能是明确的一种或一类化学物质，也可能是尚未被监测到的、不在常规检测范围内的化学物质，如新型污染物双酚 A 及其类似物或新型溴代阻燃剂等。当前，针对农产品中已知污染物的定向检测，我国已基本建立了成熟可靠的检测方法和体系，但在样品前处理、检测监测理念上尚无明显创新，还不能完全实现有效的“非定向”筛查和监测，对农产品中未知风险的筛查水平和技术储备还远远不能满足保障和提升农产品质量安全水平的需要，亟待研发基于高分辨质谱等相关技术的非定向筛查和监测技术，实现对化学性未知风险物质的快速筛查。

① 2018 年 3 月 13 日，十三届全国人大一次会议审议国务院机构改革方案，组建生态环境部，不再保留环境保护部。

3.3 现代科技发展需求分析

3.3.1 污染物毒性测试试验向以体外替代方法为基础的新型技术转变

伴随着动物福利问题的提出，减少、优化、替代动物试验（3R）成为当前的急迫需求。随着现代生物学技术的发展，一系列组学技术和毒性机制研究技术可以大幅提高化学物的评估效率。系统生物学作为一种在细胞、组织、器官和生物体整体水平上，研究结构和功能各异的各种分子及其相互作用，并通过计算生物学来定量描述和预测生物功能、表型和行为的科学，可以全面反映中毒后生物体的变化，从一个新的角度揭示毒性作用机制。

此外，以体外细胞毒性测试技术为代表的试验动物替代方法的发展与应用已成为毒性测试的重要方向，获得越来越广泛的支持和认可，具有广阔的发展前景和重要的应用价值[29]。美国国家研究理事会（NRC）发表的《21世纪毒性测试：愿景与策略》报告，为未来毒性测试的发展提供了策略，未来的毒性测试的重点将由整体动物试验转向基于人类细胞、细胞系和/或细胞组分等试验动物替代方法的测试策略[30]。毒性测试的主要内容包括化学物的特性分析、含毒性通路和靶向测试的毒性测试及剂量-反应与外推模型的研究，通过这些研究进一步开展外源性化合物的危险度评价和人群暴露分析。毒性测试的重点关注因素包括敏感检测终点的选择与评价、细胞-反应网络、高通量与中通量方法的构建和应用、作用机制与作用模式、毒性通路及系统生物学效应等，着力实施高通量、高灵敏度、低成本、预测能力强而且准确的毒性测试策略。因此，未来毒性预测将主要依赖于体外试验和基于计算机模型，传统动物试验将可能被部分替代甚至完全替代。

3.3.2 复合污染风险评估技术成为研究重点

随着现代生物学技术的发展，组学技术、毒性机制研究技术等共性和关键评估技术的应用大幅度提高了评估效率，在未来，共性和关键评估技术及平台的研发将成为研究的重点，如农药累积性评估组评估方法与准则等。

复合污染问题引起了世界的广泛关注[33]。现有数据表明，很多农产品中的污染物不仅以单一的形式存在，而且多以复合污染的形式存在[31]。目前，鲜活农产品的最大限量标准仅关注单一污染物。在各类监测中，对鲜活农产品的安全性判定通常以某一种污染物是否超标作为标准，尚未考虑多种污染物并存的情况；而现实中，消费者往往食用含有多种污染物的一种食品或者含有不同种类污染物的食品，且与暴露于一种化学污染物残留相比，人体同时或者先后暴露于多种化学污染物残留将会引起更高或者更低的联合效应。

但是，在风险评估研究中，探讨多种污染物同时暴露给人体所带来的健康风险的研究较少[32]。现阶段，风险评估对象已由单一污染物向复合污染迈进，由单环境介质行为向多介质作用发展。未来，复合污染风险评估、体内毒代毒效动力学研究与建模、结构活性关系预测研究与建模、体外替代毒理学研究与建模、概率评估模型建立等关键和共性评估技术逐步成为鲜活农产品安全风险评估科技创新的研究重点。

3.3.3 基于互联网的现代信息技术是未来发展的主流趋势

膳食摄入数据、污染数据、生产过程数据等是开展鲜活农产品质量安全风险评估和预警不可或缺的基础数据，有效整合各部门、各领域的历史数据，灵活调整评价维度，减少人为因素导致的错误及人力成本等，不仅能够有效提高评估与预警的准确率，而且可以提升风险评估科技创新的效率与成功率。而我国在鲜活农产品质量安全风险评估、预警、追溯、过程管控等方面还处于起步阶段，相互缺乏有效的沟通和协调，已有的监测与评估数据未能有效整合，无法满足消费者、监管者、生产者等利益相关方的各项要求，建立跨多部门、多领域的信息共享平台成为当前保障鲜活农产品质量安全的迫切需求。2015 年政府工作报告中提出"'互联网＋'行动计划"，全国上下正在形成新一代信息技术与现代产业跨界融合，培育和催生经济社会发展的新动力。作为核心内容之一，"互联网＋"为鲜活农产品质量安全风险评估带来了新机遇。如何充分利用"大数据""物联网"等现代信息技术，建立以鲜活农产品生产、储藏、流通、加工等全链条质量安全关键控制点研究结果为核心的鲜活农产品质量安全评估、预警、追溯、管控一体化监管模式，成为未来鲜活农产品质量安全风险评估技术和产品科技创新的主流趋势。

4　风险评估科技创新的发展战略

4.1　发展思路

紧紧抓住我国农业产业创新升级的重大契机，以保障我国农产品质量安全依法监督、科学监管为基准，以全面提升我国鲜活农产品质量安全风险评估创新能力和水平为重点，以扎实推进农业产业可持续发展为目标，研发未知污染物非定向筛查、识别与检测技术，探明污染物迁移富集转化方式、机制及关键控制点，开展主要危害因子的毒性效应评估，诊断农产品中单一及复合污染的安全性水平，建设风险交流预警和数据库等，实现指导农业安全生产，合理引导消费，促进农业产业可持续健康发展和保障农产品进出口贸易。

4.2 战略目标

经过 5～10 年的努力，我国鲜活农产品质量安全风险评估技术达到国际领先水平。未知风险识别和监测能力显著提升，未知危害因子分析研判和隐患排查能力达到国际先进水平，未知风险探索与评估能力在现有基础上提升80%以上；已知污染物代谢规律与行为机制研究能力达到国际一流水平，已知危害因子风险评估能力由目前 30%左右提高到 90%以上，揭示农产品生产过程中已知危害因子污染发生、代谢、转化、消解与蓄积的规律，提出科学防控策略与措施；鲜活农产品活性物质营养成分与功能评价能力提升 80%以上，揭示活性物质的营养成分与功能，把握生产过程关键控制点，可指导生产，引导消费，促进农业产业发展。

4.3 重点任务[10]

4.3.1 未知风险因子非定向筛查、识别与监测技术

针对现有定向检测技术无法快速筛查和识别鲜活农产品中未知风险因子、难以实施有效监控的问题，突破非定向筛查和监测技术难点，重点研发农药、兽药、生物毒素、有机环境污染物及违禁添加物等高风险因子的色谱/质谱、核磁共振谱、红外光谱等结构综合基础信息系统，构建大规模筛查数据库和识别模型；研发基于全信息大数据化学计量学筛选、高分辨仪器分析和分子信号综合识别等技术的非靶标未知风险因子的高灵敏度、高通量筛查与识别技术；研究特异性和广谱性前处理材料，研发多类别、模块化、组合式样品前处理系统，建立便捷高效的全回收样品前处理方法；研究制备适配体等核心识别单元库，研发纳米抗体、受体、适配体、分子印迹膜、石墨烯等高性能检测和新型探针材料，建立基于阿达马变换、生物芯片、3D 打印技术、生物传感器、离子迁移谱、转录组学、新型核酸和免疫分析等的多组分高通量快速识别新技术，研发适用于在线或现场的便携式检测试剂盒、试纸条、传感器等绿色经济快速检测产品及装置，实现风险因子的现场快速筛查

和识别；研究重点风险因子的多维指纹图谱、多级质谱定性确证性和精准定量检测技术，基于统计分析的抽样方法，实施全面有效的定向监测，全面掌握重点风险因子的污染特征和现状；构建农产品质量安全多模式非定向筛查和监测新技术体系，实现农产品质量安全检测从定向检测向非定向筛查的重大跨越，显著提升对未知风险识别和监测的能力。

4.3.2　污染物代谢规律与行为机制

针对鲜活农产品中污染物来源不清，消长过程不明，无法开展有效监控的问题，研究农产品中主要污染物的来源与污染特征及交互关系，探究污染物形成、代谢机制与关键控制点，为鲜活农产品质量安全的源头控制提供基础科学支撑[34]。重点研究农药、兽药、重金属、有机环境污染物、违禁添加物等在农产品中的污染特征、降解代谢行为变化规律及作用机制，以及其在“作物-饲料-畜禽”生物链中的蓄积和迁移转化行为与饲料加工因子对污染物残留的影响规律；采用同位素等技术手段示踪污染物从土壤等产地环境到动植物产品中的蓄积、迁移及降解代谢规律，研究新型有机污染物的来源、归趋、毒性作用及机制；开展生物毒素、致病微生物等生物性危害物在农产品中的发生与消长规律、协同侵染及蓄积时空关联研究，分离鉴定外源寄主病原微生物高毒、未知和潜在的加合物、衍生物等次级代谢物；研究收储运过程中农产品基质对病原微生物共生性及迁移影响的机制，探明病原微生物菌株变异性、耐药性及肠道菌群互作机制；研究毒苷、凝集素、抗营养因子等其他内源性生物危害物的发生与消长规律，探明形成代谢机制；研究保鲜剂、防腐剂、添加剂在农产品收贮运及加工过程中的蓄积和迁移降解规律，建立“三剂”安全性评价体系；探明鲜活农产品污染物的污染途径和防控关键控制点，研发污染消减技术及产品；整合大数据，研发污染预测模型，形成基于全生产链和关键控制点的鲜活农产品污染物预警与防控机制，为保障鲜活农产品质量安全提供重要科技支撑。

4.3.3　毒性评价新技术及新方法

针对我国农产品及饲料中主要危害因子毒性效应不清、毒性机制不明的科学难题，利用动物试验、体外替代测试方法、代谢组学方法等技术开展农产品及饲料中农兽药残留、重金属、生物毒素、新型有机污染物、非法添加物、内生性危害物等主要危害因子的毒性效应评估，明确其毒性作用机制，研发毒性测定产品；基于替代毒理学评价方法，开展细胞和分子生物学水平的毒理基础研究[35]；基于体外细胞的各种毒性通路，开展农产品中主要危害因子的毒性效应评价，建立不同毒性终点的毒性数据库；针对农产品中多种污染物共存现象，在不同条件、配比及组合方式下，摸清其联合毒性效应规律，并探明作用机制；在毒性评估的基础上完成农产品安全性评价，探明农产品中多种危害因子混合污染的风险状况，为农产品质量安全风险管理提供技术支撑。

4.3.4　风险评估方法与建模

农产品质量安全风险评估和建模已逐步从显性、单一污染物安全性评价转向具有蓄积性、累积性及代谢缓慢、半衰期长的复合污染风险评估和再评估上来，转向确保数量安全情况下，上游农业产地环境健康、中游畜禽和种植业产品健康，以及下游消费健康的深度关联上来，转向对农业生产存在显著季节性、复杂性和作业方式相对粗放性等特点的思考和兼容上来。

（1）引进并集成基于体外替代毒理学方法等实现农产品中污染物毒性评价的模型：针对农业投入品（农药、兽药及农用饲料添加剂等）准入标准、最大残留限量（MRL）制定及新农兽药开发评价等，优化并形成针对体外高通量精准的评价技术和建模手段；优化和规避传统体内动物试验，利用PBTK/BBDR 建模和基于化学物结构活性关系建模等是寻求农产品中污染物（尤其是农业投入品）体内作用靶标，甄别最终目的代谢物和衍生物，探明其代谢机制等不可或缺的手段和方法。

（2）研究并兼容基于整合概率性评估框架和累积性/蓄积性评估策略实现农产品中多种污染物风险评估的模型：针对农产品中同时检出并复合存在的多种污染物所导致的联合风险，大力推进 FAO/WHO、OECD 等国际组织认同的多种污染物风险评估技术。针对评估中不同变量的变异性采用 Monte Carlo 抽样估计，不确定性可通过 Bootstrap 重抽样等技术手段获得。同时考虑我国更为丰富多样的种植业、畜牧业、水产业等实际产业需求，大力熟化和集成上述适合于累积性/蓄积性＋概率性评估的建模手段，构建复合污染物风险图谱和排序表，为提升多种污染风险筛查、判别并指导风险预测监管能力提供实际的技术支撑。

4.3.5　风险交流预警及数据库建设

针对目前我国鲜活农产品质量安全风险信息不对称，各部委之间风险评估信息、数据交流不畅，缺乏统一的数据平台等问题，以“互联网＋”为抓手，利用大数据、云计算、移动通信等信息技术，构建全国鲜活农产品质量安全信息交流平台，完善监测和评估信息的报送与通报制度，明确系统内部报告、监管部门间通报和社会信息披露制度，实现农产品质量安全信息在部门间、上下级间共享，切实解决风险评估基础数据不足的问题。特别针对农产品中农药残留、生物毒素、重金属等污染开展污染监控和数据评价与数据共享；建立全国鲜活农产品质量安全风险预警和快速应对系统，在采集和汇总鲜活农产品质量安全基础数据的基础上，设置各类风险因子的评价项目，结合风险分析模型和专家经验对农产品质量安全风险进行评估，对运行状态和趋势进行判断性的预测，确定警度后，发出相应的预警信息，从而实现实时监控、风险评价、预测预警、动态决策、综合协调、应急联动等功能，全面提升国家抗御和应对农产品质量安全突发事件的能力。

4.4　科技项目建议

4.4.1　国家重点研发计划中设立研究专项

为更好地开展鲜活农产品质量安全风险评估关键技术研究，建议在国家重点研发计划中设立“鲜活农产品质量安全关键技术重点专项”。

针对不同类型的鲜活农产品，从未知风险快速筛查识别和监测技术、已知污染物代谢行为机制、危害因子毒性分析评价、风险评估方法模型、风险预警关键技术等多个方面开展协同攻关，着力提升我国鲜活农产品质量安全科技水平，保障农产品安全生产、高效监管和科学消费。

4.4.2　国家自然科学基金学科构架中设立专门学科

建议在国家自然科学基金学科架构中设立专门的农产品质量安全学科，从常规基金项目、重点项目和人才项目等多方面给予重点支持，开展鲜活农产品质量安全相关的基础科学研究，尤其是生产模式、危害因子等对农产品安全和营养品质的影响机制，以及对人体健康产生的营养功效或潜在风险。

4.5　保障措施

4.5.1　明确主体地位，完善制度体系建设

1）明确主体地位

加快修订《中华人民共和国农产品质量安全法》，实现与《中华人民共和国食品安全法》的两法并举、各有侧重、相互衔接。结合机构改革和职能调整，完善相关法律法规，明确农产品质量安全风险评估与食品安全风险评估

的法律主体、地位及隶属部门。

2）构建农产品质量安全风险评估制度

健全国家农产品质量安全风险评估相关制度，如制定《农产品质量安全风险评估管理制度》《农产品质量安全风险交流工作细则》等，加强农产品质量安全风险评估工作的实施和管理，进一步明确农产品风险评估的对象范围、实施程序、法律责任及相关国家和行业标准。

3）构建农产品质量安全风险交流体系

建立和完善鲜活农产品质量安全风险信息和数据交换网络制度体系，促进政府部门、企业、社会组织及公众等开展合作与交流，确保风险评估工作质量。

4.5.2　加大项目投入，攻关评估关键技术

1）加大支持力度，确保项目及工作正常运转

加大对农产品质量安全领域的经费支持力度，将农产品质量安全风险评估专项经费在中央财政预算中按常规工作经费给予稳定支持，用于鲜活农产品质量安全风险评估技术研发、平台建设、人才建设等。

2）夯实应用基础研究，实现跨越式发展

加大在农产品质量安全领域的研发投入，开展从农田到餐桌的鲜活农产品生产全过程的安全监测、控制、管理、风险评估技术研究，以及鲜活农产品质量安全保障、应急处置、风险预警技术研究。科技部门设立鲜活农产品质量安全风险评估相关的国家重点研发项目，加强鲜活农产品高通量风险筛查技术与装备研发、复合污染联合暴露风险评估研究。

3）强化成果推广转化及示范应用，服务产业发展

开展从农田到餐桌全过程的鲜活农产品质量安全科技示范，服务于产业可持续发展。建立“互联网＋”风险评估信息系统，便于利益相关方通过时效性较强的信息沟通交流，减少市场因信息不对称而造成的农产品质量安全危机。根据食品安全事件危害等级，开展相应的风险交流工作。

4.5.3　建立协作联盟，捋顺内部运行机制

1）建立协作联盟，提升风险评估效率

建立由农业部、国家卫生健康委员会、国家食品药品监督管理总局、商

务部等多部委、多产业部门组成的农产品质量安全跨部门风险评估联盟，进一步明确分工、各自职责及相互协作机制、风险评估信息共享机制等。

2）建立科技创新联盟，提供风险评估技术保障

建立由多学科、多专业专家组成的农产品质量安全评估技术创新联盟，共同开展鲜活农产品风险评估相关理论、共性技术、控制技术、评估方法等的研究，为实现农产品质量安全全程监管、标准化生产、种养殖指导、产地准出、质量追溯等管控提供科学依据，为鲜活农产质量安全风险评估提供技术保障。

3）强化管理制度改革，厚植风险评估研究优势

完善鲜活农产品质量安全评估工作的绩效考核机制和激励机制，评估单位内部建立以目标管理为基础的绩效考核方法，建立和完善行之有效的内部激励机制和约束机制，提高评估工作效率和工作人员的积极性。

4.5.4 加强人才培养，培育专业评估队伍

1）强化队伍建设，把握风险评估研究趋势

将农产品质量安全风险评估学科发展和人才培养规划纳入国家“十三五”学科发展和人才规划体系中，制定相关激励政策，实施风险评估人才培养计划，培养和吸引一批风险评估管理人才和专业人才，加快建立一支高水平的鲜活农产品质量安全风险评估管理队伍和专业人才队伍。

2）强化人才引进，支撑风险评估研究创新发展

实施重点产业风险评估人才聚集工程和高层次紧缺人才引进工程，大力引进国际贸易、法律等专业管理人员，大力引进熟练掌握监测技术、风评估技术、大数据分析、信息化技术等的各类专业技术人才。集结不同专业高层次科技人才，形成学科互促、专业互补的风险评估创新研究局面。

3）强化科普宣传与人才培养，让创新和科普两翼齐飞

重视科普人才的培养，加强农产品质量安全科普教育，壮大农产品质量安全风险评估队伍，为农产品质量安全风险交流提供有力的智力保障。

4.5.5 实施资源共享，加强技术集成示范

1）实施平台建设，强化战略导向

在全国范围内，科学合理布局一批风险评估科技示范平台或基地，开展

毒理学评价技术、危害识别技术、评估模型研究、复合污染评估技术、鲜活农产品质量安全关键点控制技术、大数据运用技术等技术集成示范，提高风险评估工作的显示度。

2）实施信息资源共享，强化条件支撑

建立多部门、多行业、多边界、多产业相对统一的风险评估基础数据平台，通过构建基础数据信息系统平台，推动风险评估基础数据从单一的部门内信息系统发展为行业间横向、产业间纵向的信息资源共享系统，为风险评估提供时空交叉、全方位立体的系统环境条件支撑。

参 考 文 献

[1] 金发忠. 我国农产品质量安全风险评估的体系构建及运行管理. 农产品质量与安全, 2014, (3): 3-11.
[2] 金发忠. 基于我国农产品客观特性的质量安全问题思考. 农产品质量与安全, 2015, (3): 3-11.
[3] 曹佳, 郑玉新, 周宗灿, 等. 毒理学研究进展及热点. 中国科学基金, 2011, (3): 138-142.
[4] 林卫华, 吴志刚. 我国近年食品毒理学应用与研究进展. 中国热带医学, 2014, 14(8): 1019-1022.
[5] Chen C, Wang Y H, Qian Y Z. The synergistic toxicity of the multiple chemical mixtures: implications for risk assessment in the terrestrial environment. Environment International, 2015, 77(4): 95-105.
[6] 马丽萍, 汪少敏, 付晓陆, 等. 以食品安全指数法对地产蔬菜农药残留的安全评价风险. 宁波农业科技, 2013, (2): 4-6.
[7] 国务院法制办公室. 中华人民共和国农产品质量安全法. 北京: 中国法制出版社, 2006.
[8] 国务院法制办公室. 中华人民共和国食品安全法实用版(2015 最新版). 北京: 中国法制出版社, 2015.
[9] 章力建, 张星联. 风险评估在农产品质量安全监管中的作用. 食品科学, 2011, (33): 137-140.
[10] 张星联, 杨桂玲, 陈晨, 等. 农产品质量安全风险评估技术研究现状及发展趋势. 农产品质量与安全, 2016, (5): 3-7.
[11] 钱传范, 刘丰茂, 潘灿平, 等. 农药残留分析原理与方法. 北京: 化学工业出版社, 2011.
[12] Anastassiades M, Lehotay S J, Stajnbaher D, et al. Fast and easy multiresidue method employing acetonitrile extraction/partitioning and "dispersive solid-phase extraction" for the determination of pesticide residues in produce. J AOAC Intern, 2003, (86): 412.
[13] Pfenning A P, Roybai J E, Rupp H S. et al. Simultaneous determination of residues of chloramphenicol florfenicol, florfenicol, amine, and thiamphenicol in shrimp tissue by gas chromatography with electron capture detection. J AOAC Int, 2000, 26(1): 26-30.
[14] Andrzej P, Jan Z, Jolanta N. Evaluation of sample preparation for control of chloramphenicol residues in porcine tissues by enzyme linked immunosorbent assay and liquid chromatography. Aanal Chim Acta, 2003, 483(1-2): 307-311.
[15] 夏曦, 李晓薇, 丁双阳, 等. 液相色谱-高分辨质谱在兽药残留分析中的应用进展. 质谱学报, 2011, 32(6): 333-340.
[16] Congress U S. Food Quality Protection Act. Public Law, 1996, 104-170.
[17] European Union. Regulation (EC) No 396/2005 of the European Parliament and of the Council of

23 February 2005 on maximum residue levels of pesticides in or on food and feed of plant and animal origin and amending Council Directive91/414/EEC. 2005-02-23. http: //faolex.fao.org/cgi-bin/faolex.exe?rec_id=041137&database=faolex&search_type=link&table=result&lang=eng&format_name=@ERALL.
[18] Meek M E, Boobis A R, Crofton K M, et al. Risk assessment of combined exposure to multiple chemicals: a WHO/IPCS framework. Regul Toxicol Pharmacol, 2011, 60(2suppl 1): S1-S14.
[19] EFSA. Scientific opinion on risk assessment for a selected group of pesticides from the triazole group to test possible methodologies to assess cumulative effects from exposure throughout food from these pesticides on human health on request of EFSA. EFSA Journal, 2009, 7(9): 1167: 104.
[20] Westerfiled M. The Zebrafish Book. 4th ed. Eugene: University of Oregon Press, 2000.
[21] Lounkine E, Keiser M J, Whitebread S, et al. Large-scale prediction and testing of drug activity on side-effect targets. Nature, 2012, 486(7403): 361-367.
[22] Kolaja K. Drug discovery: computer model predicts side effects. Nature, 2012, 486(7403): 326-327.
[23] Kar S, Roy K. QSAR modeling of toxicity of diverse organic chemicals to *Daphnia magna* using 2D and 3D descriptors. Journal of Hazardous Materials, 2010, 177(1-3): 344-351.
[24] Li X, Zhang T, Min X M, et al. Toxicity of aromatic compounds to tetrahymena estimated by microcalorimetry and QSAR. Aquatic Toxicology, 2010, 98(4): 322-327.
[25] Enoch S J, Cronin M T D, Schultz T W, et al. An evaluation of global QSAR models for the prediction of the toxicity of phenols to tetrahymena pyriformis. Chemosphere, 2008, 71(7): 1225-1232.
[26] Kuz'min V E, Muratov E N, Artemenko A G, et al. The effect of nitroaromatics' composition on their toxicity *in vivo*: novel, efficient non-additive 1D QSAR analysis. Chemosphere, 2008, 72(9): 1373-1380.
[27] Quintanilla V Y, Sadmani A, Mc Conville M, et al. A QSAR model for predicting rejection of emergingcontaminants (pharmaceuticals, endocrine disruptors) by nanofiltration membranes. Water Research, 2010, 44: 373-384.
[28] 唐佳妮, 张爱萍, 刘东红. 预测微生物学的研究进展及其在食品中的应用. 中国食品学报, 2010, 10(6): 162-166.
[29] 彭双清, 郝卫东, 伍一军. 毒理学替代法. 北京: 军事医学科学出版社, 2009: 5-16.
[30] 张春旺, 潘心红, 冯彩群. 一起由氯丙嗪引起的食物中毒的快速测定. 中国卫生检验杂志, 2001, 11(1): 109-110.
[31] Takakura N, Sanders P, Fessard V, et al. *In vitro* combined cytotoxic effects of pesticide cocktails simultaneously found in the French diet. Food Chem Toxicol, 2013, 52: 153-162.
[32] 陈晨, 钱永忠. 农药残留混合污染联合效应风险评估研究进展. 农产品质量与安全, 2015, (5): 49-53.
[33] COT (UK Committee on Toxicity of Chemicals in Food, Consumer Products and the Environment). Risk Assessment of Mixtures of Pesticides and Similar Substances. 2002-09-01. http//cot.food.gov.uk/pdfs/reportindexed.pdf[2015-03-01].
[34] 唐华俊. 我国农产品质量安全风险评估学科建设推进方略. 农产品质量与安全, 2015, (5): 3-5.
[35] Ma M, Chen C, Yang G, et al. Combined cytotoxic effects of pesticide mixtures present in the Chinese diet on human HepG2 cell line. Chemosphere, 2016, 159: 256-266.

专题三　鲜活农产品质量安全检验检测科技创新发展战略研究报告

1　鲜活农产品质量安全检验检测发展现状

“舌尖上的安全”已提升到对党和政府执政能力提出重大考验的前所未有的新高度。食品安全源头在农产品，需切实做到“产出来”和“管出来”两手抓、两手硬。人们所吃食物大多来自鲜活农产品，鲜活农产品质量安全是食品安全的重要源头和关键环节，已经成为社会关注、政府高度重视的亟待解决的共性关键问题。由于鲜活农产品生产周期长、环节多，消费周期短，附加值低，影响鲜活农产品质量安全的危害因子错综复杂，因此极易发生鲜活农产品质量安全事件，给我国鲜活农产品消费安全带来巨大威胁和隐患。近年来我国发生的鲜活农产品重大安全事件，如农药残留超标毒豇豆、硝基呋喃超标多宝鱼，以及牛奶三聚氰胺、猪肉“瘦肉精”、鸭蛋苏丹红等，严重威胁着农产品消费安全，农产品质量安全检验检测技术已成为从农田到餐桌的农产品质量安全全过程监管体系的共性关键难题。

鲜活农产品质量安全检验检测科技创新与体系建设是保障鲜活农产品质量安全，实现从农田到餐桌的农产品质量安全全过程监管的关键抓手[1]。当前，我国鲜活农产品质量安全检验检测科技创新水平不断提高，已研发出一批具有自主知识产权的检验检测技术、产品与设备。另外，通过“十一五”“十二五”两个五年计划的实施，我国鲜活农产品质量安全检验检测体系基本健全、布局更加合理、功能更加完善、检测能力得到全面提升，建设了 3332 个农产品质检机构，已经形成部、省、地（市）、县（乡）运行高效，支撑比较有力的农产品质量安全检验检测体系。

1.1　样品前处理技术

1.1.1　免疫亲和柱

免疫亲和柱固相萃取技术是近年迅速在我国发展起来的一类基于特异性吸附原理的前处理技术，我国已研制出了用于鲜活农产品样品前处理的氰戊菊酯农药残留特异性单克隆抗体免疫亲和微柱，并研制出了具有完全自主知识产权的、通过氨基硅胶微球与抗体共价修饰得到的系列真菌毒素免疫亲和微柱，打破了国外真菌毒素免疫亲和检测技术在中国的垄断地位。2003 年国家质量监督检验检疫总局发布的《食品中黄曲霉毒素的测定　免疫亲和层析净化高效液相色谱法和荧光光度法》（GB/T 18979—2003）首次将免疫亲和层析净化作为我国黄曲霉毒素检测中前处理方法。2010 年，卫生部发布实施的《乳和乳制品中黄曲霉毒素 M_1 的测定》再次将免疫亲和层析净化作为 LC-MS、LC、荧光分光光度法检测乳品中黄曲霉毒素的前处理方法。与现有多功能净化柱相比，黄曲霉毒素免疫亲和柱[24]特异性更强、灵敏度更高。

1.1.2 净化柱

多功能净化技术如 QuEChERS 技术等是指利用装载有净化材料的净化柱来吸附样品提取液中杂质的技术。该技术自 2003 年问世以来，已被广泛应用于农药残留[2-4]和生物毒素检测样品的前处理中。现有报道中，基于 QuEChERS 方法检测稻米农药残留的线性范围为 10～200μg/kg，检测回收率为 70%～122.7%；莲子中农药残留检测回收率达到 60.8%～119.9%；果蔬中农药残留检测平均回收率在 98%以上[5]。多功能净化柱-高效液相色谱法还被成功用于同时检测黄曲霉毒素和赭曲霉毒素 A。PriboFast 公司研制出柱压型和推杆型两种多功能净化柱，填充剂为可选择性吸附样液中脂类、蛋白质类等杂质的极性、非极性及离子交换基团等，而毒素不被吸附，其操作简便，稳定性强，回收率高，适用于鲜活农产品等复杂样品。

1.1.3 免疫磁珠

采用免疫磁珠分离技术可以同时实现分离和富集，具有高效、快速和操作简便等优点[6,7]。基于免疫磁珠的富集净化技术通常包括两个过程，首先是免疫磁珠和样品中待测物之间的特异性吸附结合，接着用有机溶剂将吸附在免疫磁珠上的待测物洗脱下来，使待测物与磁珠分离。免疫磁珠富集净化技术不仅可以提高试样的净化效果，减少有毒有害试剂的使用，而且操作简便。已有文献报道将免疫磁珠富集净化与酶联免疫吸附法结合成功用于酱油基质中黄曲霉毒素 B_1 的检测[8]。除此之外，集成免疫磁珠富集和免疫层析的快速检测法被用于检测原料乳中的黄曲霉毒素 M_1[9]。

1.2 快速检测技术

《中华人民共和国食品安全法》第一百一十二条指出“县级以上人民政府

食品药品监督管理部门在食品安全监督管理工作中可以采用国家规定的快速检测方法对食品进行抽查检测。”《中华人民共和国农产品质量安全法》第三十六条明确指出，对鲜活农产品“采用国务院农业行政主管部门会同有关部门认定的快速检测方法进行农产品质量安全监督抽查检测”。由此，确立了农产品质量安全快速检测技术的合法地位，是有效实施鲜活农产品质量安全全程监管的重要抓手。

在前期国家科技支撑项目等的支持下，我国鲜活农产品快速检测技术取得了较大发展。

1.2.1　快速检测核心识别材料科技创新成效显著

快速检测核心识别材料科技创新成效显著，创新了农兽药半抗原人工抗原分子设计、黄曲霉毒素高亲和力抗体靶向创制[10]等基础理论，发明了外源因子调控的阳性单克隆杂交瘤半固体培养-梯度筛选方法[11]，研制出农兽药残留、生物毒素等污染物的特异性高亲和力抗体、适配体[30]、分子印迹等关键识别材料，为建立鲜活农产品质量安全快速检验检测技术提供了原始创新的核心识别材料。首创出黄曲霉毒素纳米抗体和黄曲霉毒素、玉米赤霉烯酮等剧毒污染物抗独特型纳米抗体[12]，可耐受70%有机溶剂和60℃高温，可用作毒素标准品替代物及检测抗原，为研发新型免疫亲和柱及绿色免疫分析技术提供了原创材料和新途径。

1.2.2　快速检测技术科技创新突飞猛进

利用自主研制的核心识别材料，快速检测技术的科技创新突飞猛进。已成功研发了对硫磷等农药残留的酶联免疫检测技术、化学发光检测技术，开发了“瘦肉精”等兽药的酶联免疫检测技术、黄曲霉毒素的胶体金高灵敏度检测技术[13]、真菌毒素的时间分辨荧光高灵敏度高特异性快速检测技术[14-16]等，显著提高了鲜活农产品检验检测技术的灵敏度和稳定性，大幅提高了我国鲜活农产品质量安全检验检测创新水平与市场占有率。

1.2.3　快速检测产品与设备成功研制开发

在快速检测技术科技创新突飞猛进的基础上，成功研制出鲜活农产品质量安全快速检测产品，如农兽药残留、生物毒素、重金属[17,18]等污染物酶联免疫吸附测定（ELISA）试剂盒、胶体金定性试纸条、时间分辨荧光定量试纸条、高灵敏度电化学传感器、快速检测生物传感器等快速检测产品；研发出鲜活农产品质量安全快速检测设备，如黄曲霉毒素等生物毒素的胶体金单光谱成像仪与时间分辨荧光检测仪等配套快速检测设备。近 10 年来，《农产品黄曲霉毒素靶向抗体创制与高灵敏检测技术》等 11 项成果获国家技术发明奖或科技进步奖，为保障鲜活农产品消费安全与促进产业发展提供了关键技术支撑。

虽然我国鲜活农产品质量安全快速检验检测技术科技创新水平得到显著提升，但由于我国农产品质量安全检验检测技术研究起步晚、底子薄、科研投入少，仍然还存在许多关键共性技术难题尚未解决。尤其在现场快速检测技术方面，由于我国鲜活农产品生产规模小且分散，收获、加工、储藏、运输周期短，鲜食周期短，且极易变质腐败，混合污染重，现有快速检测技术无法满足鲜活农产品质量安全检测速度快、通量高、乡村化检测的迫切需求。例如，在鲜食果蔬等鲜活农产品质量安全现场检测中，由于极易受到多类多种污染物的混合污染，现有快速检测技术仅能检测一种污染物，无法满足多类多种污染物混合污染检测的需求。在农兽药残留快速检测技术方面，目前市场上应用最多的是农药速测卡（仪），该技术只针对有机磷和氨基甲酸酯类农药进行初筛，不能给出准确结果。此外，鲜活农产品质量安全快速检测技术难以实现快速前处理，无法满足现场快速检测需求。因此，现有快速检测技术不能解决检测速度慢、检测通量低、前处理效率慢等共性关键技术难题，无法满足从农田到餐桌的鲜活农产品全过程监管的重大需求。

1.3 确证性检测技术

为了满足鲜活农产品质量安全的仲裁检测及政府监管需求，需要研究建立鲜活农产品污染物确证性检测技术。这类检测技术具有分辨率高、灵敏度高、检测结果准确、权威性强等优点。这类检测技术主要依托大型检测仪器设备，主要有液相色谱仪、气相色谱仪、色谱-质谱联用仪、原子光谱等离子体发射光谱-质谱仪等大型仪器，按照国家和行业相关标准对鲜活农产品质量安全进行检测。为了满足鲜活农产品质量安全的政府监管需求，农业部每年投入大量人力物力，研发农兽药残留、生物毒素等污染物的确证性检验检测技术。在过去的 10 年里，农兽药残留、生物毒素等污染物的检测技术已从单个化合物的检测发展到可以同时检测几百种化合物的多残留系统分析。在此基础上，我国颁布了多个农兽药多残留检测的国家标准或行业标准，实现了上百种农兽药、十几种生物毒素等污染物的同时检测，特别是在样品前处理技术方面，高选择性、高灵敏度的固相萃取[19]、免疫亲和色谱、分子印迹等高效前处理技术的创制，使鲜活农产品确证性检测技术样品前处理实现定量化、简便化、快捷化。目前，已经研制出有机磷等农药残留的气相色谱-质谱联用确证性检测技术，生物毒素的液相色谱、液相色谱-质谱联用确证性检测技术，重金属镉的ICP-MS确证性检测技术，通过确证性检测技术创新，突破了鲜活农产品质量安全确证性检测技术前处理复杂、检测灵敏度低的难题。

然而，鲜活农产品污染物确证性检测耗时耗力，检测周期较长，需要购置专门的确证性检测仪器设备，配置专业检测技术人员，检测仪器设备对检测环境要求高，检测成本高，急需进一步研究简便、高效的确证性检验检测技术。

1.4　未知污染物非靶向筛查技术

随着鲜活农产品生产环境污染的加剧及检验检测科技创新水平的提高，除了已知污染物外，未知的新型污染物不断涌现。目前在鲜活农产品未知污染物筛查技术方面，大多以利用质谱等大型仪器的检测技术为主体，根据未知污染物在分析过程中的裂解规律、碎片信息建立相关的未知污染物数据库，通过检索相关数据库实现非定向筛查，主要有色谱-质谱联用检验检测技术，利用色谱技术的高分离能力和质谱技术的高精确度鉴别能力。然而，我国对农产品中未知污染物的筛查研究，尤其对非靶向检测技术的研究尚处于起步阶段，仅能针对少部分非目标物进行非定向筛查，远远不能满足筛查未知污染物的需求。鲜活农产品未知物筛查技术的发展方兴未艾，对不同鲜活农产品基质、异族群和种类未知物进行非定向筛查尚无可用的检测检验技术。急需研究创新基于不同原理的未知物筛查仪器及新型高分辨质谱筛查技术，推动农兽药残留、生物毒素及其代谢物与衍生物的非定向筛查，为鲜活农产品质量安全潜在污染物检验检测提供关键技术支撑。

1.5　检验检测体系建设

鲜活农产品质量安全检验检测体系的建设，以先进的仪器设备为手段，以可靠的实验环境为保障，对鲜活农产品质量安全实施科学、公正的监测、鉴定、评价，为保障鲜活农产品质量安全提供技术保障体系[20,21]。从20世纪80年代中期开始，农业部依据《中华人民共和国计量法》《中华人民共和国标准化法》《中华人民共和国标准化法实施条例》等法律法规，开始规划建设农业部农产品质检机构，构建包括鲜活农产品在内的农产品质量安全检验检测体系[22,23]。随着《中华人民共和国农产品质量安全法》《中华人民共和国食品安全法》《检验检测机构资质认定管理办法》《农产品质量安全检测机构考核办法》《农业部产品质量监督检验测试机构管理办法》等法律法规相继颁布、修订与实施，鲜活农产品质量安全检验检测体系逐渐完善，检验检测队伍不断发展壮大，我国鲜活农产品质量安全检验检测体系基本建立。截至2014年6月，全国共建成部、省、地（市）、县四级农业质检机构3332个。其中，部级检测机构264个，省级质检机构198个（69个机构同时拥有部级和省级两块牌子），地（市）级质检机构534个，县级质检机构2405个。初步形成部、省、地（市）、县四级鲜活农产品质量安全检验检测体系，共同支撑起我国鲜活农产品质量安全的保护屏障。

1.5.1 我国鲜活农产品质量安全检验检测相关法律法规体系现状

1）鲜活农产品管理相关法律

《中华人民共和国农产品质量安全法》（2006年）首次从国家法律层面高度明确了鲜活农产品质量安全检验检测相关的法律责任。《中华人民共和国食品安全法》（2009年颁布，2015年修订）确立了以食品安全风险监测和评估为基础的科学管理制度，明确了食品安全风险评估结果作为制定、修订食品安全标准和对食品安全实施监督管理的科学依据[29]。除此以外，国家出台了系列鲜活农产品质量安全检验检测相关的配套法规条例，主要有《中华人民共和国食品安全法实施条例》《乳品质量安全监督管理条例》《农药管理条例》《兽药管理条例》《饲料和饲料添加剂管理条例》。农业部也配套制定了《无公害农产品管理办法》《农产品产地安全管理办法》《农产品包装和标识管理办法》等部门规章及强制性技术规范，发布了50种农药、47种兽药的禁限令，共同构成了鲜活农产品质量安全管理的法律法规体系，为保障鲜活农产品检验检测体系建设提供了法律基础和依据。

2）检验检测机构资质管理相关法律依据

为了保障鲜活农产品质量检验检测机构开展检测工作的合法性，满足政府对鲜活农产品质量安全全程监管和保障鲜活农产品消费安全的需求，我国制定颁布了检验检测机构资质管理相关的法律依据。依照《中华人民共和国标准化法实施条例》（1990年）、《中华人民共和国行政许可法》（2004年）、《中华人民共和国认证认可条例》（2003年）等法律法规，我国先后出台了检验检测机构计量认证、实验室资质认定的管理办法和评审准则，《中华人民共和国计量法》（1985年颁布，2015年修正）及其实施细则等规定了鲜活农产品检测机构开展检测工作的必要资质条件，即必须经省级以上人民政府计量行政部门对其计量检定、测试的能力及可靠性考核合格（资质认定）。资质认定的实施方法需遵循《实验室资质认定评审准则》，通过国家认证认可监督管理委员会组织的实验室资质认定现场考核。现行有效的《实验室资质认定评审准则》于 2015 年 8 月 1 日起实施，从组织、管理体系、文件控制等 11 条管理要求，人员、设施和环境条件、检测和校准方法等 8 条技术要求，详细规定了检验检测机构的考核要求。

除此以外，鲜活农产品检验检测机构要获得食品或农产品检测资格，还要按照《食品检验机构资质认定评审准则》《农产品质量安全检测机构考核管理办法》《农产品质量安全检测机构考核评审细则》通过国家认证认可监督管理委员会或农业部组织的农产品或食品质量安全检测机构考核。国家质检总局和农业部出台了《检验检测机构资质认定管理办法》（2015 年 8 月修订）、《农产品质量安全检测机构考核办法》《农业部产品质量监督检验测试机构管理办法》《食品检验机构资质认定管理办法》等规章制度。现行有效的《检验检测机构资质认定管理办法》将原有产品质量检验机构计量认证、资质认定、实验室和检查机构认定三项许可合并为一项，即检验检测机构资质认定；产品质量检验机构资格认定调整为采取其他行政管理方式；检验检测机构资质认定实行一次受理、一次评审、一次许可决定，进一步完善统一向社会出具具有证明作用数据和结果的检验检测机构市场准入制度；将原有资质认定有效期由 3 年延长为 6 年，延长许可有效周期，简化许可评审程序和内容，优化许可评审程序，减轻机构负担；强化检验检测机构从业规范，更加独立、公正、诚信；加强事中事后监管，严格法律责任，为监管工作提供法律支撑，对规范和促进检验检测市场良性发展将会产生积极影响。

1.5.2　我国鲜活农产品质量安全检验检测机构发展现状

我国农业系统从 20 世纪 80 年代中期开始建设质检机构，目前已基本形成由产出品、投入品、农业环境三类要素构成的体系框架。从 1985 年开始，农业部每年根据农业生产资料和农产品质量监管需要与国家财力安排，开展对五或六大类产品 20～30 个品种的农产品和农业投入品的质量监督检查和普查工作。到 20 世纪 90 年代中期，农业系统按照国家关于加快建立健全农产品质量安全检验检测体系的有关精神，从农业产业发展的客观需要出发，加强了农产品质量安全检验检测体系的建设和管理工作。从 2000 年开始，农业部建立了食用农产品和农业投入品质量安全定点监测制度，全面开展了农产品和影响农产品质量安全的主要农业投入品的定点监测、跟踪检查和普查工作。2001 年，经国务院批准农业部开始实施“无公害食品行动计划”，以及加入 WTO 后国际贸易中技术壁垒导致阻碍我国农产品出口事件增多，农业质检机构的建设得到了党中央、国务院的高度重视，各级农业部门通过整合现有检测资源，并加强改建扩建促进了农业质检机构的蓬勃发展。2011～2015年，通过全国农产品质量安全检验检测体系建设二期规划，农产品质量安全检验检测体系基本健全、布局更加合理、功能更加完善、检测水平全面提升，形成部、省、地（市）、县（乡）上下贯通、职能明确、运行高效、参数齐全、支撑有力的农产品质检体系。新建成1个部级水产品质量安全研究中心、16个部级专业质检中心（含2个一期规划转入的中心）；完善了农业部农产品质量标准研究中心的风险监测功能，并建设了全国农产品质量安全监测信息预警平台；完善了32个部级专业质检中心和32个省级质检中心的风险监测和信息预警功能，构建了覆盖我国主要产区、重点农产品、关键危害因子的农产品质量安全风险监测与预警网络体系；新建成327个地（市）级综合质检中心和1000个县（乡）级综合质检站。

尽管经过全国农产品质量安全检验检测体系建设一期、二期规划，基本形成了部、省、地（市）、县（乡）四级检验检测机构。然而，通过农产品质量安全检测机构考核的地（市）级机构为36.5%，县（乡）级为6.2%，地（市）、县（乡）级检测机构缺乏机构认证和资质认定，检验检测机构缺少科技人员，尚无国家农业基准实验室，已经严重制约了我国鲜活农产品质量安全检验检测体系的建设和运行，加大了我国和国际先进鲜活农产品质量安全检验检测体系的差距。

1.5.3 我国鲜活农产品检验检测创新人才队伍建设现状

随着鲜活农产品检验检测体系建立，检验检测创新人才队伍茁壮成长。经过部、省、地（市）、县（乡）各级检测机构对检验检测创新人才的着力培养，检验检测创新人才在相关理论研究和实践中得到了长足的发展，具有本科以上学历和中高级职称人员占比均有大幅提高，为鲜活农产品检验检测体系的发展奠定了创新人才基础。

1. 部级质检中心创新人才队伍建设现状

1）创新人才数量

2014年，部级检验检测机构人员总数为6881人，其中正式人员为5770人，比2010年分别增长了18.8%和17.3%。

2）创新人才队伍学历

2014年，部级检验检测人才队伍中研究生、本科、其他学历人员占比分别如下：水产品类机构为 36.6%、49.2%和 14.1%，畜产品类机构为 32.9%、43.3%和 23.8%，种植业产品类机构为 33.2%、37.8%和 29.0%，综合类机构为 24.7%、46.8%和 28.6%。与 2010 年相比，各类检测机构专科及以下学历科技人员占比显著下降，本科及以上学历科技人员占比大幅提高。

3）创新人才队伍技术职称

截至 2014 年，鲜活农产品质量安全检验检测高级、中级和初级人员数量占比分别如下：水产品类机构为 34.9%、32.3%和 23.8%，畜产品类机构为 35.0%、33.6%和 18.6%，种植业产品类机构为 40.9%、26.1%和 21.4%，综合类机构为 35.2%、27.0%和 26.4%。与 2010 年相比，各类机构初级职称人员占比明显下降，中高级职称人员占比有不同程度的提高，分别提高了 3.2%、2.6%、2.5%和 2.4%。

2. 省、地（市）、县（乡）级质检中心创新人才队伍建设现状

1）创新人才数量

2014 年，省级质检机构人员总数为 3785 人，其中正式人员为 2909 人，比 2010 年分别增长了 11.3%和 7.9%。地（市）级质检机构人员总数为 7911 人，其中正式人员为 6532 人，比 2010 年分别增长了 36.9%和 33.5%。县（乡）级质检机构人员总数为 17 431 人，其中正式人员为 16 328 人，比 2010 年分别增长了 61.5%和 67.9%。

2）创新人才队伍学历

2014 年，省级质检机构研究生、本科学历科技人员数量分别为 1183 人、1792 人，比 2010 年分别增长了 43.7%、5.0%；地（市）级质检机构研究生、本科学历科技人员数量分别为 1082 人、4068 人，比 2010 年分别增长了 104.9%、38.3%；县（乡）级质检机构研究生、本科学历科技人员数量分别为 896 人、7069 人，比 2010 年分别增长了 198.7%、84.7%。

3）创新人才队伍技术职称

2014 年省级质检机构高级、中级、初级技术职称科技人员分别为 1248 人、1107 人和 788 人，比 2010 年分别增长了 13.9%、21.1%和 1.5%。地（市）级质检机构高级、中级、初级技术职称和无技术职称科技人员分别为 1389 人、2365 人、1985 人和 1965 人，比 2010 年分别增长了 42.6%、44.4%、22.1%和 41.7%。县（乡）级质检机构高级、中级、初级技术职称和无技术职称科技人

员分别为2205人、6033人、5341人和3503人，比2010年分别增长了75.7%、64.0%、57.5%和55.8%。

与2010年相比，各类机构初级职称人员占比明显下降，中高级职称人员占比有不同程度的提高。9类机构中高级职称人员占比分别提高了2.1个百分点、2.2个百分点、2.4个百分点、1.9个百分点、3.3个百分点、2.6个百分点、2.5个百分点、1.5个百分点和2.5个百分点。然而，鲜活农产品质量安全检验检测机构的创新人才队伍建设尚不完善，部、省级检验检测机构缺乏检验检测领域具有国际重要影响力的杰出人才，缺乏具有国际知名度、国内权威的中青年领军人才，以及检验检测领域的青年拔尖人才。地（市）、县（乡）级检验检测机构缺乏优秀专业技术人员，检验检测人才队伍的梯队结构、业务水平亟待完善。

2　国内外检验检测技术研究与现实差距

我国鲜活农产品检验检测技术创新研究尤其在近20年来得到迅猛发展，从生物毒素、农药残留、兽药残留等污染物的特异性抗体、抗原、分子印迹材料等快速检测核心试剂，到快速检测卡、试剂盒、检测仪等装备；从免疫亲和柱等样品前处理技术产品，到免疫亲和净化色谱-质谱联用技术；从系列快速的确证性检测方法，到系列方法的国家标准体系，均达到了国际本领域的先进水平。然而，我国技术与有上百年发展历史的欧美发达国家的技术水平相比，仍有现实差距，现列举主要差距如下。

2.1　鲜活农产品检测样品前处理技术

我国创制出了一批具国际领先或先进水平的鲜活农产品污染物特异性识别材料——样品前处理基础核心材料，而欧美发达国家已经从原始材料创制迈向了前处理装置高度集成化的道路。样品前处理是检测工作的重要环节，样品前处理技术对鲜活农产品污染物的提取效率直接影响检测方法的准确度及整个方法的工作效率。在欧美等发达国家的创新体系中，样品前处理技术已经成为分离科学的重要组成部分，从而得到了快速发展。早在20世纪90年代，美国、西班牙等国就发展了免疫亲和富集技术、净化柱净化技术等样品前处理技术。近年来我国在农药残留特异性分子印迹材料、磺胺类药物特异性抗体、真菌毒素免疫亲和微球等样品前处理核心材料取得突破的基础上，开发了系列具有自主知识产权的鲜活农产品样品快速前处理技术，不仅在国内市场上打破了国外垄断，甚至创造了部分技术产品远销海外的佳绩。

然而，欧美发达国家的跨国公司研发的样品前处理产品也在不断革新，已经迈向了前处理装置高度集成化的道路。欧美市场上已经出现了胶囊甚至纽扣电池大小的污染物特异性亲和柱，并研发出配套装置，可将样品提取液的上样-淋洗-洗脱三部曲高度集成在这个装置中，实现了样品提取液净化全过程的集成化和自动化。在免疫磁珠分离技术方面，英国研发出自动化免疫磁珠分离净化系统，并将其与快速检测技术相耦合，大大提高了检测工作的效率。我国近些年来的研发经费投入主要集中在检测技术方面，样品前处理技术研发专项极少，鲜活农产品样品前处理自动化系统的相关报道也很少，或许这正是我国样品前处理技术发展相对滞后的重要原因。

2.2 单类组分快速检测技术

我国鲜活农产品中黄曲霉毒素、磺胺类等单类组分快速检测技术已经跻身国际领先行列，然而与欧洲、美洲、大洋洲等发达地区相比，我国各类污染物间发展不平衡，可检测种类不齐全，而发达国家相比而言配套性更强。鲜活农产品单一组分快速检测技术发展主要集中在免疫学方法方面，欧洲、美洲、大洋洲等发达地区早在20世纪八九十年代就已经建立了系列免疫快速检测技术。例如，美国20世纪末就已经建立了齐备的拟除虫菊酯类农药残留的免疫快速检测技术、二噁英与多氯联苯的免疫快速检测技术等。虽然我国黄曲霉毒素等的快速检测技术发展势头迅猛并成为国际佼佼者，农业部和国家食品药品监督管理总局等部委分别颁布了一批快速检测方法标准。然而，我国在拟除虫菊酯类农药残留和二噁英及多氯联苯的免疫快速检测技术方面的创新研究仍停留在实验室阶段，从而导致我国目前市场上鲜活农产品农药残留筛查一直局限在有机磷类和氨基甲酸酯类，而无法筛查使用量较大的拟除虫菊酯类。

我国鲜活农产品污染物单类组分快速检测技术配套性落后于发达国家，还表现为技术产品种类相对单一。我国快速检测技术产品主要有ELISA试剂盒、速测卡及便携式读数仪等形式，以美国为首的发达国家发展了芯片仪、SPR仪（表面等离子共振仪）、电化学传感器等系列通用检测平台，丰富了其市场供给，增强了其快速检测技术的配套性。因此，我国今后需要在快速检测技术产品多样性和配套性上加大研发投入力度，这不仅仅是为了缩小与国际前沿技术的差距，更是为了满足国内多样化的鲜活农产品质量安全的监管与检测需求。

2.3　混合污染多组分同步快速检测技术

我国鲜活农产品混合污染同步快速检测技术研究处于刚刚起步阶段，而发达国家已经研发出系列通用的混合污染快速同步检测技术平台，并将其列为今后主流发展方向。传统的检测技术都是从技术角度考虑对污染物进行分类，一项技术仅可检测一类污染物。随着全社会对农产品质量安全关注度的不断提高，国民和政府对鲜活农产品质量安全的要求越来越高，从而对检测技术的要求也就越来越高。检测技术的发展将逐步从以技术为核心转向以鲜活农产品为核心，朝着一次检测就知道待检产品所有污染物含量水平的目标发展。

我国鲜活农产品混合污染同步快速检测技术目前仅有零星报道，暂时还没有推向产业化的技术产品。而美国、英国、德国、加拿大、奥地利、澳大利亚等发达国家已经研发出推向市场的液相芯片仪、微阵列传感仪等可开展鲜活农产品混合污染同步快速检测的技术平台。例如，2016 年德国报道了一项同步快速检测芯片技术，可一次性测定牛奶中各类兽药残留、抗生素残留和黄曲霉毒素 M_1，实现了牛奶产品的混合污染同步快速监测。

2.4　确证性检测技术

以美国为首的发达国家的鲜活农产品质量安全确证性检测技术已经朝着在线化色谱-质谱联用方向发展，而我国发展相对滞后。美国、加拿大、英国、澳大利亚等国家均开展了鲜活农产品农药残留、生物毒素等污染物在线化色谱-质谱联用技术的应用研究工作，并证明在线化确证性检测技术可有效简化操作流程，大大提高检测效率，甚至可减少检测结果的人为误差。我国鲜活农产品污染物在线化色谱-质谱联用技术的应用研究非常少，仅有牛奶中黄曲霉毒素在线检测技术等研究报道。开展这方面的研发一方面需要专项支持，另一方面需要技术研发与应用部门和大型仪器研发部门通力合作，而这种跨专业领域的无缝对接正是跨国公司研发部门的优势，也是我国今后研发中需要努力的方向。

2.5　未知污染物非靶向筛查技术

我国鲜活农产品未知污染物非靶向筛查依赖国外技术平台，应用技术研发落后于美国等发达国家。鲜活农产品未知污染物非靶向筛查技术是当前国际研究前沿之一，以美国为首的发达国家不仅成功研发了高分辨质谱技术平台，而且正在竞相构建污染物多级质谱信息库，角逐应用技术自主权。鲜活农产品质量安全检验检测科技创新主要是从实验室检验检测技术向乡村化快速检验检测技术发展，从已知污染物检验检测技术向未知污染物非靶向筛查技术发展，从一般确证性检验检测向高分辨率精准检验检测发展。当前，欧美等国家初步形成了快速检验检测与确证性检验检测互为有效补充、着力发展未知污染物非靶向筛查技术、建立完善的高分辨率精准检验检测技术三大发展趋势，为欧美等国家鲜活农产品质量安全检验检测科技创新提供技术支撑。

3　发展趋势及战略需求分析

与欧美、日本等发达国家以鲜活农产品大规模农场化生产、全环节冷链运输、超市集中销售为主的生产和流通先进模式相比，我国鲜活农产品种养殖主要为小规模、零散化，储运条件差、尚未实现全环节冷链运输，流通渠道多（田间地头、集贸市场、超市等均有鲜活农产品销售）。鲜活农产品生产一致性差、污染环节多、风险隐患大，加上我国对农业资源过度开发，影响农产品质量安全的新型风险因子层出不穷，对鲜活农产品质量安全检验检测科技创新提出了更高的要求，特别是对适合乡村化的快速检测技术与产品、未知风险因子快速筛查技术与产品等需求迫切。国外先进的鲜活农产品质量安全检验检测技术与产品，特别是快速检测技术与产品难以满足我国鲜活农产品质量安全监管的迫切需求。

3.1　国际竞争战略需求分析

随着国际农产品贸易新常态的出现，以及国内外食品安全问题日益凸显，不同国家之间日趋紧密依存，农产品质量安全检验检测技术将作为保障世界各国，特别是“一带一路”国家农业质量安全、设置绿色贸易壁垒的重要手段。同时，农产品质量安全检验检测技术已然成为农业科技的创新高点，“一带一路”国家为保障本国鲜活农产品质量安全，大力发展适合本国的鲜活农产品质量安全检验检测技术，为农产品质量安全政府监管、保障消费安全提供关键技术支撑。加强我国鲜活农产品质量安全检验检测技术科技创新是提升农业科技创新水平、缩小与欧美等发达国家的农业科技创新水平差距的关键抓手，是增强我国农业国际话语权、发挥农业产业比较优势的核心渠道，也是实现我国与“一带一路”国家及发达国家互利互惠、提升全球农业经济水平的重要举措。鲜活农产品具有产地多样、交易周期短、不耐储藏等特点，我国现有检验检测技术和体系已经无法迅速有效检验检测鲜活农产品质量安全，难以满足鲜活农产品质量安全政府全程监管、群众消费安全、产业健康发展的追切需求。因此，掌握鲜活农产品质量安全国际竞争战略需求，了解鲜活农产品质量安全检验检测科技创新与体系建设国际动态与发展趋势，并凝练提出我国鲜活农产品质量安全检验检测科技创新与体系建设战略需求，是当前我国完善鲜活农产品质量安全检验检测科技创新与体系建设的重要抓手。

经过近 100 年的农产品检验检测科技创新，美国、欧盟等在鲜活农产品检验检测科技创新方面快速发展，引领了全球鲜活农产品质量安全检验检测科技创新发展方向，掌握着国际鲜活农产品质量安全检验检测技术竞争优势。

3.1.1 检测样品前处理技术

鲜活农产品前处理技术是保证鲜活农产品检测灵敏度与准确度的重要手段。国际上已经研究建立了较先进的固相萃取、固相微萃取、加速溶剂萃取、微波辅助萃取、基质固相分散法、分子印迹固相萃取、凝胶渗透色谱、超临界流体萃取等技术。然而，目前的技术仍然无法满足鲜活农产品质量安全检验检测的追切需求，尤其是部分条件受限的检测中心沿用的传统萃取方法，无法满足当前鲜活农产品质量安全检验检测的要求，检测结果准确性不足。从样品前处理角度来看，现有样品前处理技术耗时耗力，需要使用大量有害的有机试剂，检测效率低、成本高、污染环境；从仪器角度来看，传统的样品提取技术过程复杂、净化程度低等，容易导致回收率低、灵敏度低等问题。当前样品前处理技术发展趋势是：①前处理效率高，可保证样品的制备速度和可追溯性；②简便易操作，能满足大多常规检验检测机构实际需求；③易于实现，可复制性强，容错率高，适用于大多常规仪器检验检测；④处理通量高且成本低，可实现批量样品快速前处理；⑤特异性强，能去除大部分背景噪声杂质，对待测物质选择性好；⑥减少由人为因素造成的检测误差，自动化程度高；⑦绿色友好，提取试剂低毒化、无害化、微量化。

3.1.2 单类组分快速检测技术

鲜活农产品生产、加工、运输、消费过程周期短，货架期短，鲜食周期短。国际先进的鲜活农产品质量安全检验检测基础研究与应用研究领域已经充分意识到，以酶联免疫分析法为代表的现有实验室快速检测技术已经无法满足鲜活农产品质量安全快速检验检测的需求。急需通过新一轮科技创新，研发出适应周期短、检测快、结果准的快速检测技术。

目前已经基本完成了实验室快速检测技术、产品与设备的系统研发，形成了以酶联免疫分析法等为代表的实验室快速检测技术体系。然而，上述快速检验检测技术无法解决鲜活农产品流通周期短的问题及满足乡村化现场检测的需求。目前，欧盟通过“地平线 2020”计划，在罗马尼亚等国家推行鲜活农产品质量安全乡村化快速检测技术研究；俄罗斯、印度等“一带一路”国家在最近 5 年，力主发展适应本国农业现状的现场快速检测技术。乡村化快速检测技术已得到发达国家科技创新领域的极大重视，在欠发达国家也一直是着力发展的科技创新方向。乡村化快速检测技术特别适用于中小城市和农村现场检测，能在鲜活农产品流通短周期中得到准确、可靠的现场检测数据，促使检验检测在国际鲜活农产品质量安全监管中从事后监管向产地与消费环节前移，满足田间地头、农贸市场和超市等鲜活农产品生产和流通等环节质量安全监管的需求。

3.1.3　混合污染多组分同步快速检测技术

近年来，国际先进的鲜活农产品质量安全检验检测技术需求，从单一污染物的快速检测发展到多种（类）污染物混合污染的高灵敏度、高通量、多组分同步快速检测。美国已研究建立了鲜食粮油生物毒素的胶体金快速定性检测技术，欧盟研发出茶叶百菌清等农药残留的胶体金定性快速检测技术，并构建了以鲜食花生黄曲霉毒素等为典型案例的绿色贸易壁垒。单一污染物快速检测技术的成功研发为欧美鲜活农产品质量安全政府监管、国际贸易壁垒设立提供了关键技术支撑。然而，国际上屡次发生的多种（类）污染物混合污染引发的农产品质量安全事件，引发了欧美研发多种（类）污染物残留检验检测技术的热潮。例如，美国已经研究建立了一次检测出 200 多种农药残留的多种（类）混合污染检测技术，满足了美国国家环境保护局（EPA）对多种（类）农药残留监管的需求。欧盟研究机构研发出多种（类）兽药残留混合污染快速检测研究技术与产品，提高了鲜活蛋禽产品质量安全检测通量，显著降低了检测成本，缩短了检测时间，适合于鲜活农产品检验检测准、快、廉的需求。

鲜活农产品质量安全检测产品及仪器向微型化设备方向发展。国际上鲜活农产品快速检验检测产品和仪器主要依托于实验室光学、电学、电化学等仪器，由于灵敏度低、假阳性率高等不足，无法满足基质复杂的鲜活农产品的快速检测需求。目前，欧美检测产品与仪器已经向微型化、微全分析方向发展。例如，荷兰瓦格宁根大学、荷兰国家公共卫生及环境研究院已经研发出准确度高、灵敏度高的表面等离子共振分析仪、悬浮芯片检测产品与仪器，实现了 1 天内上千份样品的现场检测；德国慕尼黑大学开发出微纳芯片，并成功应用于鲜活水产品生物毒素的检验检测，灵敏度和可靠性显著高于现有技术；美国堪萨斯州立大学已研发出兽药残留微流控产品，解决了现有技术无法实现的兽药残留现场同步检测技术难题。鲜活农产品质量安全检验检测产品与仪器的微型化已被广泛认为是未来快速检验检测和筛查配套设备的发展方向，为鲜活农产品质量安全现场检测提供了创新思路。

以现场快速检验检测技术、检测数据远程传输与处理、GPS 定位为核心的三位一体的快速检验检测智慧平台建设，也是检验检测领域的重要发展方向之一，但目前世界各国都处于起步阶段。美国正在构建玉米等农产品的快速检验检测智慧平台，试图通过手持式简易装置与手机及互联网相结合，实现现场定量检测、数据远程运算和输出及同步自动定位，为鲜活农产品快速检测技术研究带来了新的机遇和挑战。此外，鲜活农产品污染物纳米抗体、抗独特型纳米抗体、多功能抗体等新型识别材料，聚集诱导发光等示踪材料的研发，为新型快速检验检测技术的研发奠定了重要基础。

快速检验检测技术在鲜活农产品从农田到餐桌的全过程质量安全控制和监管，以及进出口贸易中发挥着不可替代的关键作用，快速检验检测技术、产品与配套设备科技创新备受国内外的关注和重视，目前已经有部分快速检验检测方法入选成为欧盟基准实验室、美国农业部、美国官方分析化学师协会等国际权威组织的官方方法，为鲜活农产品质量安全全过程保障提供关键基础支撑。

3.1.4 确证性检测技术

鲜活农产品质量安全确证性检测技术主要包括两部分：一是基于色谱、质谱、色谱-质谱联用的仪器分析方法；二是配套前处理技术与方法。仪器分析方法包括基于光谱、色谱、质谱、色谱-质谱联用等仪器的分析方法；配套的前处理方法有固相微萃取、基质固相分散萃取、超临界流体萃取、免疫亲和技术、分子印记技术、凝胶渗透技术等。

美国等发达国家在鲜活农产品确证性检验检测技术领域的发展趋势主要有：研发毛细管色谱与离子阱质谱或串联质谱等联用的确证性检测技术，进一步提高鲜活农产品检验检测的灵敏度和特异性，可达到同时定性和定量检测的目的，多用于农兽药残留、生物毒素等污染物、代谢物、降解物的确证性检测。除此之外，德国鲜活农产品检验检测机构等正在开展高通量确证性检验检测技术研究，打破一种检验检测技术只针对一种样品基质或一类化合物的技术瓶颈，研究建立农产品跨类或多类化合物的精确质量数质谱数据库，取代以标准品作为参比的定性鉴定。鲜活农产品质量安全确证性检验检测技术的研发，显著提高了欧美等国家对鲜活农产品质量安全仲裁检测的水平。

3.1.5　未知污染物非靶向筛查技术

目前国际上成熟的、通行的污染物筛查技术是针对已知污染物的筛查与检验检测技术，主要依托色谱、色谱-质谱联用等设备，应用已知污染物标准物质进行鲜活农产品待测成分的定性或定量检验检测。然而，近年来随着气候环境的变化、生产方式的更新、消费习惯的改变等，越来越多的未知污染物威胁着鲜活农产品的消费。这些未知污染物不断涌现，对鲜活农产品质量安全检验检测提出了新的创新要求。为满足鲜活农产品从生产、流通、储藏到加工等全过程对未知污染物的快速识别与检测要求，未知污染物的非靶向筛查成为新的研究方向，重点在以下几个方面。

一是基于高分辨率精准质谱检测技术的未知物非靶向筛查技术研究。主要包括毛细管-气相色谱与离子阱质谱、串联质谱联用的筛查技术等。以美国农业部南方地区研究中心为代表的研究机构正在研究构建基于高分辨率精准质谱的鲜活农产品质量安全数据库，为鲜活农产品未知污染物电子身份确定与非靶向识别提供关键技术支撑。

二是基于代谢组学等组学技术的未知物非靶向筛查技术研究。欧美等国主要通过色谱-质谱联用技术寻找未知污染物特征，通过统计学分析进行鉴定，并分析其代谢通路。基于代谢组学等组学技术的高通量未知物筛查技术正处于研究初期。例如，美国采用色谱-质谱联用筛查技术，完成了兽药恩诺沙星残留的肉鸡代谢组学筛查研究，实现了13种未知的恩诺沙星代谢物的筛查，并通过计量学回溯至兽药残留含量，阐明了兽药残留的代谢通路，为兽药残留检测提供了技术支撑。

3.2　农业产业升级需求分析

我国现代农业不再是众多农民依靠自然、从事简单生产来满足人类需求的生产方式，而是建立在现代科技基础上的以机械化、集约化为主的现代生产方式。农业产业升级是现代农业的重要特征，也是提升农业竞争力的必然选择。

3.2.1　前处理技术需求

鲜活农产品基质复杂，检验检测背景值高，难以实现高灵敏度、多组分检测。因此，需要普适性很强且适用于各种鲜活农产品基质的前处理技术，具有简便、廉价、高效、可靠、安全的特点。例如，QuEChERS 技术（快速、简便、廉价、高效、可靠和安全）已经发展成为一个应用范围广、适用对象多的前处理技术。QuEChERS 法所需试剂少、步骤简便，减少了前处理由人为因素造成的误差，提高了提取通量，对环境友好。

3.2.2 快速检测技术需求

鲜活农产品品种多且流通速度快，货架期短，储存期短，鲜食周期短，附加值低，急需创新研究操作简便、测试费低、灵敏快速的乡村化检测技术，以满足我国鲜活农产品乡村化快速检测需求，为我国实现农产品从农田到餐桌的全过程监管提供关键技术支撑，鲜活农产品对快速检测技术创新的需求较其他农产品和食品更为迫切。此外，一些由自然灾害、环境污染、违法添加等引发的鲜活农产品安全突发事件，也需要及时、快速、准确进行检验检测并作出判定，为鲜活农产品质量安全应急处理等工作提供科学依据和关键技术支撑。要保证从农田到餐桌的食品安全，除了对鲜活农产品本身进行检测之外，还需对从种植、养殖到收获、储藏、运输等流通环节的整个鲜活农产品产业链进行全程监管，如大型农贸批发市场、超市甚至省级高速入口处等，这就更需要研发检测速度快、检测准确度高、适用于田间地头的乡村化快速检测技术。

目前我国已经研制出一批具有自主知识产权的现有鲜活农产品污染物快速检测技术、产品和配套设备，初步实现了自主源头创新，为鲜活农产品质量安全快速检验检测提供了关键技术支撑。然而，现有快检技术的应用仍无法满足鲜活农产品田间地头的乡村化检验检测，如准确度、检出限、精密度、重复性、再现性、基质抗干扰性等均存在缺陷。因此，急需研发适合我国鲜活农产品生产现状的乡村化快速检验检测技术。

3.2.3 混合污染多组分同步快速检测技术

在多组分、高通量快速检验检测技术创新方面，现有快速检验检测技术大多仅能检测单一污染物或少数同类污染物，无法实现多污染物或同类污染物的全面筛查，需要研制多污染物高灵敏度、高通量、多组分快速检验检测技术与产品，研究生物芯片、芯片实验室及便携式微流控芯片快速检测技术、适配体检验检测技术和产品，为鲜活农产品质量安全快速检验检测提供新的创新思路。此外，急需建立鲜活农产品污染物多元组装高通量富集净化样品前处理技术，为快速前处理提供关键技术支撑。

3.2.4　确证性检测技术科技创新需求

依托大型精密检测仪器设备开展鲜活农产品中污染物精准确证性检测是确保农产品质量安全的核心，尤其是在鲜活农产品质量安全的仲裁检测及安全监管中发挥重要作用。国内外仪器设备的研发，尤其是各类色谱-质谱联用、电感耦合等离子体质谱仪、飞行时间质谱和高分辨质谱等质谱设备的发展，极大地推动了确证性检测技术在快速、多组分、高通量等方面的发展。基于鲜活农产品时效性的要求，相应的确证性检测技术在准确的基础上，也应强调方法的快速特性。现有确证性检测技术通常包括样品前处理和仪器检测两个阶段。现阶段，样品前处理技术建立并改进了固相萃取、固相微萃取、超临界流体萃取、基质固相分散萃取和微波辅助萃取技术等，其中免疫亲和吸附技术和 QuEChERS 技术得到了快速发展和越来越多的应用，有效缩短了前处理阶段的耗时。仪器检测方法目前主要包括气相色谱法、高效液相色谱法及色谱-质谱联用技术，因其具有可靠性高、灵敏度高、准确性高等优点，特别适合用于实验室仲裁检测，得到了快速发展和应用，并已列入农产品中农药残留、生物毒素等污染物测定方法标准中。

然而，我国确证性检测技术也面临诸多问题亟待解决。第一，有待进一步开展鲜活农产品中生物毒素、农兽药残留、微生物等污染物高分辨率多组分精准检测技术创新研究。第二，当前高端痕量分析仪器及手段层出不穷，发展日新月异，因此构建鲜活农产品串联质谱、多维色谱、多维核磁等结构数据平台，从而建立高精准度污染物识别分析技术平台。第三，针对畜产品、蜂产品及特色鲜活农产品等的掺假、以次充好等质量安全问题，亟待开展精准溯源识别确证技术的创新研究工作。

3.2.5　未知物筛查技术科技创新需求

由于我国鲜活农产品生产规模小，储运条件差，污染风险隐患多，危害因子来源广，加之鲜活农产品基质复杂，建立鲜活农产品的未知物筛查技术需求迫切。而前期我国检验检测技术多集中在已知危害因子的检验检测技术研究方面，对鲜活农产品未知物筛查技术的研究还处于起步阶段。

对于鲜活农产品来说，筛查对象千差万别，未知化学污染物种类繁多，浓度变化范围大，污染物非定向筛查中要解决的问题也比较多，因此预测其发趋势包括：实现不同类型和不同特征质谱技术的组合应用；建立高风险潜在污染物结构特征库综合基础信息系统；研发出智能、快速筛查的识别模型及配套软件；构建基于现代组学技术的数据库及配套组学分析系统；重要污染物危害农产品后生物标志物的筛选和确认；开发出便捷、高效、低损失全回收样品前处理方法，建立具有特异性或广谱性的模块化前处理系统等。

在生产、加工、经营中使用的农药、兽药、添加物及环境污染物等会严重影响鲜活农产品的质量安全。这些化学污染物非常复杂，可能是一种确切的化学物质或一类化学物质，也可能是尚未被监测到的、不在检测标准范围内的组分或其他化学物质。目前，在样品前处理、检测监测理念上还没有明显的创新，还不能完全实现有效的“非定向”检测，对未知风险的筛查水平和技术储备还远远不能满足需要，亟待从以下三个方面开展科技创新研究。第一，基于串联质谱的非定向筛查技术研究：多重反应监测（MRM）技术具有无可比拟的高选择性和灵敏度，应用于三重四极杆质谱，在单次检测中即可定量检测出数百种污染物，需研究基于三重四极杆质谱离子比率法的农兽药等农产品化学污染物的非定向筛查技术。第二，基于高分辨质谱的非定向筛查技术研究：若要准确定性一个化合物，需要确证其分子式和结构。对于突发事件中可疑物检测，短时间内难以获取标准样品，前处理和检测条件无法优化完成，在此情况下，具有高分辨率、精确分子质量测定条件的高分辨质谱具有独特优势。高分辨质谱目前在污染物非定向筛查中应用最为广泛。对样品进行精确质量一级全扫描和特征峰二级质谱扫描，应用精确质量数的准分子离子峰和同位素分布进行检索匹配，开展多级质谱特征碎片离子等相关信息的检索匹配，采用全自动筛选应用软件，实现对大量数据的高通量检测分析。第三，基于组学技术的非定向筛查技术研究：代谢组学、蛋白质组学、转录组学、基因组学等高通量组学技术为系统研究鲜活农产品质量安全提供了不同层次的技术平台。近年来，随着组学分析技术的长足发展，该技术已经在农产品未知物筛查过程中得到广泛应用，特别是代谢组学和转录组学技术。鲜活农产品体系受刺激或扰动后，代谢组学研究可以获得相对分子质量小于 1000 的分子代谢物的变化或其随时间的变化。根据研究对象与目的差异，代谢组学技术分为靶向代谢组学和非靶向代谢组学技术，前者是对已知的化学物质进行代谢组学分析，后者是对未知的化学物质进行代谢组学分析。

3.2.6 检验检测体系建设

第一，加快鲜活农产品检验检测体系机构资质认证的战略实施。鲜活农产品质量安全检验检测机构的认证在很大程度上直接反映了我国鲜活农产品质量安全检验检测体系运行的合格与否和效率高低[26]。部、省级检验检测机构建设标准国内领先，技术水平高，业务能力强，主要是为政府决策部门提供农产品质量安全相关科学技术支撑，为其他检测机构提供业务指导和能力测试等。在农业部、国家认证认定监督管理委员会等相关部门的指导下，这些机构的认证工作有条不紊地进行，确保了部、省级农产品质量安全检验检测机构运行可靠和高效，为我国政府鲜活农产品质量安全监管与决策提供了关键支撑。除此以外，地、市、县、乡级鲜活农产品质量安全检验检测机构在农产品质量安全监管体系建设中，处在检验检测第一哨兵的突出位置。经过我国农产品质量安全检验检测体系二期建设，急需开展科学、规范、有效的认证认可工作，保障这些检验检测机构能力达标和运行有效，为确保我国农产品质量安全、不发生重大农产品质量安全事件提供关键基础支撑。

鲜活农产品质量安全检验检测体系是保障鲜活农产品质量、鲜活农产品安全，加强政府履行公共安全监管职能的重要技术支撑体系。完善和加强检验检测体系机构认证，是保障农产品供给安全及人民群众消费安全，强化农产品质量安全全程监管，提升我国农产品国际话语权与竞争力的重要抓手和有效途径。通过全国农产品质量安全体系一期、二期扎实建设，我国鲜活农产品质量安全检验检测体系基本健全、布局更加合理、功能更加完善、检测水平全面提升，形成了部、省、地（市）、县（乡）上下贯通、职能明确、运行高效、参数齐全、支撑有力的农产品质检体系。为了保障鲜活农产品质量安全检验检测体系的高效运行和有效支撑作用，需要加强加快检验检测体系认证和资质认定工作。

第二，加强检验检测科技创新人才队伍建设的战略实施。为保障鲜活农产品质量安全检验检测体系高效运转，既需要自主研发乡村化检验检测技术产品与配套设备，又需要配备高精尖的检验检测仪器，因此对检验检测创新人才队伍学历、知识、能力的要求高，需要继续加大科技创新人才引进和培养的力度。经过我国农产品质量安全检验检测体系一期、二期的建设，现有农产品质量安全检测设备、科技创新队伍得到了大力提升。但针对鲜活农产品在乡村化检验检测、未知物非靶向筛查、高分辨精准确证性检测方面的需求，还需要进一步加强科技创新人才队伍建设。①对于部、省级鲜活农产品质量安全检验检测机构，已经初步引进和培养了一批具有国际竞争力的科技创新青年人才，但是在鲜活农产品质量安全检验检测科技创新领域，急需引进和培养能在国际上有重要话语权的杰出人才和领军人才。②少数质检机构，尤其是个别地（市）、县（乡）级鲜活农产品质量安全检验检测机构，尽管配备了先进的检验检测设备，但因为条件较差，工资待遇低，加之缺乏运行保障经费，导致难以引进和培养科技创新人才队伍，无法保障中央“十三五”建议提出的从农田到餐桌的全过程监管。因此，急需加强检验检测科技创新人才队伍建设，实现鲜活农产品质量安全检验检测体系高效运行，保障为政府全程监管提供关键技术支撑。

第三，促进农产品质量与安全学科发展的战略实施。农产品质量与安全专业（081411S）是教育部 2003 年新批准设置的目录外本科专业，农产品质量与安全专业是一门理论性、应用性和实践性相互交融的综合性、交叉性的新兴学科。我国现有鲜活农产品质量安全检验检测机构人才匮乏，检验检测机构的人才输入大都来自于食品科学、分析化学、精密仪器学、生命科学、植物保护等相关学科培养的人才，真正以农产品质量与安全学科培养的人才十分有限。随着农产品检验检测机构不断建设和检验检测体系不断完善，鲜活农产品质量与安全学科越来越被需要，它应该作为一门独立的学科来发展，目前全国仅有中国农业科学院研究生院、滁州学院、贵州大学、海南大学和中国农业大学等少数几个高校和研究机构开设了农产品质量与安全专业。目前，为了保障我国鲜活农产品检验检测体系建设，我国亟待发展农产品质量与安全学科，培养适合于农产品质量安全检验检测工作的专业人才，更好地服务于检测工作。

3.3 现代科技发展需求分析

农业科技创新是现代化农业发展的基础，是促进农业可持续发展的重要基石。鲜活农产品质量安全检验检测科技创新是农业科技创新领域重中之重。我国鲜活农产品生产规模小、分散化，生产质量参差不齐，加之鲜活农产品流通快、货架期短，要保障鲜食农产品质量安全，需要依托现代科技发展，应用农业现代科技创新，加大鲜活农产品质量安全检验检测力度，确保鲜活农产品质量安全，提高鲜活农产品国际话语权与市场竞争力，保障鲜活农产品提质增效，推动农业快速发展。

第一，我国鲜活农产品质量安全检验检测科技创新能力差强人意。当前，我国农产品质量安全科技管理体制、激励机制与评估体系迫切需要改善。例如，乡村化检验检测技术与产品是目前农产品质量安全检验检测的主力军，但由于创新能力不足，尚无具有自主知识产权的乡村化检验检测产品。第二，鲜活农产品质量安全科技创新投入总量少、不精准。近年来，我国在农产品质量安全科技方面的投入在一定程度上持续增加。从 2011～2016 年我国在农业科研方面的投入强度来看，基本保持在 0.23%。而国际普遍认为，只有当这一比例显著超过 2.00%时，才会在农业科技创新方面有长足进步，而我国则明显低于 2.00%。这说明我国尚未进入农业科技自主创新的新时代，政府对农业科技创新的财政支持不足，大专院校和科研机构对农业科技创新的技术支撑缺乏。第三，缺乏相应的鲜活农产品质量安全检验检测服务平台。目前，我国的服务平台主要是沿袭现行系统，包括农业技术推广等，对农业科技创新起到了重要推动作用，但同时仍存在一些亟待解决的问题，如农业技术人员素质尚需提高、服务人员知识更新不及时、服务观念跟不上时代进步、整体观念不先进等。就农业科技服务水平而言，当前农业生产科技服务多为植物栽培、动物养殖等农业生产方面，缺乏对农产品质量安全方面的服务。

农产品质量安全检验检测急需紧跟现代科技创新步伐，切实贯彻落实创新驱动发展战略，以鲜活农产品质量安全检验检测科技创新服务农业供给侧结构性改革为主线，以大力推动解决鲜活农产品提质增效与质量安全难题为重点，以农业产业为单元，以地市县域为平台，以鲜活农产品检验检测创新联合体为抓手，坚持政府引领、产学研协作、市场推动，加快建立可复制、可推广、高效运行的"四个一"科技支撑模式，切实提升我国鲜活农产品质量安全检验检测水平，为提升农业产业国际话语权、产品市场竞争力、主体竞争力和科技驱动力提供关键技术支撑。

4　检验检测科技创新的发展战略

4.1　发展思路

农产品质量安全是国家战略安全的重要组成部分，密切关系到我国食品农产品的国际声誉，关乎我国农业产业经济发展及社会安全，更关系到党和政府的形象及社会的和谐稳定。鲜活农产品质量安全检验检测创新科技与体系建设提升，将为农产品质量安全全程监管和农产品消费安全、农业产业发展和国内外贸易提供关键技术支撑，保护鲜活农产品生产者利益和消费者身体健康，推动农产品行业健康、可持续发展。

在前期鲜活农产品质量安全科技研究水平提高和体系建设提升的基础上，根据当前和今后一段时间鲜活农产品质量安全科技创新与体系建设的国际发展趋势，凝练出制约我国农产品质量安全科技发展的共性关键问题。重点突破影响我国人民"舌尖上安全"的关键"瓶颈"，经过5～10年的鲜活农产品质量安全检验检测科技创新与体系建设，在乡村化快速检测技术产品与设备、非靶向筛查技术与高分辨率精准检测技术等方面开展科技创新研究与应用，建立在国际上先进的鲜活农产品质量安全检验检测科技创新体系，获得具有自主知识产权的鲜活农产品质量安全监管和应急检测所急需的检测试剂和装备，进一步提升鲜活农产品质量安全市场监管和应急能力，着力实现鲜活农产品质量安全从被动应付向主动保障的转变；同时，切实加强鲜活农产品检验检测体系建设，完善地、市、县、乡检验检测机构认证与能力建设，加大创新人才队伍建设，建设国家农业基准实验室，建立检验检测体系检验师职称系列，将检验检测创新科技与体系建设纳入国家财政。

4.2 战略目标

面向确保鲜活农产品质量安全的国家重大战略需求，针对已知危害因子的准确定量与评价、未知危害因子的高通量快速识别与定性、特色营养功能成分的鉴定与评估[28]等核心科学问题，在检测原理、标记材料、关键技术、仪器装备等方面取得重大突破，形成系列配套的鲜活农产品质量安全检验检测技术与产品，建立一批高水平的科研基地和高层次的专业人才队伍，满足鲜活农产品种（养）、收、储、运、加等不同环节质量安全控制与监管需求，为保障我国鲜活农产品安全消费与产业发展，以及践行“一带一路”战略提供关键技术支撑。

4.3 重点任务

4.3.1 鲜活农产品乡村化快速检测技术产品及配套设备研发

为了解决鲜活农产品消费周期短、对质量安全检验检测要求高的难题，优先发展乡村化快速检测技术产品及配套设备，满足我国鲜活农产品乡村化快速检测需求，为我国从农田到餐桌的全过程监管提供关键技术支撑。主要研究胶体金层析、酶联免疫、化学发光、PCR、纳米生物技术、生物传感技术、微纳检测器件等乡村化快速检测技术、即时检测技术、移动检测技术，形成试剂盒、试纸条、便携式分析仪器等产品，并在田间地头开展快速检测示范应用研究，打破鲜活农产品乡村化快速检验检测技术的共性关键瓶颈，满足我国鲜活农产品质量安全全程监管的迫切需求。在现有鲜活农产品快速检验检测创新技术产品与配套设备的研究基础上，首先，研究乡村化定量快速检验检测技术产品与配套设备，研发定量化即时检测技术，以胶体金层析、酶联免疫、化学发光等检验检测技术为主体，提高快速检验检测技术的准确度、精密度、重复性、再现性、基质抗干扰性等。其次，研究建立鲜活农产品混合污染多组分快速检测技术与产品，研究生物芯片、芯片实验室、生物条形码及便携式微流控芯片混合污染快速检测技术，解决现有快速检测技术无法实现多种或多类污染物检测的不足，满足鲜活农产品混合污染物监管需求。最后，研究基于生物材料、仿生材料、纳米材料的新型多功能识别材料，构建农产品污染物多元组装高通量富集净化样品前处理技术，研发微型化、自动化、通用化、智能化的样品前处理技术及配套装备，为快速检验检测前处理提供关键技术支撑。优先发展鲜活农产品乡村化快速检验检测技术产品及配套设备，解决鲜活农产品田间地头质量安全快速检测关键技术瓶颈，满足政府对农产品从农田到餐桌全过程监管和农产品消费安全的需求。

4.3.2 鲜活农产品未知物非定向筛查技术研发

为了满足对鲜活农产品未知污染物风险评估及监管的需求，优先研究鲜活农产品未知物非定向筛查技术，解决未知污染物定性定量检验检测关键技术瓶颈。首先，研究建立未知物基于串联质谱的非定向筛查技术。研究液相质谱串联质谱、气相质谱串联质谱、毛细管电泳串联质谱、微流控芯片串联质谱等高精准度、高灵敏度多级质谱联用技术，建立未知物非定向谱库。其次，研制基于高分辨质谱的非定向筛查技术。利用高分辨质谱分辨能力强、精确定量分子质量等优点，对鲜活农产品质量安全检验检测中发现的未知污染物进行定性定量检测。通过对检测样品进行精确质量一级全扫描和特征峰二级质谱扫描，准确实现分子离子峰的精确质量数和同位素分布的检索匹配，配合全自动筛选应用软件，实现对大量数据的高通量分析，实现对未知物的精准检测。再次，建立基于核磁共振的筛查技术。核磁共振技术具有无破坏性、无偏向性、高灵敏度及测定快速等特点，结合模式识别在非法、恶意添加物的筛查识别中具有较强的技术前瞻性。最后，研发组学非定向筛查技术。研究建立未知物代谢组学非靶向筛查技术、基因组学非靶向筛查技术、转录组学非靶向筛查技术、蛋白质组学非靶向筛查技术，构建鲜活农产品未知污染物组学非靶向定量筛查技术平台。优先发展鲜活农产品未知物非定向筛查技术，将为未来10～20年鲜活农产品质量安全检验检测中新发现的未知污染物的预警与评估提供关键检验检测技术，为政府从已知污染物监管到已知和未知污染物监管转变提供关键支撑。

4.3.3 鲜活农产品高精准确证性检测技术研发

为了满足农产品质量安全监管公正性执法需求，研究鲜活农产品高精准确证性检测技术，保障农产品质量安全仲裁检测的科学性和先进性，为鲜活农产品质量安全监管提供公正性检测技术。第一，研究农产品生物毒素、农兽药残留[25]、重金属、非法添加物等污染物高分辨率多组分精准检测技术，研究构建确证性检测技术配套的快速前处理技术。第二，研究鲜活农产品污染物二维色谱检测技术、二维电泳检测技术、二维核磁检测技术、电感耦合等离子体质谱检测技术等多类别污染物的综合分析技术，已成为同源复杂组分检测的有效手段。第三，针对鲜活农产品保真掺假、以次充好等质量安全监管问题，研究构建精准溯源识别、真伪鉴别等确证性技术。优先发展高精准确证性技术，将为鲜活农产品监管公正性执法提供关键技术支撑。

4.3.4　地市县级检验检测机构认证与资质认定

农产品质检机构是依法设立的公益性机构，主要承担政府农产品质量安全监控计划实施、风险监测、风险评估、监督抽查检测、标准制修订、标准化生产控制技术推广等公共服务职能，依法独立行使检测职能，科学公正出具检测报告，积极为各级政府有效履行属地监管职责，加强农产品质量安全监管，监督严格执法发挥支撑作用，为当地农产品生产企业、种养殖大户、家庭农场、农民合作社提供农产品质量安全技术服务。各级质检机构的功能应各有侧重、相互衔接，形成以部、省级质检中心为龙头，地（市）级综合质检中心为骨干，县级综合质检站为基础的农产品质量安全监测网络。

首先，通过加快检验检测体系机构认证相关工作，力争在5～7年，省、地（市）两级鲜活农产品质量安全检验检测机构100%通过计量认证和机构考核，70%的县级农产品质检机构通过计量认证和机构考核，提高乡级检验检测机构的检测水平，全面建成布局合理、职能明确、功能齐全、运行高效的农产品质量安全检验检测体系，满足农产品全过程质量安全监管和现代农业发展的需要。其次，建设健全地（市）级鲜活农产品质量安全检验检测机构，保障相关检验检测机构在本区域内农产品质量安全监控计划的实施，监督抽查与复检，以及农业生产组织和县级农产品质检机构的技术支持服务等相关工作的有效进行。最后，加强县级鲜活农产品质量安全检验检测机构的检验检测水平，为县级区域内鲜活农产品质量安全日常性检测、巡查调查提供关键基础支撑，保障县级质检机构对乡镇监管站、生产基地和生产者的技术指导和咨询服务等工作能有效进行。

4.3.5　具有国际视野的检验检测及科技创新人才队伍建设

鲜活农产品检验检测创新人才队伍是我国农产品检验检测科技创新和体系建设的重要保障。部、省级检验检测机构需着力加强检验检测科技创新人才队伍建设，为鲜活农产品质量安全乡村化快速检测技术、未知物非靶向筛查技术、高精准确证性检测技术等相关创新科技技术的建立提供关键人才队伍保障。地、市、县、乡级检验检测机构需加强本区域内农产品质量安全监控计划的实施，监督抽查与复检，以及为农业生产组织和技术支持服务提供人才队伍支撑。

部、省级检验检测机构对检验检测创新人才队伍学历、知识、能力的要求高，需进一步加大科技创新人才引进和培养力度。通过5～10年，引进和培养若干名具有国际重要影响力的检验检测领域的杰出人才，若干名具有国际知名度、国内权威的中青年领军人才，一批检验检测领域的青年拔尖人才，形成年龄层次合理、学科交叉完善、科技创新水平高的人才队伍，为我国鲜活农产品质量安全检验检测科技创新和体系建设提供关键人才支撑。

地、市、县、乡级检验检测机构需要选拔优秀专业技术人员，引导和鼓励本科学历及以上相关专业的科技人员到基层农产品质检机构从事检验检测工作。引进或培养分析科学、检测科学、农产品食品质量与安全、植物保护等相关专业人员，优化检测技术和管理人员专业结构，形成一定的层次和梯队，技术骨干发挥传、帮、带作用，经过5～10年，建设一支业务精、作风实、结构优的检验检测技术队伍。

同时，为配合国家“一带一路”战略的实施，培养具有国际视野的检验检测专业技术人才势在必行，培养一批既懂技术，又懂管理，同时英语交流能力强的复合型人才，为我国先进的检验检测技术与产品的输出提供人才基础。

4.4　科技项目建议

4.4.1　鲜活农产品已知危害因子与特色营养功能成分高通量识别与定量技术研发

围绕鲜活农产品质量安全精准评价与鉴定及产地溯源等需求，研究鲜活农产品中生物毒素、农药残留[31]、重金属等多种多类污染物，以及微量特色营养功能成分高分辨质谱检测技术[27]、二维色谱检测技术、二维电泳检测技术、二维核磁检测技术、电感耦合等离子体质谱检测技术、同位素示踪检测技术等，为鲜活农产品监管、执法、进出口贸易等提供关键技术支撑。

4.4.2　鲜活农产品未知危害因子精准识别与快速定量关键技术研发

围绕鲜活农产品未知污染物风险评估及监管的需求，研究基于液相串联质谱、气相串联质谱、毛细管电泳串联质谱、微流控芯片串联质谱等多级质谱联用技术[32]和核磁共振的非定向筛查技术；研究建立未知物代谢组学非靶向筛查技术、基因组学非靶向筛查技术、转录组学非靶向筛查技术、蛋白质组学非靶向筛查技术；构建鲜活农产品未知污染物组学非靶向筛查技术平台，为政府实施高效监管及全过程管控提供关键技术支撑。

4.4.3 鲜活农产品乡村化快速检测技术产品与快速检验检测智慧平台研发

围绕鲜活农产品生产过程中对现场快速检测技术与产品的需求，研究鲜活农产品中生物毒素、农药残留、重金属等污染物的纳米抗体等核心识别材料，构建微纳、化学发光、生物传感等探针材料，研发微纳、化学发光、生物传感等检测器件，解析特异性识别机制，建立乡村化快速检测技术、即时在线检测技术、移动检测技术等，形成试剂盒、试纸条、便携式分析仪器等产品，研发以现场快速检验检测技术、检测数据远程传输与处理、GPS 定位为核心的“三位一体”（即检测、数据传输与定位）的快速检验检测智慧平台，在生产、流通、加工等不同环节发展现场在线检测示范应用，为满足我国鲜活农产品生产全过程在线监测与监管提供关键技术支撑。

4.4.4 鲜活农产品质量安全检验检测研发与推广平台构建

围绕社会经济快速发展对农产品质量安全检测服务的井喷式增长的需求，优选一批硬件条件过硬、团队力量雄厚的单位，构建与国际接轨的鲜活农产品质量安全检验检测研发与推广平台，通过稳定经费支持，培养一批具有国际视野的研发人才与推广人才，孕育一系列满足不同产品、不同环节、不同产地、不同检测精度要求的检测技术与产品，满足我国鲜活农产品生产减控与监管需求，以及国家“一带一路”战略实施对检测技术与产品输出的需求。

参 考 文 献

[1] 胡春侠. 我国农业科技创新存在的问题与对策. 乡村科技, 2017, (4): 17.

[2] Hou X, Han M, Dai X H, et al. A multi-residue method for the determination of 124 pesticides in rice by modified QuEChERS extraction and gas chromatography-tandem mass spectrometry. Food Chemistry, 2013, 138: 1198-1205.

[3] Miao Q, Kong W J, Yang S H, et al. Rapid analysis of multi-pesticide residues in lotus seeds by a modified QuEChERS based extraction and GC-ECD original. Chemosphere, 2013, 91(7): 955-962.

[4] Lehotay S J, Kyungae S, Hyeyoung K, et al. Comparison of QuEChERS sample preparation methods for the analysis of pesticide residues in fruits and vegetables. Journal of Chromatography A, 2010, 1217(16): 2548-2560.

[5] 李培武, 张奇, 丁小霞, 等. 食用植物性农产品质量安全研究进展. 中国农业科学, 2014, 47(18): 3618-3632.

[6] 喻伟. 免疫磁珠的制备及其初步应用. 武汉: 华中农业大学硕士学位论文, 2010.

[7] 余晓峰，张萍，宗凯，等. 免疫磁珠法检测脱水蒜制品中沙门氏菌. 食品科学, 2012, 33(24): 257-259.
[8] 谢芳，赖卫华，史爱武，等. 免疫磁珠富集结合酶联免疫吸附法检测酱油中黄曲霉毒素 B_1. 食品科学, 2013, 34(18): 165-169.
[9] 黄艳梅，刘道峰，赖卫华，等. 集成免疫磁珠富集和免疫层析的黄曲霉毒素 M_1 快速检测法. 分析化学研究报告, 2014, 42(5): 654-659.
[10] Li X, Li P, Zhang Q, et al. Molecular characterization of monoclonal antibodies against aflatoxins: a possible explanation for the highest sensitivity. Anal Chem, 2012, 84(12): 5229-5235.
[11] Zhang D H, Li P, Zhang Q, et al. Production of ultrasensitive generic monoclonal antibodies against major aflatoxins using a modified two-step screening procedure. Anal Chim Acta, 2009, 636(1): 63-69.
[12] Wang Y R, Wang H, Li P, et al. Phage-displayed peptide that mimics aflatoxins and its application in immunoassay. J Agric Food Chem, 2013, 61(16): 2426-2433.
[13] 张奇，李培武，陈小媚，等. 黄曲霉毒素免疫检测技术研究进展. 农产品质量与安全, 2013, (3): 42-46.
[14] Tang X Q, Zhang Z W, Li P, et al. Sample-pretreatment-free based high sensitive determination of aflatoxin M_1 in raw milk using a time-resolved fluorescent competitive immunochromatographic assay. RSC Adv, 2015, 5(1): 558-564.
[15] Wang D, Zhang Z W, Li P, et al. Europium nanospheres-based time-resolved fluorescence for rapid and ultrasensitive determination of total aflatoxin in feed. J Agric Food Chem, 2015, 63(47): 10313-10318.
[16] Li P, Zhang Q, Zhang W. Immunoassays for aflatoxins, TrAC-Trend Anal Chem, 2009, 28: 1115-1126.
[17] 李斌，赵春江. 我国当前农产品产地土壤重金属污染形势及检测技术分. 农业资源与环境学报, 2013, 50(5): 1-7.
[18] 翟慧泉，金星龙，岳俊杰，等. 重金属快速检测方法的研究进展. 湖北农业科学, 2010, 49(8): 1995-1998.
[19] Wang X P, Li P. Rapid screening of mycotoxins in liquid milk and milk powder by automated size-exclusion SPE-UPLC-MS/MS and quantification of matrix effects over the whole chromatographic run. Food Chem, 2015, 173: 897-904.
[20] 农业部全国农产品质量安全检验检测体系建设规划(2006—2010 年). 农业部. 2006.
[21] 吴建坤. 提高农产品质检能力. 江苏农村经济, 2015, 5: 50-52.
[22] 景延秋，喻保华. 农业标准化背景下加强我国农产品质量检测体系建设. 江西农业学报, 2018, 20(7): 156-158.
[23] 赵辉. 关于农产品质量安全检验检测工作的探讨. 农业环境与发展, 2012, 29(2): 42-44.
[24] 马良，李培武，张文，等. 花生及其制品中黄曲霉毒素 B_1 免疫亲和柱净化-荧光快速检测技术. 中国油料作物学报, 2007, 29(2): 199-203.
[25] 王璐，刘潇威，彭祎，等. 我国农产品质量安全检测机构农药残留检测能力验证现状分析. 农业资源与环境学报, 2012, (3): 90-92.
[26] 金发忠，钱永忠. 我国农产品质量安全检验检测体系的现状与对策. 农产品质量与安全, 2003, (2): 26-29.
[27] 朱丽，谭微，彭祖茂，等. 超高效液相色谱-线性离子阱/静电场轨道阱高分辨质谱快速测定大米中 15 种营养成分. 色谱, 2017, 35(9): 949-956.
[28] 王素君. 食用植物油微量营养成分同步检测及功能评价研究. 北京：中国农业科学院硕士学位论文, 2016.

[29] 张兵. 我国农产品质量安全检验检测体系法律问题研究. 武汉: 华中农业大学硕士学位论文, 2010.

[30] 白文荟. 基于适配体的农兽药残留快速检测技术研究. 北京: 中国农业科学院硕士学位论文, 2016.

[31] 董静, 潘玉香, 朱莉萍, 等. 果蔬中54种农药残留的QuEChERS/GC-MS快速分析. 分析测试学报, 2008, 27(1): 66-69.

[32] 陈笑梅, 胡贝贞, 刘海山, 等. 高效液相色谱-串联质谱法测定粮谷中 9 种氨基甲酸酯类农药残留. 分析化学, 2007, 35(1): 106-110.

专题四 鲜活农产品质量安全标准科技创新发展战略

1 鲜活农产品质量安全标准发展现状

1.1 种植业产品标准体系

1.1.1 标准体系建设的进展

鲜活种植业农产品主要包括新鲜水果和蔬菜等。我国果品标准制修订工作的蓬勃开展始于20世纪80年代，特别是自1999年农业部开始设立行业标准制修订财政专项以来[1]，我国果品标准制修订工作得到极大加强，制定和发布实施了一大批国家标准和行业标准，在果品生产、贮运和销售中发挥着重要作用[2]。目前，我国有关果品（不含西甜瓜和果品制品，下同）的行业标准和国家标准达714项，其中，农业行业标准332项（占46.50%），商检行业标准137项（占19.19%），国家标准136项（占19.05%），林业行业标准75项（占10.50%），内贸行业标准23项（占3.22%），气象行业标准6项（占0.84%），其他行业标准5项（占0.70%）；714项标准中，推荐性标准688项（占96.36%），强制性标准26项（占3.64%）。从标准名称来看，714项标准中，有610项标准是针对具体果品的，共涉及61种果品；其余104项标准均为综合性标准，不针对某一种具体果品（图 2-2）。我国果品标准在树种上分布不均，主要集中在柑橘、苹果、香蕉、梨、葡萄、枣、核桃、荔枝、龙眼、杏、桃、草莓、芒果、椰子和李子上，在610项非综合性标准中，约占70%，尤以柑橘和苹果的标准最多，二者之和超过20%。

蔬菜标准体系经过十几年的建设已初具规模，根据我国目前蔬菜标准的情况和蔬菜生产及贸易的要求，我国蔬菜标准体系大体可分为通用标准、生产和加工环境标准、农业投入品标准、产品标准、安全标准、生产加工技术规程及检测方法标准等部分。通用标准主要包括术语、分类、编码、抽样、包装、储存、运输、标志、标签、资源评价与保护等规范[3]。抽样标准包括蔬菜及制品的抽样方法。包装、运输和储存标准是指不同蔬菜种类或单个蔬菜品种、蔬菜种子种苗包装、运输、保鲜和储存的标准。术语、分类、编码标准是指蔬菜（包括食用菌）的术语、分类、编码标准。资源评价与保护标准是指蔬菜作物品种资源的描述。规范类标准包括蔬菜生产和加工应用的“良好农业生产规范”（GAP）、“良好生产规范”（GMP）、“良好卫生规范”（GHP）和“危害分析与关键控制点”（HACCP）、转基因食品管理等标准。目前关于包装、运输和储存的标准还不多，其他标准基本已制定。生产和加工环境标准包括蔬菜产地环境标准，脱水蔬菜、冷冻蔬菜等蔬菜制品加工环境标准。目前生产和加工环境标准都有制定，但技术内容存在一定问题。农业投入品标准包括蔬菜生产使用的肥料、农药等的相关标准，蔬菜种子种苗的质量标准。农业投入品标准中，蔬菜种子质量标准不完善，种苗标准很少，是今后标准制定的重点。产品标准包括新鲜蔬菜等级规格标准，冷冻蔬菜标准，脱水蔬菜、蔬菜汁、蔬菜粉、蔬菜酱标准，酱腌菜、蔬菜罐头和蔬菜加工制品标准，加工用蔬菜质量标准。目前新鲜蔬菜产品标准包括的蔬菜种类不全，等级规格标准已涵盖了主要蔬菜品种；脱水蔬菜已有国家标准，冷冻蔬菜已有单个蔬菜的标准，是否应像脱水蔬菜一样制定一个通用标准即可有待研究。安全标准包括农药残留限量标准、污染物限量标准、有害微生物限量标准、生物毒素限量标准。目前安全标准均有国家强制性标准，且在不断完善。生产技术规程和加工工艺标准包括蔬菜种子种苗繁育技术规程、蔬菜生产技术规程、蔬菜及制品加工工艺规范、蔬菜病虫害防治技术规程、蔬菜病害鉴定评价技术规程、蔬菜新品种测试指南。蔬菜种子种苗繁育技术规程基本没有，是今后制定的重点；蔬菜病害鉴定评价技术规程还不完善，今后还要继续制定；其他技术规程基本完善。检测方法标准包括蔬菜及制品感官评价、理化指标检测、农药残留限量检测、污染物检测、有害微生物检验、生物毒素检测、转基因成分检测等方法标准。蔬菜及制品感官评价方法目前尚未制定相关标准，是否制定还需要进一步研究；蔬菜及制品理化指标检测方法标准目前已有国家标准和部分行业标准，大部分理化指标的检测方法标准已制定；蔬菜及制品农药残留限量检测方法目前在清理整合当中；蔬菜及制品污染物检测方法、蔬菜及制品有害微生物检验方法、蔬菜及制品生物毒素检测方法、蔬菜及制品转基因成分检测方法已有国家标准。

1.1.2 标准体系存在的问题

虽然种植业标准体系的发展取得了显著成效[4]，但仍存在一些问题[5]。

1）标准内容交叉重复

从目前蔬菜标准的数量上来看，总体数量不算少，但同一种蔬菜有几个标准，存在重复问题。例如，辣椒有农业行业标准，还有国家标准及无公害食品、绿色食品、有机食品标准，同时有等级规格标准。从技术内容上来看，目前，产品质量标准包括产品感官特性、理化指标、安全要求、检测方法、检验规则、标识、包装、储存和运输等内容。产品感官标准与等级规格标准有重复，但没有等级规格标准规定的详细，包装、储存和运输标准又与部分产品标准的内容相重复。

由于中国国土面积大，不同区域生产环境不同，因此蔬菜生产技术过程标准不适宜制定全国性的国家或行业标准，而适宜制定地方标准，或制定良好生产技术规范。但由于历史的原因，目前还有许多无公害食品蔬菜的生产技术规程标准，而且基本上都是按单个蔬菜制定的，如《无公害食品番茄露地生产技术规程》《无公害食品结球甘蓝生产技术规程》《无公害食品黄瓜生产技术规程》等。从技术内容上来看，基本大同小异，只是在栽培技术上有些差异。目前不但有单个蔬菜的生产技术规程，还制定了蔬菜良好生产技术规范，在技术内容上重复。近几年，农业行业标准中的施肥技术规程和病虫害防治技术规程作为单独标准进行申报和制定，但实际上，施肥技术和病虫害防治技术都应包括在该类作物的生产技术规程中，如果为生产技术规程中的某个环节单独制定标准，这样会导致标准制定不完，也会造成标准名称不同，但技术内容相同的情况。

检测方法重复标准太多，如食品中六六六的测定方法就有 8 个。现许多标准都是按单种作物制定的，如蔬菜中、水果中、茶叶中、粮谷中六六六残留量的测定，其检测原理都是一样，造成标准重复问题。目前这个问题已开始解决，国家农药残留标准审评委员会（简称国家农残标委会）已开始清理整合 413 个植物源食品中农药残留的检测方法。

在营养功能检测方法标准上，国家标准基本上是针对食品总体来制定，但农业行业标准都是针对单个作物制定，这样就会造成标准名称不同，但技术内容完全一样的情况。例如，农业行业标准《仁果类水果中类黄酮的测定　液相色谱法》只涉及了仁果类水果，那核果类水果、柑橘类水果、其他作物都得分别制定，标准就永远制定不完。另外，营养功能检测方法一般应用范围比较窄，对于这类标准首先要明确标准制定后谁使用，用在什么地方。如果只是申报单位自己用，只是用在科研上，就没有必要制定。如果确实对行业发展有用，也不能制定单个作物的标准，应制定植物源食品或农产品的标准。

蔬菜产地环境标准在内容上也存在重复情况。由于缺少基础研究数据，目前产地环境采用的都是原环境保护部的标准，污染物指标都是全量的，与蔬菜对污染物的吸收没有相关性，不能作为判定产地环境是否适宜种植某种蔬菜的标准。目前蔬菜产地环境标准有无公害食品蔬菜产地环境条件标准，也有单个蔬菜的产地环境标准，同样存在名称不同，但技术内容基本重复的情况。

2）技术指标可操作性较差

技术指标可操作性较差，主要表现在产品的分等分级上[6]。例如，在我国芹菜标准中，对机械损伤没有明确解释，无法掌握评定尺度。而在美国的芹菜质量标准中，对机械损伤的规定则为“当切除的根太多致使叶柄失去支持；当超过 4 个叶柄被严重擦伤；当叶柄在第一节点以上断裂严重影响外观；或超过 4 个叶柄在第一节点以下断裂，除非所有叶柄在第一节点以下被切断使植株具有特殊长度”。同样在我国芹菜标准中，对整齐度没有规定，但规定了整齐度的比例。在美国的芹菜标准中，规定整齐为“较细、短或纺锤状、粗糙或纤维化的外围叶柄不超过 2 个；主根被切除，剩余部分不超过 1.5in①；次生小根的数量和长度不影响植株外观；留下的黄叶或去除的叶片部分不影响植株外观”[7]。在我国标准中，不允许在定义中作出解释和规定，而在美国的标准中，对定义都有详细的解释和说明，有较强的可操作性。

检测方法标准目前存在的一个较大的问题就是在 GB/T 20001.4—2015 技术内容方面试样制备部分不详细，许多国家或行业只是把样品分成干样和鲜样，没有按 GB/T 20001.4—2015 中规定写清楚试样制备时需要多少实验室样品，试样制备时的取样部位，制备的具体过程和要求，以及试样制成后保存的容器和储存条件，造成试样缺乏代表性，可操作性差。

检测方法标准目前存在的另一个较大的问题是操作过程不规范，基本操作有误。例如，配制标准溶液应将标准品称到烧杯中溶解后再进行定容，但部分标准是直接把标准品称到容量瓶中，实际无法操作；又如，将定容后的容量瓶放到冰箱中储存，这是违反基本操作的，原因一是容量瓶不是存储容器，二是容量瓶不能冷冻或加热，否则体积会发生改变，三是容量瓶中存放有机试剂放到冰箱中，易造成爆炸；再如，硝酸盐和亚硝酸盐国家标准中，将容量瓶当成前处理器皿，放到水浴锅中加热等。

3）实用性较差

蔬菜标准的实用性较差不是主要表现在标准本身的技术内容存在问题，而是目前蔬菜的交易过程还不具备标准应用的环境。例如，蔬菜等级规格标准的实施，前提是蔬菜要进行包装销售，而实际目前国内蔬菜大部分销售都

---

① 1in=2.54cm

是散装，即使包装也没有按等级和规格进行划分，只是为运输方便。

4）配套性较差

配套性较差是农药残留检测方法标准目前存在的最大问题，GB 2763—2014 中规定了 387 种农药，但还有 35 种没有相对应的检测方法标准，有许多农药只有参照标准，尤以粮油作物最多，实际上许多参照标准并不适用粮油作物；配套性较差还表现在标准不成系统，如一个系统性标准体系应从产地环境标准开始，到种子质量标准、种子繁育技术规程、病害鉴定规程、生产技术规范、产品等级规格标准、包装和储运标准、加工品质量标准、加工工艺标准、安全限量标准及相应检测方法标准、理化指标检测方法标准等，但目前标准体系还不配套。

5）基础研究薄弱

基础研究薄弱主要表现在基础数据不足，致使蔬菜标准在制定过程中无据可依[7]。例如，目前脱水蔬菜和冷冻蔬菜在蔬菜出口中占很大比例，而这两类产品没有农药残留限量标准，在标准制定时引用新鲜蔬菜的标准。由于脱水蔬菜的水分比新鲜蔬菜少很多，因此采用新鲜蔬菜的标准就意味着提高了标准的门槛。同理，冷冻蔬菜在处理过程中也存在不同比例问题，如 2000g 新鲜菠菜出 500g 冷冻菠菜，这样冷冻菠菜使用新鲜蔬菜的限量值就不科学。由于我国没有这方面的研究和数据，因此日本政府就在毒死蜱残留限量上做文章[8]。中方提出日方采用新鲜菠菜的限量来判定冷冻菠菜是不合理的，但日方说如果中方有研究的数据就可以采用，而我们拿不出研究数据。

6）标准结构不统一

目前，产品标准包括了产品标识、包装、储存和运输等技术内容。在国务院分工中，将农产品的储存和运输环节划给了农业部，这两个环节标准的制修订工作势必要加强。从目前现有标准的情况来看，已制定的产品标准中都包括了标识、包装、储存和运输等技术内容，虽然个别产品有储运标准，如《胡萝卜贮藏与运输》(NY/T 717—2003)、《番茄冷藏和冷藏运输指南》(SB/T 10449—2007)，但标准个数很少，单独储运标准与原产品标准之间又存在技术内容重复的问题，而且如果两个标准技术内容不统一，又造成执行上的问题，因此，有必要明确产品标准的内容结构。

1.2 畜禽产品标准体系

1.2.1 标准体系建设的进展[9]

近年来，农业部在畜牧业标准化方面做了大量工作，取得积极成效，为畜牧业“保供给、保安全、保生态”提供了基础支撑，为畜牧业健康发展做出了重要贡献。

一是标准化管理工作进一步加强。经过近十几年的发展，畜牧业标准化管理体系基本建立。目前畜牧业标准化管理部门为农业部畜牧业司，全国畜牧总站是具体技术支撑单位，全国畜牧业标准化技术委员会负责畜牧业标准的技术归口管理。同时，各省（区、市）农牧业主管部门都设立了畜牧业标准化管理机构，如江苏、江西、新疆等省（区、市）成立了畜牧业标准化技术委员会。畜牧业标准化管理逐步走向规范化和科学化。

二是标准制修订工作大力推进。实施了《畜牧业国家标准和行业标准建设规划（2004—2010 年）》和《全国畜牧业标准体系“十二五”规划（2011—2015 年）》，推动了畜牧业标准体系逐步建立和完善。截至 2014 年底，现行有效的畜牧业国家标准、行业标准有近 800 项，涵盖了畜禽牧草品种资源、种养殖规范、产品质量、检验检测、草原保护等各方面，初步实现了生产有标可用、检测有标可依、质量有标可判，为保障我国畜牧业健康稳定发展提供了支撑。

三是标准推广应用逐步深入。标准的生命力体现在应用。农业部始终坚持把标准推广应用作为工作的重中之重，不断加大标准宣传贯彻培训力度，促进标准推广应用[10]。“十二五”以来，农业部和各省区组织举办了 12 次畜牧业标准化知识培训班，培训 1000 余人次，并利用各类平台，不断创新标准推广方式，提高标准使用效率，在广泛宣传畜牧业标准，营造重视标准、推广标准、使用标准的社会氛围方面，取得了良好的成效。

1.2.2 标准体系存在的问题

虽然畜牧标准化工作取得了显著成效，但随着畜牧业现代化进程的加快，现有畜牧业标准体系已不能完全满足畜牧产业发展的需要。突出表现在以下几个方面。

一是标准体系不够合理。国家标准、行业标准、地方标准层级之间的制定范围和职责分工不够明确合理。政府主导制定的标准多以一般性产品和种养规范为主，公益性需求不够。协会、学会、产业联盟等团体标准没有培育起来，市场自主制定、快速反映需求的标准不能有效供给。受发展水平的限制，大部分畜牧企业制定标准的积极性不高、能力不足，企业标准缺乏竞争力[11]。

二是标准缺失老化严重，实际可操作性较差，难以满足产业转型升级、提质增效的需求。首先，特色畜牧业标准基本处于空白，草原生态、养殖环境、养殖设施设备等标准严重不足。其次，标准更新速度慢，“标龄”时间长，重大基础标准建设滞后，奶牛等饲养标准急需修订，畜禽营养需要量标准急需制定。再次，部分标准的内容交叉重复，对同一环节的规定不一致甚至冲突，标准的一致性和衔接度不够；标准质量不高，推广普及率低。最后，定性描述较多，量化指标偏少，标准的可操作性不强；部分内容陈旧，指标设置不科学，标准的先进性不高。还存在科研化倾向与产业需求脱节的问题，标准的适用性不强。

三是管理机制有待创新。标准发布主体单一，主要是政府标准化管理部门。标准审批发布时间长，尚未建立“绿色通道”机制。尚未建立团体标准发布管理机制。实施企业标准备案制，一定程度上抑制了企业的积极性。标准重审查发布、轻跟踪评价，重管理、轻服务。标准信息化、数字化程度不够，不方便推广应用。政府主导制定的部分强制性标准信息公开、免费使用，但还有部分强制性标准和大部分推荐性标准需有偿使用。企业是采标、用标的主体，但其参与标准制修订的程度不够。部门之间、标准化技术委员会之间存在职能交叉、职责界定不清的现象，标准化协调推进机制不够完善。

四是标准建设投入不足。农业是一个基础产业，与工业标准化相比，农业标准化更需要大力支持。目前，每年中央财政补助经费不足 200 万元，远远不能满足畜牧标准制修订需求，存在投入不足，标准数量少，补助经费低现象。每个行业标准项目补助 3～7 万元，国家标准项目甚至没有资金支持。对畜禽营养需要、草原生态等重大基础性标准研究投入不足。尚未形成国家、团体和企业多元投入机制。

1.3　水产品标准体系

1.3.1　标准体系建设的进展

随着标准体系的不断完善，标准制修订工作的正常进行，标准数量逐年增加，标准水平不断提高，初步形成了以国家标准和行业标准为主体的水产品标准体系。截至 2015 年 8 月，现行淡水养殖国家、行业标准共 217 项，其中国家标准 52 项，行业标准 165 项。目前已经发布的海水养殖国家、行业标准共有 91 项，按养殖品种分，包括通用标准 4 项，鱼类标准 28 项，涉及种类 16 种，虾蟹类 14 项，涉及种类 6 种，贝类 31 项，涉及种类 13 种，藻类

10 项，涉及种类 4 种，其他种类 4 项，涉及种类 2 种；按照标准类型分，包括种质标准 34 项，亲体苗种标准 44 项，养殖技术规范 6 项，其他 7 项。

在已发布的标准中，有基础标准（包括通用基础和通用方法标准），如《水产养殖术语》《养殖鱼类品种命名规则》《养殖鱼类种质检验》等；有生产过程各环节的操作技术和投入品产品标准，如水产种质标准、亲本和苗种标准、饲料产品标准、渔用药物养殖使用规范和养殖生产技术规范等。术语标准主要用于科研、教学、生产、推广等活动中。通用基础方法用于科研、教学及检测。种质及其亲本苗种标准主要用于水产种质资源保护时种质的鉴别、原良种场的建设和维护、种质检测中心判定、组织生产及维护消费者利益、防止欺诈等。生产技术规范用于指导和规范生产操作，以及普及和推广科学、先进的养殖技术等。已发布标准基本涵盖了水产品生产全过程，初步满足了大宗水产品养殖生产需要。由已发布实施标准现状来看，标准体系建设是现代水产养殖业得以健康、可持续发展的重要技术保障和支撑。

1.3.2　标准体系存在的问题

目前水产品标准体系主要存在以下主要问题。

一是标准体系技术方面的问题。标准体系技术问题主要体现在标准自身系统性、实用性较差，重复交叉问题突出，研究基础薄弱等。缺乏相应的技术标准发展战略研究，使我国的水产品标准化工作缺乏宏观指导和对全局的把握；由于缺少相关的基础研究，一些新的技术不能被及时引入标准中。标准的实用性不能满足社会需求，根源在于研究基础不够，如水产种质标准，目前行业需要的不仅仅是能判别是或不是的现行种质标准，更大程度上需要的是能鉴别良种或劣种、原种或退化种的种质标准，但目前暂时还不具备此类技术，或相关技术还不够完善和成熟，不足以形成标准，满足不了社会的需求。

二是标准管理体制机制方面的问题。各部门条块分割，没有形成合力；标准制修订工作以政府主导为主，不利于调动企业参与标准制修订工作的积极性；缺乏配套的监管体系和市场准入机制，企业执行标准的积极性不高。目前标准项目的申报渠道有限。行业标准仅在每年的行业专项指南项目里才能申报，而在指南项目里，细分到各专业领域，则每个专业只有 4～5 项，标准项目的数量和涉及的面都远远满足不了行业发展对标准的需求。若标准项目的申报和下达能在统一管理的前提下广开渠道，多头并进，定能有力推动标准的制修订进程，促进标准体系建设的发展。国家标准项目的申报虽然是开放性的，但申报单位所申报的项目有的不适合作为国家标准，而在标准体系规划中推荐作为国家标准的项目则往往只上了行业标准。标准管理部门间的协调有待进一步加强。

1.4 国家标准化工作改革进程

为落实《中共中央关于全面深化改革若干重大问题的决定》《国务院机构改革和职能转变方案》和《国务院关于促进市场公平竞争维护市场正常秩序的若干意见》（国发〔2014〕20 号）的有关要求，2015 年 3 月国务院印发了《深化标准化工作改革方案》。方案强调改革坚持简政放权、放管结合、国际接轨、统筹推进的原则，明确了六个方面的改革措施，这为鲜活农产品质量安全标准与管理创新带来机遇与挑战[12]。

1.4.1 建立高效权威的标准化协调推进机制

建立由国务院领导同志为召集人、各有关部门负责同志组成的国务院标准化协调推进机制，统筹标准化重大改革，研究标准化重大政策，对跨部门、跨领域、存在重大争议标准的制定和实施进行协调。国务院标准化协调推进机制日常工作由国务院标准化主管部门承担。

1.4.2 整合精简强制性标准

在标准体系上，逐步将现行强制性国家标准、行业标准和地方标准整合为强制性国家标准。在标准范围上，将强制性国家标准严格限定在保障人身健康和生命财产安全、国家安全、生态环境安全与满足社会经济管理基本要求的范围之内。在标准管理上，国务院各有关部门负责强制性国家标准项目提出、组织起草、征求意见、技术审查、组织实施和监督；国务院标准化主管部门负责强制性国家标准的统一立项和编号，并按照世界贸易组织规则开展对外通报；强制性国家标准由国务院批准发布或授权批准发布。强化依据强制性国家标准开展监督检查和行政执法。免费向社会公开强制性国家标准文本。建立强制性国家标准实施情况统计分析报告制度。

法律法规对标准制定另有规定的，按现行法律法规执行。环境保护、工程建设、医药卫生强制性国家标准、强制性行业标准和强制性地方标准，按现有模式管理。安全生产、公安、税务标准暂按现有模式管理。核、航天等涉及国家安全和秘密的军工领域行业标准，由国务院国防科技工业主管部门负责管理。

1.4.3 优化完善推荐性标准

在标准体系上，进一步优化推荐性国家标准、行业标准、地方标准体系结构，推动向政府职责范围内的公益类标准过渡，逐步缩减现有推荐性标准的数量和规模。在标准范围上，合理界定各层级、各领域推荐性标准的制定范围，推荐性国家标准重点制定基础通用、与强制性国家标准配套的标准；推荐性行业标准重点制定本行业领域的重要产品、工程技术、服务和行业管理标准；推荐性地方标准则制定需满足地方自然条件、民族风俗习惯的特殊技术要求的标准。在标准管理上，国务院标准化主管部门、国务院各有关部门和地方政府标准化主管部门分别负责统筹管理推荐性国家标准、行业标准和地方标准制修订工作。充分运用信息化手段，建立制修订全过程信息公开和共享平台，强化制修订流程中的信息共享、社会监督和自查自纠，有效避免推荐性国家标准、行业标准、地方标准在立项、制定过程中的交叉重复矛盾。简化制修订程序，提高审批效率，缩短制修订周期。推动免费向社会公开公益类推荐性标准文本。建立标准实施信息反馈和评估机制，及时开展标准复审和维护更新，有效解决标准缺失滞后老化问题。加强标准化技术委员会管理，提高广泛性、代表性，保证标准制定的科学性、公正性。

1.4.4 培育发展团体标准

在标准制定主体上，鼓励具备相应能力的学会、协会、商会、联合会等社会组织和产业技术联盟协调相关市场主体共同制定满足市场和创新需要的标准，供市场自愿选用，增加标准的有效供给[13]。在标准管理上，对团体标准不设行政许可，由社会组织和产业技术联盟自主制定发布，通过市场竞争优胜劣汰。国务院标准化主管部门会同国务院有关部门制定团体标准发展指导意见和标准化良好行为规范，对团体标准进行必要的规范、引导和监督。在工作推进上，选择市场化程度高、技术创新活跃、产品类标准较多的领域，先行开展团体标准试点工作。支持专利融入团体标准，推动技术进步。

1.4.5 放开搞活企业标准

企业根据需要自主制定、实施企业标准。鼓励企业制定高于国家标准、行业标准、地方标准，具有竞争力的企业标准。建立企业产品和服务标准自我声明公开和监督制度，逐步取消政府对企业产品标准的备案管理，落实企业标准化主体责任。鼓励标准化专业机构对企业公开的标准开展比对和评价研究，强化社会监督。

1.4.6　提高标准国际化水平

鼓励社会组织和产业技术联盟、企业积极参与国际标准化活动，争取承担更多国际标准组织技术机构和领导职务，增强话语权。加大国际标准跟踪、评估和转化力度，加强中国标准外文版翻译出版工作，推动与主要贸易国之间的标准互认，推进优势、特色领域标准国际化，创建中国标准品牌。结合海外工程承包、重大装备设备出口和对外援建，推广中国标准，以中国标准“走出去”带动我国产品、技术、装备、服务“走出去”。进一步放宽外资企业参与中国标准制定的条件。

2　国内外农产品质量安全标准与现实差距

2.1　农业产地环境标准

2.1.1　产地环境标准

我国非常重视农业产品生产环境相关标准的制修订工作。目前种植业产地环境类及其相关的标准有 83 项，其中产品标准 59 项，技术规范 24 项，主要包括农产品产地土壤环境质量、农业用水、农区空气及蔬菜、水果、水稻、食用菌等无公害食品和绿色食品等农产品产地环境标准。畜牧业养殖环境标准现行有效的有 20 项，正在制修订的有 7 项，主要包括畜禽场场区建设及设计、畜禽养殖环境质量等标准。渔业资源环境标准有 52 项，主要包括基础标准、通用标准、检测方法标准、技术规范标准、水质标准和排放标准。上述农业生产环境标准的制定和颁布对保障农产品产地安全，促进农灌用水、畜禽粪便等农业投入品的安全使用，对无公害农、畜、水产品的生产起到了积极的促进和推动作用，为农业环境质量调查、分析和评估，农业环境污染事故的处理、鉴定及农业环境与农业产品中重金属、农药、兽药等污染物的检测提供了科学的技术支撑和依据。

国外的环境质量标准的制定方法一直优于我国，其中一个重要的因素是其污染物的监测种类全面。例如，对于产地土壤重金属限量标准的制定，日本已充分考虑以生物有效性为指标，而我国对重金属生物有效性的研究虽然有一定基础，但是在限量标准中一直没有更新。日本有关土壤环境质量标准的制定始于 20 世纪 70 年代，1970 年颁布了农用地土壤污染防治法及土壤质量标准；根据土壤具有保护农作物生长的功能特点，1991 年修订了重金属镉等 10 项指标；1994 年增加了挥发性有机化合物（VOC）、农药等 15 项土壤环境限量标准；2001 年从保护地下水涵养功能和水质净化功能的角度，增加了氟、硼 2 项指标。日本在制定土壤标准时，特别设立了浸出液（将土壤和 10 倍量的水混合，将污染物浸出）标准，同时规定了浸出液中 24 种污染物限量。目前日本的土壤环境标准中监测指标有 27 项。

与国外相关标准比，我国土壤环境质量标准所规定的污染物指标数量少，仅列有铜、锌、铅、镉、汞、砷、铬、镍、六六六和 DDT 10 项，尤其是有机污染物，只有六六六和 DDT 2 种，而美国国家环境保护局列出的 129 种“优控污染物”中有 114 种是有机污染物，其中大多有机污染物对人体健康有严重危害；此外，荷兰、英国、瑞典、日本等国家都把多环芳烃、芳香物质等有机污染物及农药和除草剂等列入土壤质量控制标准中。从污染物的限量值来看，我国土壤环境质量标准中镉限量过严，二级标准镉限量值为 0.3～0.5mg/kg，而国外土壤镉限量标准大都在 1mg/kg 以上；土壤铅的限量则过于宽松，国外对于铅对人体健康的危害都非常重视，普遍认为儿童和胎儿对铅最敏感，受害最严重，美国、澳大利亚、英国等国家在研究土壤中铅限量时，不是采用通常的食物铅卫生标准作为依据，而是以儿童的铅毒害剂量-效应关系及血铅水平为依据。

2.1.2 面源污染防控标准

我国由于工矿企业排放、生活污染排放及化肥、农药等农业投入品长期不合理使用，以及畜禽粪污、农作物秸秆和农田残膜等农业废弃物的不合理处置[14]，农业环境面源污染问题变得相当严重。国家对此十分重视，提出打好农业面源污染治理攻坚战，但目前我国在农业环境污染综合防控方面的技术标准还十分欠缺甚至几乎为空白。

国外很多国家在农业面源污染防治方面有很好的经验和做法。例如，美国在政策法规等方面，《清洁水法》以技术标准和水质标准共同作为污染控制手段，水质标准包含三部分内容，分别为水体的指定功能、保护这些指定功能的水质基准和防止水质恶化条款，并实施了最大日负荷量计划，该计划与水质标准有密切联系，是使水质标准发挥实际作用的一个平台。在管理标准方面，针对面源污染特点，提出了以土地利用方式合理化为基础的管理规范，包括营养物管理、农药管理、水土流失控制、动物饲养的废水排放管理、牧业管理和灌溉水管理。美国农业部自然资源保护局制定了《全面营养物管理规划技术导则》来指导和促进人们采取行动。在技术研发方面，加强操作简单、价格便宜的农业面源污染控制替代技术研究，如农田最佳养分管理、有机农业或综合农业管理模式、等高线条带种植、农业水土保持技术措施等。此外，美国还采用先进的生物环境工程控制技术对农业面源污染进行治理[15]。

欧盟各成员在农业面源污染控制方面均采用统一的排放标准，并针对点源污染采用最新的环保技术，或针对面源污染采用综合环保规范，实行地表水-地下水、水量-水质一体化管理。

西班牙“国家灌溉计划”包括5个行动方案：技术改造方案、执行方案、社会灌溉方案、个人灌溉方案和支持方案。其中支持方案包括监测、持续投资、现代灌溉技术培训和补充学习等内容。

日本农林水产省从农田水利基本建设到山林绿化，从农业生产必需的投入品到农产品质量安全和食品废弃物循环利用等，实行一系列的管理。

我国现行法律规范对肥料、农药的生产和销售做了非常丰富、具体的规定，相关制度具有一定的完备性。但与国外发达国家相比，主要考虑化肥、农药对人健康的影响，缺乏对环境的关注，尤其是对缓控释肥、生物农药等亲环境性农用化学品的规定极少[16]。同时我国目前关于农膜的规范性文件主要是国家标准 GB 13735—1992。该标准已经实施近 20 年，大量内容陈旧，体现不出农业环境保护的现实需要。另外大量法律法规、技术规范的缺失也大大限制了农业面源污染防治的进程，如省部级或国家级清洁生产技术规范、化肥和有机肥生产和使用技术规范、化肥和有机肥质量标准、农业优良耕作技术体系、有机废弃物排放要求、城镇污水排放和规模化养殖场牲畜粪尿排放技术要求等。因此，急需加强农业产地环境面源污染综合防控体系技术标准的研究制定。

2.2　农业生产过程控制标准

2.2.1　生产过程技术规范标准体系

我国目前已经初步建成了农产品生产过程技术规范体系，按照产品种类可以分为种植业（粮食、油料、蔬菜、水果、茶、食用菌等）、畜牧业、渔业等生产技术规范标准；按照标准级别可以分为国家标准、农业行业标准及其他行业标准、地方标准；按照标准所属的生产环节可以分为繁殖材料、种植/养殖过程、有害生物防治、收获、包装标签、储运等标准。目前农产品生产过程技术规范标准体系的突出问题集中在三个方面。第一，标准重复现象十分普遍，主要表现在各级标准间、生产过程的各环节间、一种产品同一类型标准间的重复。以柑橘为例，国家标准和行业标准中均有柑橘病虫害防治的规范，仅是虫害或病害的种类不同，完全体现不出国标和行标定位上的差别；《柑橘栽培技术规程》（NY/T 975—2006）中规定了柑橘的品种与砧木选择、病虫害防治、果实采收等技术要求，而以上 3 项技术又分别在另外的 3 个农业行业标准中得到了规范；仅针对柑橘病虫害防治这一单项技术的农业行业标准就有 4 项之多。第二，各环节标准存在不衔接现象，出现链条的断裂。例如，热带水果前有包装标识标准，后有运输标准，但缺少中间的贮藏标准。第三，各环节标准不配套，出现“大帽子小身体，或者小帽子大身体”的情况。例如，富硒水稻有生产技术规程，但没有产地环境标准，只能采用无公害水稻的产地环境标准，而富硒水稻对产地环境的要求肯定有别于普通水稻，这种不配套的标准情况势必影响终产品的品质。目前鲜活农产品产业链这种标准的重复、不衔接、不配套等乱象，不仅造成制修订资源的浪费，增加了检索的难度，也大大降低了使用者的采标效率，使标准的功能大打折扣。

目前国际上通用的过程规范有 ISO 9000 标准、良好生产规范（good manufacturing practice，GMP）、有机生产管理等，主要是通过体系认证的方式推进标准化。ISO 9000 标准是质量认证体系，重点强调的是质量管理的规范化、程序化和国际化。全世界已有 100 多个国家将该标准转化为本国标准并开展认证，发达国家和部分发展中国家已将是否通过该标准认证作为选定合格供应商的基本条件和依据；GMP 是为保障食品质量和安全而制定的贯穿食品生产全过程的一系列措施、方法和技术要求[17]。GMP 实际上是一种包括 4M 管理要素的质量保证制度，即选用规定要求的原料（material），以合乎标准的厂房设备（machine），由胜任的人员（man），按照既定的方法（method），制造出品质稳定、安全卫生的产品的一种质量保证制度。GMP 将保证食品卫生质量的重点放在成品出厂前的整个生产过程中，而不仅仅着眼于最终产品上。GMP 由美国首创并最先实施，之后世界上不少国家、地区和组织采用了该体系，如日本、加拿大、新加坡、欧盟等；有机生产是过程管控的最佳实例。CAC、欧盟（EU）、美国、加拿大等国家和组织都对有机产品的生产、加工、运输、标签、认证等进行了规定，相关标准有 CAC/GL 32—1999《有机生产食品的生产、加工、标识和销售指南》、EU（EC）1991/2006《农产品有机生产及标签》、CAN/CGSB-32.310—2006《有机生产系统的一般原则和管理标准》等。除体系认证外，国际组织还通过制定系列标准的方式加强过程管控，如 CAC 发布的 CAC/RCP 系列均是针对过程控制的操作规程[18]，包括一系列预防和减少污染物的生产准则和一系列保证过程卫生的生产加工规范，涵盖谷物、水果、蔬菜、坚果、鸡蛋及蛋制品、鱼及鱼产品、肉类等几乎所有产品种类。

随着农业标准化工作的不断推进，在借鉴国外先进过程管控理念及技术的基础上，我国已尝试建立一套适应农业全产业链一体化发展的产前、产中、产后农产品标准体系。我国的GMP参考EU标准，已形成12项标准；有机生产相关标准有12项；绿色食品/农产品已形成144项标准；无公害食品/农产品已形成204项标准。虽然目前以无公害、绿色、有机食品/农产品为代表的全程控制标准体系在有效指导和规范我国农业生产行为、提升农业产业化水平方面发挥了积极的引导和促进作用，但从涵盖的农产品种类、包括的产业链环节来说，还有待扩展，解决目前鲜活农产品产业链标准乱象的能力还有待提高，对建立农产品从农田到餐桌全过程控制标准体系的探讨还有待深入。

2.2.2 安全过程管控标准状况

近年来发生的“镉大米”“毒生姜”“毒豇豆”等种植业质量安全事件，“瘦肉精”“三聚氰胺”等畜禽产品质量安全事件，“孔雀石绿”等水产品质量安全事件为我们敲响了警钟。“镉大米”事件反映出产地环境污染，“毒生姜”“毒豇豆”事件反映出种植过程中农药滥用，“黄浦江死猪”事件暴露出病死牲畜无害化处理机制的严重缺失。养殖业滥用抗生素和重金属带来的环境污染和食品安全风险都不可小觑，农产品安全已成为涉及全行业、涵盖产供全过程的命题。2012年，农业部首次提出加强农产品安全过程控制技术研究，国务院首次提出农产品安全要“产出来”和“管出来”相结合，农产品安全工作正上升到一项全过程治理的系统工程。制定农产品安全过程管控标准将对我国农产品的安全发挥重要的源头保障作用，促进农产品生产标准化、安全化的实现，这也是产业提升的迫切需要。

目前国际上通用的安全管控标准主要有良好农业规范（good agricultural practice，GAP）和危害分析与关键控制点（hazard analysis and critical control point，HACCP）。GAP标准主要针对初级农畜产品生产的种植环节和养殖环节，制定和执行各自的生产规范，鼓励减少农用化学品和药品的使用，关注动物福利、环境保护、工人健康、安全和福利，是保证初级农产品安全生产的一套规范体系。该体系以“全程监管、源头治理”为理念，通过关键控制点，避免农产品在生产过程中受到外来物质的严重污染和危害，实现产品质量的可追溯控制。GAP认证在1997年起源于欧洲，至2007年欧盟（EU）已形成了成熟的Global GAP体系，美国在1998年发布的《关于降低新鲜水果蔬菜中微生物危害的企业指南》中首次提出GAP，加拿大、法国、澳大利亚、马来西亚、新西兰、乌拉圭等许多国家均制定了本国良好农业规范标准或法规，目前GAP是联合国粮农组织（FAO）向各国推荐的质量安全规范体系。HACCP系统是1960年由美国提出的一种预防性体系，对生产全过程实施危害分析控制，除对关键工序和环节进行监测外，只需对少量的成品检验即可。该系统包括分析潜在的危害物、识别加工中的关键控制点（CCP）、建立关键控制点的临界范围、建立监控系统、建立校正措施、建立有效的档案系统、建立检验系统七个方面。美国通过颁布 HACCP 法规来确保肉、禽产品、水产品的全程安全，国际食品法典委员会（CAC）制定了 CAC/RCP 4—2003《HACCP 系统及其使用指南》，HACCP 目前已被认可为世界范围内生产安全食品的准则[17]。

CAC 对食品安全高度重视，通过制定一系列的准则来确保食品安全，除一般通用性的安全评估、安全监控、卫生操作规程外，还有一系列针对性很强的操作准则，主要用来预防和减少食品中微生物、化学品、重金属、生物毒素等污染，如 CAC/GL 61—2007、CAC/GL 73—2010、CAC/GL 79—2012、CAC/RCP 51—2003、CAC/RCP 49—2001、CAC/RCP 56—2004、CAC/RCP 62—2006 等，分别是以李斯特菌、致病性弧菌、病毒、谷类毒素、化学品、重金属铅、二噁英污染为防控目标的操作准则。

美国通过颁布法律法规、制定国家计划及推行认证制度的方式确保食品安全。例如，1995 年颁布的《美国肉、禽类产品 HACCP 法规》和《美国水产品 HACCP 法规》确保肉、禽产品、水产品的全程安全；微生物数据项目（MDP）和农药数据计划（PDP）分别对食源性致病菌与农药残留这两种重点污染物进行监控；还有多种针对不同类型产品的以保障质量安全为目标的认证体系，这些体系均基于 ISO 标准和 HACCP 体系与指导方针开展认证，如针对水果、蔬菜和特种作物的 GAP 和 GHP（good handling practice），以减少生产、包装、处理、存储环节的微生物污染为主要目标。

目前我国以污染物削减控制为目标的安全“产出来”标准十分缺乏。我国 GAP 参考 EU 的 Global GAP，已形成 31 项标准（其中国家标准 27 项，农业行业标准 4 项），27 项均是对大类产品控制点和符合性规范的要求，真正的安全技术规范仅有 4 项，仅涉及甘蔗、仁果类水果、双低油菜和稻米 4 种（类）产品；我国 HACCP 体系参考 CAC 标准建立，已形成 20 项标准（其中国家标准 14 项，农业行业标准 6 项），但大部分是食品加工的标准，针对鲜活农产品生产的仅有 4 项，涉及肉用家畜饲养、肉用家禽饲养、蛋鸡饲养、畜禽屠宰四个方面。除 GAP、HACCP 标准外，其他的安全过程管控标准仅有《无公害农产品生产质量安全控制技术规范》（NY/T 2798—2015）、《蔬菜安全生产关键控制技术规程》（NY/T 1654—2008）、《饲草产品质量安全生产技术规范》（NY/T 1904—2010）3 项，涵盖的范围非常有限，其余的过程规范大部分都是以传统农业保证产量为目的，而对安全质量的关注仅体现在对产品的污染物限量检测上，而安全产品的获得不可能脱离过程的规范，随着消费者对农产品安全质量关注度的不断提高，在现有的生产过程标准指导下获得的农产品将越来越不符合消费趋势。

2.2.3　新型生产模式标准状况

近年来，设施农业、鲜切蔬菜、互联网+农业等新型农业生产经营模式兴起。设施农业是现代农业的重要标志，在我国一些区域设施农业已成为农业的支柱产业。然而，我国的设施农业标准化程度低，现有的标准只有《无公害食品设施蔬菜产地环境条件》（NY 5294—2004），且仅涉及设施蔬菜的产地环境要求，相关生产过程无标可依。鲜切蔬菜已经成为“菜篮子”工程的重要组成部分，而我国目前鲜切蔬菜相关标准只有《鲜切蔬菜》（NY/T 1987—2011）和《鲜切蔬菜加工技术规范》（NY/T 1529—2007），分别规定了鲜切蔬菜定义及加工技术规范，但在鲜切蔬菜的原料生产、产品分级、保鲜等技术方面的规范远远滞后，甚至空白。2015 年国务院从国家战略层面推行“互联网+农业”计划，使其成为业内外的热点话题。早在这一国家政策出台前，“互联网+农业”在部分领域已是一片红海[19]。目前，中国已有 4 万家农业类网站，演化出综合门户、研究分析、专业集成、产销对接等具不同定位的农业网站，特别是近两年，农业新媒体开始活跃，微博、微信、手机平台相继出现，农业信息化向纵深挺进。“互联网＋农业”蕴含着巨大的战略性机遇，但同时面临许多现实的挑战，首要问题是目前我国“互联网＋农业”缺乏标准引导[20]，呈现一哄而上、各自为政的局面，非常容易形成片面性、局部性发展的态势，不利于“互联网＋农业”的健康持续发展[21]。

新兴农业生产经营模式的生产特点或经营模式与传统农业不同，使得其生产过程、管理方式、销售渠道均有别于传统农业，已有的传统农业的标准并不适用，新兴农业生产经营模式标准的缺失势必阻碍新兴产业的有序发展[22]。如何实现原有生产模式与新兴模式的最佳接入，真正实现新兴模式的落地与执行，是每个参与主体都需要面临的挑战。

2.3　产后保鲜储运管理标准

2.3.1　贮藏保鲜标准

近年来，随着我国农产品商品化处理和初加工比例的不断增高，以及远距离运输和产品卖相对农产品保鲜技术的旺盛需求，保鲜剂（保活剂）、防腐剂、添加剂（统称“三剂”）被大量用于产后收、贮、运环节，成为新鲜果蔬、冷鲜畜禽产品、鲜活水产品保持鲜活和产后减损的重要手段，在产业发展中具有不可替代的作用。随着农业产业化的不断发展，“三剂”有着巨大的需求和市场，但其在农产品中合法合规使用依然面临诸多难点。其中“三剂”的标准缺失已成为制约农产品产后贮藏保鲜行业发展的关键因素。

目前，我国没有专门针对产后收贮运环节“三剂”使用的标准体系，仅在农药和食品添加剂相关国家标准中规定了个别农药和食品添加剂允许在保鲜等环节中使用。其中，《农药合理使用准则》（GB/T 8321.1—2009）中仅列明5种农药（噻菌灵、异菌脲、抑霉唑、双胍胺、咪鲜胺）可作为杀菌剂，用于防治农产品产后贮藏期的病害并规定了用法和用量；《食品安全国家标准 食品添加剂使用标准》（GB 2760—2014）中仅对亚硫酸盐、山梨酸、对羟基苯甲酸酯类及其钠盐、二氧化钛等70种食品添加剂在农产品中使用的限量作出了规定。如上所述，具有限量标准的农药和食品添加剂非常有限，相比于实际生产中使用的数量只是冰山一角，尚有大量正在使用的“三剂”因缺乏在贮运过程中使用的标准，无法判定其使用后是否满足农产品质量安全的要求。例如，多菌灵作为一种防治农作物病虫害的常用农药，《农药合理使用准则》及《食品安全国家标准　食品中农药最大残留限量》中规定了其作为杀菌剂的使用方法，在农产品贮运环节实际操作过程中，常作为保鲜剂，用于柑橘、龙眼等水果保鲜，其使用方法、残留代谢规律与产前完全不同，且目前尚无相关使用方法，最大残留限量标准仅与产前使用情况相关，未考虑产后使用的情况，存在农产品质量安全隐患。一些在农业生产过程中广泛使用的食品添加剂类“三剂”在农产品产后用作其他用途，缺乏限量标准。例如，柠檬酸在食品添加剂范围用作酸度调节剂，但是在生产中其常作为护色剂用在农产品产后贮藏环节，其用途与用法和其作为食品添加剂时完全不同，故需重新制定限量标准；此外，1-甲基环丙烯、高锰酸钾、活性炭、氯化钙、乙烯吸收剂、二氧化硫释放剂、二氧化氯等生理调节剂也缺乏在果蔬中使用的相关限量标准，目前其使用完全凭借经验，存在质量安全隐患。同时大量的新型植物源、动物源、微生物源“三剂”，如植物功能性成分提取物、溶菌酶、乳酸菌细菌素（Nisin）等，作为未来发展的趋势，具有较好的应用前景，但目前尚未在农产品中大范围应用，因缺乏相关的使用规范和限量标准，往往被当作非法添加处理，蒙受“不白之冤”。因此，制定“三剂”合理使用准则和补充完善最大残留限量标准将是未来“三剂”工作的一大重点。鉴于目前非法添加的范围和限量并不明确，急需尽快有计划地制定农产品收贮运环节“三剂”的使用准则和限量标准。

2.3.2　包装贮运与标签标识标准

储运和包装是鲜活农产品通过采后商品化处理创造和提升农产品附加值的重要方式，同时是农产品产后极易引入质量安全风险因素的重要环节。目前，农产品储运、包装和标识相关国家和行业标准共有194项，其中，储运标准72项，包装标准120项，标签标准2项。

储运标准方面，从标准层次来看，国家标准 31 项，行业标准 41 项，其中，行业标准分散在农业、商业、物资、商检、林业、水产等多个部门；从标准属性来看，全部为推荐性标准；从标准涉及的范围来看，通用标准数量较少，主要为针对具体产品制定的贮藏和运输标准，其中贮藏标准多于运输标准；从标准涉及的产品来看，以果蔬产品相关标准居多，有少量标准涉及畜、禽、蛋和水产品。目前储运标准存在的问题主要有两方面：一是冷链物流标准不完善[23]，农产品采后损耗率大，与发达国家存在较大差距，发达国家易腐食品物流冷藏率达到 80%以上；二是储运环节多年来处于职责不清、疏于监管的状态，规范鲜活农产品储存运输主体行为的管理标准缺失。

包装标准方面，从标准层次来看，主要以国家标准为主，国家标准 105 项，行业标准 15 项；从标准属性来看，以推荐性标准为主，部分涉及包装添加物等安全性指标的标准为强制性；从标准涉及的范围来看，包括塑料制品、纸制品、复合膜袋等产品标准和针对产品具体卫生指标、质量指标的检验方法标准。目前包装标准存在的主要问题有标龄过长、新兴产品标准缺失、标准实用性差，导致包装产品使用者和监管者无标可依、有标难依。

农产品标签标识在我国主要遵循相关法律法规和部门规章的规定，如《中华人民共和国农产品质量安全法》《农产品包装和标识管理办法》等，没有统一的农产品标签标识通用标准，现有规定大多数以农产品标签标识的监督管理为重点，在农产品标签标识的具体内容、标识方式方法等方面缺乏细化要求，在实际操作中农产品标识不全、不规范等现象广泛存在。尽管很多农产品质量标准中附加了对农产品标签标识的特殊规定，但不同标准之间的要求一致性差，以推荐性标准为主，强制实施难。相对而言，国外非常重视农产品标签标识，如日本针对不同的农产品和食品都有详细的标签标识标准。

从目前实际来看，一方面，储运和包装是农产品全程监管的薄弱环节，风险因素复杂，安全隐患多；另一方面，储运、包装、标识相关标准短缺，多年来农业标准制定侧重于生产管理，农产品产后流通环节缺少相应标准，农产品流通经营及其监督管理无据可依的问题急需解决。加快完善农产品储运、包装、标识标准，对规范农产品产后经营流通行为、保障消费终端农产品质量安全意义重大。

2.4 农产品质量安全限量标准

2.4.1 农药残留标准状况

《中华人民共和国食品安全法》颁布实施后，我国加快了农药残留标准体系建设的步伐，在理顺农药残留标准制定工作机制的基础上，于2010年组建了国家农药残留标准审评委员会，制定了章程，建立了评审程序，系统清理了2009年前制定的870多项农药残留国家标准和行业标准，转化了1230多项国际食品法典农药残留限量标准，新制定了811项急需的农药残留限量标准。在2016年颁布的《食品安全国家标准　食品中农药最大残留限量》（GB 2763—2016）中规定了387种农药在284种（类）食品中的3650项农药最大残留限量标准，配套了162项检测方法标准，基本覆盖了我国大宗农产品和常规农药品种，成为制定标准最快的国家[24]。

由于工作起步晚、科研基础薄弱、技术数据缺乏和工作机制不健全等，当前农药残留标准与国外相比仍依然存在较大差距。国际食品法典委员会（CAC）制定了199种农药的4351项限量标准[25]，欧盟制定了460种农药的15万多项限量标准[26]，美国制定了372种农药的1.2万项限量标准，日本制定了800多种农药的5万多项限量标准。此外，对于未进行限量规定的农药及产品种类，欧盟、美国、加拿大、日本等都实施了“一律不得检出”或“一律标准”制度[27]。我国农药残留限量标准与国外相比，在农药品种和农产品种类上都严重不足，难以适应我国农产品质量安全监管和国际贸易发展的需要。

目前我国农药残留标准不足和缺失主要表现在以下几个方面：一是农药残留标准覆盖的食用农产品种类少。我国农产品及其加工食品种类复杂多样，已制定的农药残留限量标准仅涉及284种（类）食用农产品，远远少于我国实际生产和消费的农产品种类。二是制定了残留限量标准的农药品种少。世界上使用的农药有1000多种，我国批准登记使用的农药有600多种，但目前已制定残留限量标准的只有387种。三是蔬菜及特色农产品中农药残留限量标准缺失。当前，蔬菜及特色农产品在我国膳食中比例越来越大，但由于登记用药少，缺乏残留试验数据，残留标准缺失问题尤为严重。四是饲料和动物源产品中农药残留限量标准在我国基本是空白。现有动物源产品中农药残留限量标准仅43项，均由CAC标准转化而来，且尚未制定饲料中农药残留限量标准。五是农药残留检测方法标准缺失问题突出，颁布实施的GB 2763—2016标准中，仍有59种农药的264项限量标准没有配套检测方法，造成这些限量标准无法进行检验评价。

2.4.2　兽药残留标准状况

农业部于1999年成立了全国兽药残留专家委员会，制定了章程，建立了工作程序，开展了兽药残留标准制修订工作。2010年3月农业部组建了食品安全国家标准审评委员会兽药残留专业工作组，进一步理顺了兽药残留标准制定工作机制。在兽药残留限量标准方面，组织制定了《动物性食品中兽药最高残留限量》，于 2002 年经农业部第 235 号公告发布，涉及 135 种兽药品种的禁限规定及 1584 项兽药残留限量标准[28]，随后又颁布了一系列关于药物残留规定的公告。现又完成了《动物性食品中兽药最大残留限量标准》（修订报批稿），该修订报批稿共涉及兽药 338 种，其中允许用于食品动物，但不需要制定残留限量标准的兽药 181 种；允许用于食品动物，但需要制定残留限量标准的兽药 104 种；允许用于食品动物，但不得在动物性食品中检出的兽药 9 种；禁止用于食品动物，不得在动物性食品中检出的兽药 44 种。修订稿基本涵盖了我国现行兽药品种，国际食品法典兽药残留标准采纳率超过 95%。在兽药残留检测方法标准方面，目前已有兽药残留检测方法标准共 519 项（包括快速筛选方法），涉及 15 种动物，11 种靶组织（尿液），基本涵盖了农业部第 235 号公告中所有禁用、不得检出和有限量规定的兽药。

虽然近年来我国兽药残留标准体系建设取得了明显成效，但随着标准化进程的加快和公众对食品安全关注度的不断增强，暴露出兽药限量标准制定不科学、某些兽药残留限量标准缺失或标准涵盖动物种类不全及检测方法标准支撑不足的问题。由于我国兽药残留标准制定工作起步较晚，兽药残留限量标准基本上是引用 CAC 和部分发达国家的标准[29]，缺乏科学有效的风险评估。目前已批准使用兽药 359 种，需要制定最大残留限量标准的兽药有 156 种，已制定限量标准的兽药有 114 种，尚有 42 种兽药缺少最大残留限量标准；其中已有残留限量标准的 16 种兽药存在涵盖动物种类及组织不全的情况。此外，已发布的 457 项兽药残留检测方法标准需要清理整合。另外，对于未规定限量的兽药，欧盟、日本等采用“一律标准”的原则[30]。而我国尚缺乏相关规定和手段支撑，因此，急需开展和完善畜禽、水产动物中兽药残留限量研究。

3 发展趋势及战略需求分析

3.1 依法治国有迫切需要

十八届四中全会提出，全面推进依法治国，总目标是建设中国特色社会主义法治体系，建设社会主义法治国家。鲜活农产品质量安全保障工作，需要依靠法治。提升农产品质量安全法治化水平是建设中国特色社会主义法治体系的重要组成部分，是从根本上保障农产品质量安全的治本之策。被称为“史上最严”的新《中华人民共和国食品安全法》已于 2015 年 10 月 1 日起正式施行，强调 4 个“最严”——最严谨的标准、最严格的监管、最严厉的处罚、最严肃的问责，将严守从农田到餐桌的每一道防线。同时，《中华人民共和国农产品质量安全法》及配套条例也正在紧锣密鼓地开展修订工作。

提升农产品质量安全法治化水平，需要加快完善法规制度及配套体系。面对复杂多变的食品安全形势，应以贯彻落实新《中华人民共和国食品安全法》和《中华人民共和国农产品质量安全法》为契机，进一步完善监管体系，全面落实生产者、政府和社会各方的法律责任，加快构建预防为主、风险管理、全程控制、社会共治的农产品质量安全治理体系。目前，农业部已印发《农业部关于贯彻党的十八届四中全会精神深入推进农业法治建设的意见》，围绕农业法治建设的主要领域和关键环节，积极推进农业立法，着力强化农业执法，深入开展农业法治宣传教育，依法化解农业领域矛盾纠纷，切实提高农业部门依法行政能力。

然而，农产品质量安全的法制化建设是一项系统工程，严格执法离不开技术性法规的配合，科学评估离不开技术性标准的支撑。因此，没有完善的鲜活农产品质量安全标准体系，农产品质量安全的法制化建设将失去有力的抓手和依托，无据可循，严格执法将成为一纸空文。

3.2 现代绿色农业发展有需求

党的十八大提出“要坚持走中国特色新型工业化、信息化、城镇化、农业现代化道路”。在 2014 年中央经济工作会议上，习近平总书记强调：“要坚定不移加快转变农业发展方式，尽快转到数量质量效益并重、注重提高竞争力、注重农业技术创新、注重可持续的集约发展上来，走产出高效、产品安全、资源节约、环境友好的现代农业发展道路。”2015 年，中央经济工作会议再次指出：“要加大优化产业结构，加快推进现代农业建设。要继续抓好农业生产，保障农产品有效供给，保障口粮安全，保障农民收入稳定增长，加强农业现代化基础建设。”

几十年来，原先的粗放型农业发展方式不仅浪费了大量的资源，而且污染了环境，因此从传统农业向现代农业转型是当前不可逆的时代发展趋势。现代农业需要科学化，能有效实现农业生产方式的创新与转变；现代农业需要规模化，能有效实现农业经营方式的创新与转变；现代农业需要组织化，能有效实现农业经营形式的创新与转变；现代农业需要市场化，能有效实现农业流通形式的创新与转变；现代农业需要多功能化，能有效实现农业产业体系的创新与转变；现代农业需要高效化，能确保农产品有效供给和国家粮食安全；现代农业需要效益化，能确保农民增收、农业增效；现代农业需要节约资源与环境友好，从而确保农业的绿色可持续发展。而农业标准化是实现现代农业科学化、规模化、组织化、市场化、多功能化、高效化、效益化、节约资源和环境友好的重要途径和有效抓手。没有农业标准化，科学技术无法落地和实施；没有农业标准化，规模化无从统筹安排；没有农业标准化，组织化没有依据和依托；没有农业标准化，市场化将无法有效规范；没有农业标准化，高效化将无法有效推广；没有农业标准化，农民效益将无法最大化；没有农业标准化，节约资源将无章可循，环境友好更无从谈起。

3.3 人民追求美好生活有渴望

当前，我国总体上已经进入小康生活阶段，不断提高人民生活水平、改善人民生活质量，是我国经济社会发展的重要目标。而对于人民群众的消费需求来说，“安全、营养、绿色”的农产品及“生态、休闲、旅游”农业已成为必然选择。

近 30 年来，我国居民食物消费结构发生了明显的变化，人均谷物消费量下降，蔬菜、水果及肉、蛋、奶等优质蛋白质食物消费量显著增加。但是，我国居民营养摄入不均衡的问题十分突出，超重人群及高胆固醇、高甘油三酯血症等慢性疾病患者比例居高不下，营养失衡型的营养不良大量存在，已成为影响我国居民生命健康的重要风险因素。然而，当前我国农产品供需基本平衡的局面将长期存在，如何利用有限的农业资源生产出高产、优质、营养的农产品，并根据健康风险评估结果对食品生产者和消费者予以规范、宣传和引导，这些都离不开标准与标准化所起到的支撑作用。

随着生活水平的日益提高，基本的营养和健康已不能满足人民群众精神层面及对高品质生活的需求，以观光、休闲、旅游为一体的休闲农业已经成为一种新型的富有朝气的农业生产经营形态，在保护生态、促进农民增收、推动农村建设方面发挥了积极的作用。经过近 10 年的快速增长期，我国休闲农业的发展已经步入调整提高的关键阶段，急需对休闲农业产业发展中的关键环节和要素进行规范提升。目前，休闲农业市场因无序管理而滋生的各种问题越来越多，相关行业标准、企业标准缺失，管理部门职能不明确，市场竞争混乱无序。标准化管理可以引导休闲农业向规范化、有序化方向发展，切实增强休闲农业的市场竞争实力[31]。而鲜活农产品往往是休闲农业主打的产品模式，通过构建以鲜活农产品为主要载体的休闲农业标准体系，不仅可以使休闲农业逐步跳出粗放式经营、低水平重复发展的怪圈子，而且可以保障消费安全、规范经营服务行为、提升服务质量、增强市场竞争力。

3.4 农产品产地市场发展有新任务

优势农产品区域布局规划自实施以来，成效显著，我国农产品生产的区域化、规模化、专业化水平显著提升，一批新的优势产业区稳步发展壮大。随着“菜篮子”工程的不断推进，我国生鲜农产品市场均衡供给能力大幅提升，蔬菜、水果、肉类、禽蛋、水产品等“菜篮子”产品的产量已连续多年位居世界首位，生产结构更加优化，产业布局更加合理。与此同时，农产品生产集中度的提高也增加了“滞销难卖”的风险，迫切需要专门的集散场所对农产品进行集中、商品化处理和批发交易。为解决上述问题，2015 年中央一号文件《关于加大改革创新力度加快农业现代化建设的若干意见》提出：加强农产品产地市场建设，继续开展公益性农产品批发市场建设试点。为贯彻中央一号文件，2015 年 6 月农业部发布《全国农产品产地市场发展纲要》。

产地市场是指具有较高商品率的农产品主产区为了快速、大批量集散当地农产品，稳定农产品供应而兴建的市场，其市场交易量 60%以上是本地农产品。目前，我国农产品批发市场有 4469 家，年交易额在亿元以上的农产品批发市场有 1790 家，其中专业性市场有 1101 家，占 61.5%，年交易总额占 67.3%。在专业市场中蔬菜、干鲜果品、畜禽、水产品等鲜活农产品市场数量约占 89.9%。产地市场作为生产者出售农产品的重要场所，具有交易、商品化处理、信息服务、检验检测、仓储物流等功能，通过建立完善的农产品产地市场体系，可有效解决农产品销售难题，并带动农业产业结构调整和农产品规模化、标准化发展，而标准化则是贯穿整个产地市场管理的核心环节[32]。

3.5 “一带一路”战略有需求

近年来，我国农业加快实施“走出去”战略，特别是“一带一路”沿线 60 多个国家丰富的农业资源，为中国农业“走出去”战略带来极大的市场。2015 年 3 月，国家发展和改革委员会（简称国家发展改革委）、外交部、商务部经国务院授权联合发布《推动共建丝绸之路经济带和 21 世纪海上丝绸之路的愿景与行动》，“一带一路”建设将形成一个开放、包容、普惠的区域经济合作构架和协作平台。由此，“一带一路”建设将为中国农业全球战略提供支撑，服务于中国保障粮食安全和重要农产品供给的总体战略。

首先，通过实施新型国际农业合作战略，充分发挥相关国家农业资源丰富的优势，支持发展中国家提高农业科技水平、改善农田水利设施、提高农业综合生产能力，不仅有利于解决其粮食安全保障和农民增收问题，还能够扩大其农产品出口，增加全球供给，对我国进口有利。其次，通过农业食品的国际产能合作，把国内农业食品产业的价值链，通过投资、合作等方式延伸到境外，形成覆盖“一带一路”区域的农业供应链，这不仅有利于沿线国家农业食品产业的发展和经济增长，也对促进国内农业食品产业转型升级、建立全球价值链有利。最后，在“一带一路”倡导的区域合作框架下，如果能够逐步建成高水平的自贸区网络，将推动形成公平、合理安全、稳定的区域农产品市场体系，使沿线各国家能平等、安全分享各国经济发展、农产品市场增长带来的利益。

而在上述作用中，农业标准化对“一带一路”建设具有不可或缺的基础和支撑作用。2015 年 10 月，国家发展改革委推进“一带一路”建设工作领导小组办公室发布《标准联通“一带一路”行动计划（2015—2017)》，将加快制定和实施中国标准“走出去”工作专项规划。全面深化与“一带一路”沿线国家和地区在农业标准化方面的双多边务实合作和互联互通，积极推进标准互认，有利于推动中国农业标准“走出去”，有利于提升农业标准国际化水平，有利于更好地支撑服务我国农产品“走出去”和“引进来”的战略需求，特别是鲜活农产品是我国对“一带一路”沿线国家需求最大和互补性最强的农产品类型。

4　标准科技创新的发展战略

4.1　发展思路

以中央一号文件提出的质量兴农，实施农业标准化战略，以及党的十九大提出的健康中国战略和绿色发展理念为指导思想，以《中华人民共和国食品安全法》和新修订的《中华人民共和国标准化法》为依据，建立并完善以国家标准、行业标准为基础、市场标准（由团体标准和企业标准组成）为主体的鲜活农产品质量安全新型国家标准体系。构建技术法规与标准自愿采用的体系框架，合理界定政府标准和团体标准的不同范围，把政府标准制定的重点转移到涉及人身安全、健康、环保及公共利益等领域内，使企业及产业联盟等市场竞争主体能成为团体标准的制定者，创新企业为主、广泛参与、公开透明、面向市场、反应快速的标准运行机制，形成结构合理、层次分明、重点突出、面向国际的标准体系。

4.2　战略目标

鲜活农产品质量安全标准化应紧紧围绕国家质量兴农发展战略及农产品“保供给、保安全、保生态”目标任务，以支撑现代农业绿色发展为方向，以加快推进发展方式转变为主线，以质量安全和竞争力为核心，以过程管理风险防控为重点，努力构建既适合我国国情，又与国际接轨，开放有序、科学统一、运行高效的鲜活农产品质量安全标准体系，使市场在资源配置中起决定性作用，同时更好地发挥政府在农业标准化工作中的指导作用。

4.3　重点任务

4.3.1　加快鲜活农产品安全限量标准的科学评估与制定

针对目前我国农产品安全限量标准相关的基础研究和科学数据支撑不足，限量标准缺乏科学风险评估，从而导致安全限量标准质量不高、产业适应性差等问题，重点开展以下三个方面的技术创新工作：一是加快推进小品种作物和动物源产品中农药安全限量标准研究。针对近年来小品种作物快速发展和在农业生产中所占比例的逐渐加大，小品种作物用药缺乏科学监管标准法规的状况，以及动物源产品中农药残留限量标准严重不足的现状，结合我国的国情，并参考国外的经验，研究完善小品种作物用农药药效试验和残留试验、动物源食品中农药残留状况等基础数据，以科学风险评估为基础，制定适用于小品种作物和动物源产品的农药残留限量标准及小品种作物农药安全使用规范，为小品种作物和动物源产品中农药残留监管提供可靠依据。二是加快完善养殖业产品药物残留风险评估研究和限量标准制定[33]。针对目前畜禽、水产等养殖业产品中药物残留限量标准缺失和限量标准缺乏科学风险评估的现状，扩大畜禽、水产养殖生产质量安全监管迫切需要的组织和产品的覆盖面，开展大宗畜禽（重点是药物残留限量规定少的牛羊、蛋禽）中抗生素、激素、β-兴奋剂等药物在体内代谢规律、组织和产品中残留标志物及科学风险评估研究，开展水产养殖急需的常用渔药在水产生物体内代谢规律、残留规律及残留标识物和风险评估研究，制定完善一批养殖产品质量安全监管急需的动物组织和产品中药物残留限量标准和安全使用规范，为畜禽、水产养殖质量安全监管提供科学有效的依据。三是推进农（兽）药残留限量“一律标准”的制定。针对目前我国种植、畜牧、水产等农产品中未经允许使用药物的残留限量和禁限用规定缺乏导致药物使用监管存在漏洞的问题，借鉴欧盟、日本等发达国家及组织通行做法，对我国未经登记或允许及没有禁限用规定的化学药物，开展相关动植物组织和产品中残留检测方法研究，根据方法检出限和定量限制定针对一类药物的“一律”限量标准，为种养殖过程中药物滥用问题的监管提供有效执法依据。

4.3.2　加强农业产地环境和面源污染防控标准的研制

抓好农产品质量安全，必须从源头入手，农产品产地环境安全是我国实现粮食安全和农产品质量安全的重要基础。针对我国产地环境标准出现的产业适应性差、标准质量不高等问题，拟开展以下三个方面的技术创新工作：一是紧紧围绕保障农产品质量安全完善农业产地环境标准。根据农产品中重要危害因子（药残、有害化合物、重金属、持久性有机污染物）的安全限量标准要求，开展危害因子从产地至农产品中迁移富集规律研究，为产地环境相关危害因子的安全限量标准制定提供科学依据，为农产品产地环境监管提供有力支撑。二是紧紧围绕生态环境保护完善农业产地环境标准体系。从产地环境污染防治、污染修复等方面，围绕环境因子（药残、有害化合物、重金属、持久性有机污染物）的生态环境监测、环境污染调查与评估、污染减量排放和达标排放、环境应急监测等进行标准制定和修订，进一步建立完善农田氮磷流失、畜禽养殖废弃物排放、农田地膜残留、耕地重金属污染等农业面源污染的监测技术标准，对摸清产地环境污染的组成、发生特征和影响因素，保护农产品产地环境有着重要的作用。三是紧紧围绕资源高效利用完善农业产地环境标准。随着人口增长、膳食结构升级和城镇化不断推进，我国农产品需求持续刚性增长，对保护农业资源环境提出了更高要求，促进农业发展由主要依靠资源消耗向资源节约型、环境友好型转变，农业产地环境标准应进一步聚焦资源高效利用，开展秸秆还田和秸秆肥料化、饲料化、基料化、原料化和能源化利用，畜禽粪污综合利用、灌溉水质监测与管理、地膜回收利用等相关技术标准的研究制定，为产出高效、产品安全、资源节约、环境友好的现代农业提供技术支撑。

4.3.3　推进鲜活农产品生产过程安全管控标准的研发

针对目前生产过程技术规范产业适应性、可操作性差，安全管控标准缺乏的现状，开展以下两个方面的技术创新工作：一是推动以产品为单元、生产环节为链条的过程规范标准体系的建设。针对目前农业生产过程技术规范体系存在标准重复交叉、产业适应性和可操作性差等问题，围绕根据《全国优势农产品区域布局规划》和《特色农产品区域布局规划》所确立的关系国计民生或经济附加值较高的大宗农产品、出口农产品、地理标志农产品等优势特色农产品，以产品为单元，以种养殖产地环境、动植物种质资源、农业投入品使用、动植物疫病防控、种养殖措施、采收捕捞加工、流通储运等全过程环节为链条，贯通 GAP、GMP 等过程控制理念，构建以国家标准、行业标准为基础，地方标准为补充，团体标准与企业标准为实体的多层级农产品质量安全过程控制标准体系。二是推进以污染物削减控制为目标的安全过程管控系列标准的制定。针对目前以污染物削减控制为目标的安全“产出来”管控标准极度缺乏的现状，开展我国关系国计民生的大宗或出口贸易农产品污染物来源调查分析、污染物累积规律、残留风险及污染控制方法与技术研究，应用 HACCP 控制理念，以污染物削减控制为目标，以关键生产环节为控制点，构建从产地环境、种资源、种养殖过程控制到产品加工储运等的全过程安全管控规范标准体系。

4.3.4 加快鲜活农产品产后保鲜储运标准的完善

长期以来，我国保鲜、包装和贮运等方面标准大多针对食品加工品对象，而采后鲜活农产品保鲜、储运缺乏监管技术支撑，针对上述标准“缺失”问题，重点开展以下两个方面的技术创新工作：一是加快完善农产品贮藏保鲜过程中“三剂”安全性评估和使用的规范。针对目前种植、畜牧和水产等产品贮藏保鲜过程中“三剂”使用不规范和监管标准缺失现状，以及电商营销模式对鲜活农产品保鲜的迫切需求，开展易腐果蔬产品、冰鲜畜禽肉、鲜活水产品等贮运、销售过程中防腐剂、保鲜剂（鲜活水产品中麻醉剂、增氧剂等保活剂）、添加剂等非药品的安全性评价研究，制定鲜活农产品收贮运环节“三剂”的合理使用准则和限量标准，为鲜活农产品收贮运环节质量安全监管提供有效支撑。二是加快完善农产品产后储运、包装、标签标识等系列标准。针对我国大宗粮油、果蔬、畜禽和水产品预冷、储藏保鲜、物流配送、包装等标准相对缺乏的现状，以降低鲜活农产品产后损耗、提升安全营养品质、增强产销衔接为目标，制定完善涵盖农产品贮藏、运输、包装、标签标识等产后商品化处理全过程的技术标准体系。重点研制农产品预冷、气调贮藏、产地冷藏、冷链物流运输、产品保鲜包装、包装产品检测、包装标识技术等领域的共性和专用技术标准，并以此为基础，结合农产品产后到入市前质量安全监管需求，建立配套农产品收储运档案记录、农产品产地准出规范、农产品标识要求等通用管理控制技术标准。

参考文献

[1] 徐学万，马飞，李董，等. 我国农业标准体系建设问题与对策分析. 农产品质量安全，2017, (1): 36-38.

[2] 聂继云. 我国果品标准体系存在问题及对策研究. 农产品质量安全, 2016, (6): 18-23.

[3] 周洁红. 生鲜蔬菜质量安全管理问题研究. 杭州: 浙江大学博士学位论文, 2005: 4.
[4] 王凤乐. 加强种植业行业标准体系建设推进农产品质量安全工作. 中国农技推广, 2007, (6): 4-6.
[5] 钱永忠, 魏启文. 中国农业技术标准发展战略研究. 北京: 中国标准出版社, 2005: 11.
[6] 席兴军, 刘俊华, 刘文. 国内外农产品质量分级标准对比分析研究. 农业质量标准, 2005, (6): 19-24.
[7] 王洁莲, 牛玮, 刘巍, 等. 蔬菜中农药残留检测标准及其检测方法概述. 食品安全质量检测学报, 2016, 7(4): 1587-1592.
[8] 高建国, 孙卓军, 高国庆, 等. 应对"肯定列表", 出口蔬菜中多农残检测及确证. 食品研究与开发, 2013, 34(23): 68-71.
[9] 于福清, 赵小丽. 我国畜牧业标准化的发展现状及对策. 中国畜牧业, 2015, (10): 33-35.
[10] 魏鹏娟, 王艳, 刘香香, 等. 我国农业标准实施应用现状及对策分析. 农产品质量与安全, 2015, (2): 25-27.
[11] 卢凌霄, 曹晓晴. 私人标准对农业的影响研究综述. 经济与管理研究, 2015, 36(5): 68-75.
[12] 国务院. 国务院关于印发深化标准化工作改革方案的通知(国发〔2015〕13 号). 2015-03-26. http://www.gov.cn/zhengce/content/2015-03/26/content_9557.htm[2017-04-30].
[13] 徐学万, 闫晓阳, 张新明. 我国农产品私营标准发展思路探析. 农产品质量与安全, 2016, (6): 28-30.
[14] 宋成军, 赵学兰, 田宜水, 等. 中国农业循环经济标准体系构建与对策. 农业工程学报, 2016, 32(22): 222-226.
[15] 李玲, 陈应志, 辛景树, 等. 我国农业领域土肥水标准体系建设概况与展望. 中国标准化, 2015, (11): 95-100.
[16] 郑鹭飞. 我国农业投入品标准体系的现状与问题分析. 农产品质量与安全, 2016, (6): 24-27.
[17] 卢海燕, 刘贤金. 种植业生产过程标准体系发展现状与对策建议. 农产品质量安全, 2016, (4): 18-22.
[18] 樊永祥. 国际食品法典标准对建设我国食品安全标准体系的启示. 中国食品卫生杂志, 2010, (2): 121-129.
[19] 张红, 聂燕, 张树秋, 等. 我国农业标准化和标准信息化的现状及发展趋势. 中国农业信息, 2016, (12): 3-5.
[20] 杨林. 农业物联网标准体系框架研究. 标准科学, 2014, (2): 13-16.
[21] 王强. 农业信息化标准规范体系建设研究. 新疆农业科技, 2015, (4): 7-10.
[22] 杨慧莲, 王征兵, 霍学喜. 新型农业经营形式: 家庭农场界定标准探析. 农村经济, 2014, (9): 7-10.
[23] 张敏. 我国农产品流通标准体系现状及问题分析. 农产品质量与安全, 2015, (5): 30-34.
[24] 中华人民共和国国家卫生和计划生育委员会, 中华人民共和国农业部, 中华人民共和国国家食品药品监督管理总局. 食品安全国家标准食品中农药最大残留限量: GB 2763—2016. 北京: 中国标准出版社, 2016.
[25] 武丽辉, 段丽芳, 宋稳成, 等. 国际食品法典委员会(CAC)农药残留标准制定新进展. 农药学学报, 2013, 15(3): 343.
[26] 汤晓艳, 郭林宇, 王敏, 等. 欧盟农药残留监控体系概况及启示. 农业质量标准, 2009, (6): 41-44.
[27] The Japan Food Chemical Research Foundation. Maximum residue limits (MRLs) list of agricultural chemicals in foods. 2017-04-30. http://www.m5.ws001.squarestart.ne.jp/ foundation/search.html[2017-04-30].
[28] 中华人民共和国农业部. 中华人民共和国农业部公告第 235 号. 2002-12-24. http://www.moa.gov.cn/zwllm/tzgg/gg/201006/t20100606_1535491.htm[2017-01-30].
[29] Electronic Code of Federal Regulations. Tolerances for residues of new animal drugs in food. 2017-04-01. https://www.ecfr.gov/cgi-bin/text-idx?SID=2fef5fe171853ffd0700637ce3afd813&mc=

true&tpl=/ecfrbrowse/Title21/21cfr556_main_02.tpl[2017-04-14].

[30] European Union. Commision Regulation (EU) No 37/2010 of 22 December 2009 on pharmacologically active substances and their classification regarding maximum residue limits in foodstuffs of animal origin. 2009-12-22. https://ec.europa.eu/health//sites/health/files/files/mrl/mrl_20101212_consol.pdf[2017-01-30].

[31] 高逢敬, 杨礼宪. 我国休闲农业标准体系研究. 中国乡镇企业, 2014, (2): 14-18.

[32] 中华人民共和国农业部. 农业部关于印发《全国农产品产地市场发展纲要》的通知. 2015-05-28. https://www.baidu.com/link?url=tKTQKH0SgQO_CneZY83niRs4PWFoJ0SI_cEi9SeXcIol7cZp1nqqA7zjaiiESOzRZprJ-28OSFvFD404rhayLREFyzHOG_eYVNH5WV3pj-y&wd=&eqid=b07ad88b0001c48b000000025a09b3ae.

[33] 叶妮, 周明霞, 冯忠泽. 我国兽药残留标准现状和问题研究. 农产品质量与安全, 2011, (6): 29-31.

第三部分

案例分析报告

案例一　我国鲜食特色农产品的病虫害防治与农药管理使用

1　国家需求分析

鲜食农产品是人类健康饮食的重要组成部分，经常食用鲜食农产品可以预防包括癌症和心血管疾病在内的多种疾病。世界上超过 20 个国家（如荷兰、西班牙、挪威、美国、巴西等）的政府，鼓励民众食用鲜食农产品，并建议每日食用鲜食蔬菜和水果的次数在 5 次以上[1]。在过去的 20 年，发达国家的公众对鲜食农产品的化学农药污染问题越来越关注，在对鲜食农产品病虫害进行防治时，种植者更倾向于采用综合防治技术（IPM）及良好农业规范（GAP），以满足消费者的需求和食品安全管理的要求[2]。

我国鲜食农产品种类繁多，如果品、蔬菜、鲜食玉米等，可以粮果菜兼用，经济效益高，均是各地的优势农产品。我国鲜食农产品除了苹果、柑橘、十字花科蔬菜等种植面积较大外，大部分为小宗作物（如冬枣、杨梅、鲜食玉米等）。例如，我国甜玉米种植面积为 40 万 hm^2，其中广东省就超过 20 万 hm^2，是全世界的优势产区之一；又如，杨梅是浙江传统水果，种植面积为 8.65hm^2，位列浙江水果第 1 位；再如，山东沾化冬枣种植面积接近全国的 1/2，是冬枣栽培面积最大的县区，全县 30 万人从事冬枣产业。从全国各地地域经济来看，鲜食农产品的产业地位突出，是各地优化种植业结构、提质增效转方式的重要抓手，其关乎食品安全、国民健康、农业增效、农民增收和国际贸易发展，政府历来高度重视，广大农民和消费者也极其关心。

1.1　鲜食农产品小宗作物病虫害防治任重道远

我国是世界上最大的鲜食农产品生产国和消费国，如我国蔬菜消费量就占全世界的 40%。我国鲜食农产品种类繁多、营养丰富、特色明显、地位突出，如浙江的杨梅，山东的冬枣，北京的樱桃，辽宁的蓝莓，新疆的哈密瓜、香梨等，不胜枚举（表 3-1）。但是，这些鲜食农产品在种植过程中温湿度适宜，有利于病虫害的生存，表现为病虫害种类多、危害程度重，我国鲜食农产品多达数百种，发生的病虫害超过600种，需要防治的病虫害就超过200种。例如，在杨梅种植过程中，有病害20多种，虫害50多种，需要防治的病虫害有凋萎病、白腐病、根腐病、癌肿病、赤衣病、干枯病、褐斑病、锈病、炭疽病、果蝇、介壳虫、天牛、卷叶蛾等；又如，冬枣生产中，因近几年病虫害防治措施不当，新生病虫害和一些次要病虫害逐渐上升为主要病虫害，且有加重蔓延趋势，经调查，冬枣的害虫主要有绿盲蝽象、枣瘿蚊、枣步曲、黏虫、叶壁虱、食芽象甲、桑粉蚧、红蜘蛛、叶蝉等，主要病害有青斑病、枣锈病、缩果病、枝枯病等，如果防治不及时，将严重影响当年枣果的产量和品质，甚至绝产。根据中国农业科学院植物保护研究所2015年出版的《中国农作物病虫害》一书和其他文献，作者整理了主要鲜食农产品病虫害种类。

表3-1 我国主要鲜食农产品的重要病虫害种类

作物种类	病害种类	虫害种类
鲜食蔬菜	108种	52种
鲜食果品	163种	152种
西瓜、甜瓜	16种	8种
其他（鲜食玉米、栝楼、向日葵等）	37种	18种
合计	324种	230种

面对如此众多的鲜食农产品的病虫害，需要贯彻“预防为主，综合防治”的植保方针，践行“科学植保、绿色植保、公共植保”的理念，研究鲜食农产品小宗作物种植过程中病虫害发生规律，采取农业措施、物理措施、生物防治、生态控制和化学防治等配套的综合防治技术，制定综合解决方案，制定鲜食农产品防控技术规程和产品质量标准。但是在目前鲜食农产品种植生产过程中，由于对病虫害发生规律研究认知不清，因此鲜食农产品小宗作物安全用药问题突出，种植生产中违规使用农药现象普遍存在，给鲜食农产品质量安全造成严重隐患。

1.2 鲜食农产品小宗作物农药登记品种严重匮乏

我国现有农药登记有效成分650种，产品2.9万种，登记范围主要集中在大宗农作物。水稻、小麦、玉米、棉花、大豆、苹果、柑橘、十字花科蔬菜、黄瓜和番茄10类作物登记的农药产品数量占到农药登记产品总数的70%以上，鲜食农产品小宗作物登记的产品则极少或没有，农药产品登记存在“冷”“热”不均现象，一方面，农药企业对防治重大病虫害的农药登记“热情高涨”，农药产品数量众多，且同质化现象严重，如登记的水稻稻飞虱防治农药产品高达1322种，证件资源浪费严重，产品竞争惨烈；另一方面，对鲜食特色小

表 3-2　我国部分鲜食农产品小宗作物的农药登记情况*

类别	名称	杀虫剂		杀菌剂		除草剂	植物生长调节剂
		产品数	防治对象	登记数量	防治对象		
水果（43 种）	苹果	870	12	1114	8	97	30
	梨	195	6	525	6	31	13
	杏	0	0	0	0	0	0
	枣	74	4	13	3	0	2
	黑莓	0	0	0	0	0	0
	草莓	2	2	35	2	0	1
	树莓	0	0	0	0	0	0
	蓝莓	0	0	0	0	0	0
	醋栗	0	0	0	0	0	0
	桑葚	0	0	0	0	0	0
	唐棣	0	0	0	0	0	0
	葡萄	6	3	419	7	6	55
	五味子	0	0	0	0	0	0
	猕猴桃	1	1	3	3	0	8
	柿	1	1	0	0	0	22
	石榴	0	0	2	1	0	0
	柑橘	1144	12	314	7	417	49
	橙	0	0	0	0	0	1
	柠檬	0	0	0	0	0	0
	柚	0	0	0	0	0	0
	核桃	0	0	3	3	0	0
	板栗	0	0	0	0	0	0
	桃	14	6	13	5	0	8
	杏	0	0	0	0	0	0
	李子	0	0	0	0	0	2
	樱桃	0	0	0	0	0	0
	杨梅	11	3	2	2	0	0
	山楂	0	0	0	0	0	0
	荔枝	45	3	80	2	0	10
	龙眼	7	2	1	1	0	3
	菠萝	1	2	0	0	2	23
	香蕉	1	1	520	6	17	28
	榴梿	0	0	0	0	0	0
	火龙果	0	0	0	0	0	0
	山竹	0	0	0	0	0	0
	栝楼	0	0	0	0	0	0
	阳桃	0	0	0	0	0	0
	无花果	0	0	0	0	0	0
	椰子	1	1	0	0	0	0
	槟榔	0	0	0	0	0	0
	芒果	2	1	33	2	0	1
	橄榄	0	0	0	0	0	0
	鲜食果蔗	0	0	0	0	0	0

续表

类别	名称	杀虫剂		杀菌剂		除草剂	植物生长调节剂
		产品数	防治对象	登记数量	防治对象		
蔬菜（14种）	番茄	70	9	983	7	6	107
	辣椒	61	9	202	9	2	4
	黄瓜	335	8	1813	7	1	29
	韭菜	95	2	7	1	11	0
	紫苏	0	0	0	0	0	0
	大蒜	3	1	8	1	66	2
	葱	2	3	2	1	3	1
	洋葱	0	0	2	1	2	1
	姜	3	1	9	4	19	1
	山药	0	0	0	0	0	1
	甘薯	38	5	37	1	5	5
	叶用莴苣	0	0	0	0	0	0
	菠菜	79	2	10	1	0	24
	莴笋	0	0	1	1	0	0
其他（5种）	鲜食玉米	0	0	0	0	0	0
	人参	5	2	22	5	0	22
	可食菊花	0	0	0	0	0	0
	可食百合花	0	0	0	0	0	0
	葵花籽	0	0	0	0	0	0

*作者根据中国农药信息网农药登记信息整理，截止到2016年7月30日

作物病虫害的农药登记“冷眼相看”，多数鲜食农产品无登记农药可用。例如，冬枣、黑莓、树莓、桑葚、柠檬、阳桃等鲜食农产品登记的农药产品数为0，种植户只好根据其他作物的病虫害防治经验，采用大田作物登记的农药产品防治冬枣主要病害，如炭疽病、褐斑病、锈病和轮纹病等，以及主要虫害如盲蝽象、枣瘿蚊、食心虫、红蜘蛛和锈壁虱等。表3-2是作者根据中国农药信息网农药登记信息整理的我国重要鲜食农产品小宗作物农药登记情况（截止到2016年7月30日）。

1.3　我国鲜食农产品食品安全问题不容忽视

由于鲜食农产品小宗作物无登记农药可用，农户往往把登记用于大田作物的农药用在鲜食农产品小宗作物病虫害防治上，这导致食品安全问题频发。例如，把登记用于水稻的高毒杀虫剂水胺硫磷用于豆荚螟的防治，造成海南“毒豇豆”事件；吉林抽查的7种鲜食蔬菜的214个样品中，发现有23.4%鲜食蔬菜的有机磷杀虫剂浓度超过最大残留限量（MRL）标准，只有7.9%的样

品没有检测出有机磷杀虫剂残留，检测到的有机磷杀虫剂包括禁止在蔬菜中使用的对硫磷、甲胺磷等高毒有机磷杀虫剂[4]。海南在抽查产自海南、福建、广东和广西的阳桃、莲雾、滇刺枣3种热带水果的117个样品时，发现66.7%的样品都有农药残留超标问题，其中，我国在阳桃上的农药登记为0，结果却发现61%的阳桃检出了杀菌剂多菌灵。尽管抽检的这些水果的多菌灵残留量很低，只有日允许摄入量的1.13%，不足以造成食用安全问题，但是还会引起公众恐慌和国际出口问题[5]。鲜食农产品食品安全问题不容忽视。

2 科技发展历史、现状及趋势分析

2.1 国内鲜食农产品特色农作物的用药现状

我国地大物博，鲜食农产品特色作物品种繁多，大多数具有高附加值、高经济收益，在地方经济发展和出口贸易中发挥着重要作用，如猕猴桃、杨梅、草莓、冬枣、鲜食玉米等。随着我国社会经济和现代农业的快速发展，尤其是“一县一品”“一乡一品”“一村一品”战略的快速推进，鲜食农产品小宗作物的种植生产已经成为促进地方经济发展的重要抓手，鲜食农产品小宗作物种植的集约化、集中化和规模化程度越来越高。由于无登记农药可用，农药乱用滥用现象严重，病虫害抗药性快速发展，导致有些鲜食农产品的病虫害发生日趋频繁和严重，不仅影响小宗作物的安全生产，还对小宗作物的质量安全构成严重威胁。据全国29个省（区、市）的统计资料显示，用于249种特色和小宗作物的911种农药产品中，仅有190种是在特色和小宗作物上登记过的，没有在特色和小宗作物上登记的达到721种。

农业部为加强特色和小宗作物用药登记，已经开展了特色和小宗作物标准制定、面积统计研究，采取减少试验量、缩短试验年限等优惠措施，实行扩大作物范围的群组化登记，每年安排资金1000万元，解决特色和小宗作物无登记农药可用的难题。

2011年，浙江省将扶持特色作物农药登记写入《浙江省农作物病虫害防治条例》，自2012年起，率先在全国设立了特色作物农药登记财政扶持项目，鼓励支持浙江省企业在杨梅、桑树、杭白菊、茭白等特色作物上开展农药登记，并给予登记试验费用50%的补贴。2012～2014年，浙江省财政共投入1400万元，对省内28家企业、84个农药产品立项扶持，涉及特色作物14类，防治对象50种，单个农药登记项目补贴14万～20万元。同时加大政策宣传，重点向农药骨干企业解读补贴政策，提高企业申请的积极性。自项目实施以来，到 2013 年底登记 4 种农药产品，分别为 30%松脂酸钠水乳剂、20%和 45%松脂酸钠可溶性粉剂防治杨梅介壳虫，70%吡虫啉水分散粒剂防治杭白菊蚜虫；2014 年再登记 15 种药剂，包括 25%和 65%噻嗪酮可湿性粉剂防治杨梅介壳虫，33.5%喹啉酮悬浮剂防治杨梅褐斑病，30%醚菌酯可湿性粉剂防治草莓白粉病等。截至 2014 年底前完成 19 种农药产品的登记工作，至 2018 年 6 月底已基本完成 2014 年前立项扶持的农药产品的登记工作。

近 3 年来，山东省大力支持特色和小宗作物农药登记试验，每年安排 150 万元用于试验补贴，共计对韭菜、葱、姜、蒜、樱桃、冬枣及金银花 7 种作物的 23 种防治对象，组织了 67 种农药的联合试验工作，取得了显著成效。例如，为解决韭菜用药问题，筛选了吡虫啉、高效氯氰菊酯、氟啶胺、呋虫胺、噻虫啉、噻虫嗪、虱螨脲、氟铃脲、灭蝇胺、蛇床子素、苦参碱、印楝素等进行联合试验，向农业部申请特殊登记政策，吡虫啉、高效氯氰菊酯、氟啶脲 3 种农药在韭菜上获得了登记。2016 年，山东省提出要加快特色和小宗作物农药登记步伐的倡议，提出补贴 20%～50%试验费用、每年解决 2 或 3 种特色和小宗作物农药登记的目标。

2.2 鲜食农产品小宗作物用药国际管理经验分析

在世界范围内，或多或少都存在鲜食农产品小宗作物用药缺乏问题，只是牵涉作物的多少、影响程度的大小不同而已。国际食品法典农药残留委员会分析得到，鲜食农产品小宗作物的种植面积较少，企业在这些作物上登记的农药通常不能够获得经济回报，甚至很难从登记产品的销售额中收回登记费用。何为小宗作物，各国定义不尽相同，美国把种植面积小于 30 万英亩（相当于 180 万亩）的作物称为小宗作物，日本把产量小于 3 万 t 的作物称为小宗作物。

联合国粮农组织（FAO）于 2007 年和 2012 年组织了两次全球小宗作物峰会（Global Minor Use Summit），设专题研究分析鲜食农产品小宗作物农药管理经验。美国和加拿大在小宗作物农药管理方面已经取得了较大成绩，其中美国的 IR-4 项目是目前最成功、实践历史时间最长的小宗作物用药管理项目。

2.2.1 美国 IR-4 项目

IR-4 全称“跨区域研究项目第 4 号”（Interregional Research Program No.4），项目名称为“特色经济作物有害生物治理”。该项目由美国农业部和州农业试验站是为“小作物用药问题”提供解决方案而设立的财政专项，每年预算由农业部向总统申报，国会批准。自1963年起，IR-4就一直是美国政府资助的研究项目，目标是为小宗作物种植者在病虫害防治中提供尽可能丰富的农药选择，保障全国的小宗作物生产。评估农药在小宗作物上的残留情况，提供美国国家环境保护局（EPA）制定最大残留允许值所需的试验数据和评价报告，加速小宗作物上安全低风险农药的登记。

（1）项目机构组成：项目的组成单位包括美国农业部农业研究局（USDA ARS）、美国农业部国家食品与农业研究所（USDA NIFA）、州农业试验站（SAES）、美国国家环境保护局（EPA）和相关农药生产企业。总部位于新泽西州罗格斯大学（Rutgers University），负责项目的日常管理和协调工作，共有25名全职和兼职科学家、协调员和行政管理人员。设有不同区域办公室，东北地区是康奈尔大学，南部地区是佛罗里达大学，中北部地区是密歇根州立大学，西部地区是加利福尼亚大学，以及美国农业部的农业研究局（ARS）。

（2）资金来源：该项目每年直接资助的资金超过1800万美元，具体包括农业部国家粮食和农业所11 000 000美元，农业部农业研究局3 800 000美元，国防部250 000美元，农业部海外农业局500 000美元，农业部动植物卫生检疫局172 000美元，州农业试验站481 182美元，行业资助1 100 000美元，其他方面的间接资助每年也至少有1800万美元。

（3）运作模式：由种植业者根据其生产中需要解决的病虫害问题，提出病虫害管理解决方案，正式向项目工作组提出登记协助申请，工作组每年召开一次会议，确定项目资助的优先权，进而确定下一年度试验内容，以及田间试验、实验室研究的地点，通过农药田间试验、实验室残留分析，准备相关农药产品登记所需数据和材料，然后向美国国家环境保护局（EPA）递交报告申请，EPA经过健康影响、环境风险评估等，制定农药的MRL值，批准产品登记。

（4）项目成果：自项目设立开始，IR-4项目已经为EPA制定10 000多种农药允许限量值提供了农药（包括生物农药）在粮食作物和园艺作物上的残留试验数据。近10年来，在稳定的经费资助下，每年为制定500～1000个小宗作物上允许限量值提供所需的试验数据。近年来，IR-4项目组每年提供的田间和残留数据大约占EPA每年正常登记农药与新增作物对象所需数据的50%。

2.2.2　加拿大 Minor Use Pesticide Programe 项目

加拿大政府从2002年设立小宗作物农药项目，政府每6年投入5450万美元用于开展田间试验和实验室残留分析，取得小宗作物农药登记的数据，具体做法如下。

（1）项目“优先级”确定：各省区均设有“小宗作物”协调员，每年 9 月与本省区种植业者讨论确定本省区有害生物解决的优先次序。按有害生物类别（害虫、病害、杂草/生长调节剂）分别排序列表。每省选择 3 个作物/有害生物组合作为各省重点，1～2 月上报全国汇总。每年 3 月召开全国小宗作物优先级讨论工作会，各省小宗作物协调员、种植大户代表、农药企业及作物专家共同讨论。对于每个有害生物类别（病、虫和草），分别进行三轮筛选，第一轮筛选（优先级标记为 C）保留作物/有害生物项目组合 120 个左右；第二轮筛选（标记为 B）保留作物/有害生物项目组合 40 个左右；第三轮筛选（标记为 A）保留 10 个作物/有害生物项目组合。每个 A 优先级作物/有害生物组合选择 2 个农药产品作为防治解决方案。对于目前尚无推荐产品可用的 A 优先级作物/有害生物组合，标记为 APWS（A priorities without solution），按照有害生物类别（病、虫和草）各选择 2 个设立筛选试验项目，通过生物活性试验筛选合适的防治药剂品种，待筛选试验结束后，每个作物/有害生物组合选择 2 个农药产品作为解决方案，且自动转为下一年度“A”优先级作物/有害生物组合。

（2）第一阶段，项目计划（第 1 年）：对于确定为 A 优先级的项目，立即开始制定项目计划，包括确认项目参数、数据收集、制定田间试验计划等。一般情况下，优先级确定 1 个月内，给各利益相关方（登记申请者和种植者）发送确认函。在 9 月底前完成项目所需资料审查，10 月底向加拿大卫生部有害生物管理局（PMRA）提交预评审请求（pre-submission consultation request，PSCR），确认该项目（农药产品/作物/有害生物组合）登记所需资料。11 月底前，将需要开展的田间试验和相关研究/试验信息输入公共数据库（PMC database）以供各试验站选择，同时，制定残留试验、药效和作物安全性试验方案。各省试验负责人（principal investigator，PI）在 12 月底前选择拟承担的田间试验，剩余的试验将在次年 1 月底前与其他外部承包商签订委托协议。

（3）第二阶段，田间试验（第 2 年）：包括第一个生长季节涉及的残留、药效和作物安全性田间试验，以及残留试验分析阶段的准备。跟踪监测所有田间试验的进展，各试验点于 11 月底前提交药效试验和作物安全性试验的摘要，试验项目负责人需在 3 月底前完成相应总结报告。各试验点在下一年度 2 月底前提交田间试验原始数据（RDFN），由质量确认人（QA）进行复核检查。同时，2 月底前，将需要开展的实验室试验（残留试验）信息输入公共数据库以供各实验室选择。5 月底前，加拿大卫生部农药管理局（PMC）的实验室

（Vineland）选定拟承担的试验，剩余试验在 6 月底前提交给外部承包商进行检验分析。

（4）第三阶段，实验室分析（第 3～4 年）：包括残留试验样品的实验室分析，进行第二年的田间试验，审查项目取得的现有数据，以决定下一步工作方向（保持在第三阶段或进入第四阶段）。8 月前，PMC 的实验室（Vineland）确定供试标准品。试验负责人在收到相应文件 2 周内完成方法验证和样品分析数据审查。4 个月内完成试验误差等方面审查。样品的分析试验结束 1 个月内提供初步结果，收到标样 12 个月内完成样品分析试验，试验结束 6 个月内完成样品最终分析报告。在 10 月底前，审查所有可用数据（残留、药效、作物安全性、职业暴露、数据查询），决定研究是否进入到第四阶段，或保持在第三阶段继续收集数据。

（5）第四阶段，报告的撰写和提交（第 4～5 年）：包括撰写试验报告，向 PMRA 提交全部文件和数据。进入第四阶段（报告阶段）1 年内完成全部残留研究试验。在给登记申请者发送药效或残留报告的同时，要求更新支持信和产品注册标签。收到完整数据包后 2 周内提交给 PMRA，审查通过后批准相应农药登记。

3　产业现状分析

与水稻、小麦等大宗农作物相比，鲜食农产品小宗作物的种植规模相对较小，但其时令性、鲜食性、经济性往往更为突出，解决其安全用药问题意义重大，而且十分紧迫。

3.1　解决鲜食农产品小宗作物安全用药是保障农业生产的需要

随着农业生产集约化、规模化不断发展，以及受生产方式和气候变化等影响，鲜食农产品小宗作物病虫害总体上发生较严重，生产上必须使用农药进行防治，但是我国目前在防治用药及相关技术的研发和应用方面严重滞后，远远不能满足病虫害防治的需要。农业部农药检定所对国内 31 个省（区、市）开展的调查结果表明，全国 4/5 的蔬菜、2/3 的常发病虫害无可用登记农药。例如，冬枣上发生的盲蝽象、枣瘿蚊、食心虫、红蜘蛛、锈壁虱和炭疽病、褐斑病、锈病、轮纹病等 10 多种病虫害，目前尚无登记农药；杨梅病虫害有 50 多种，需要防治的有果蝇、介壳虫、天牛、卷叶蛾、白腐病、褐斑病、锈病、炭疽病等，生产上常用的药剂有波尔多液、甲基硫菌灵、多菌灵、代森锰锌、吡唑醚菌酯、灭幼脲、灭蝇胺、氯氰菊酯、阿维菌素等，但是目前在杨梅上登记的农药仅有 3 种。无登记农药可用，已经严重影响了鲜食农产品的种植生产。

3.2 解决鲜食农产品小宗作物安全用药是保障农产品质量安全的需要

由于鲜食农产品小宗作物病虫害防治的刚性需求，实际生产中，大量未登记的农药被种植户参照在其他作物上的用法使用，或更加盲目使用。这些使用方法没有经过必要的试验和评估，对用药适期、剂量、次数、安全间隔期、使用注意事项等缺乏系统研究，没有建立农药残留限量标准，缺少科学合理的用药技术，完全是凭经验用药，甚至是乱用、滥用。根据我国《农药管理条例》，“未取得农药登记的产品，不得在我国生产、销售、使用”，但鲜食农产品的病虫害不能不防治，农药不得不用，面对这种情况，监管部门无法严格执法。鲜食农产品小宗作物中普遍存在违规使用农药问题，这给鲜食农产品质量安全和公共健康带来极大风险。

3.3 解决鲜食农产品小宗作物安全用药是保障产业发展的需要

违规使用农药引发的农产品质量安全事件往往给产业造成重创，甚至是毁灭性打击。例如，央视曝光北京“毒草莓”事件后，全国各地草莓价格直线下降，甚至销售价格都不够支付采摘工人的工资，大量草莓烂在地里；又如，山东“毒生姜”事件曝光后，全国各地均对高毒农药含量超标的姜进行了就地销毁处理。我国是农产品出口大国，据有关部门统计，近几年因农药残留超标而导致的出口农产品（包括库尔勒香梨、猕猴桃、蔬菜等）被退回的事件每年都有 500～600 起，由此造成的经济损失超过 70 亿元，给相关产业造成巨大打击，影响了产地经济发展和农民增收，加之媒体炒作，严重损害了政府的公信形象。

4 我国存在的问题

4.1 鲜食农产品小宗作物病虫害发生规律研究基础薄弱

鲜食农产品小宗作物种类繁多，种植面积小，地域性强，其病虫害发生规律研究基础薄弱，有些甚至是空白。例如，研究蓝莓、阳桃等病虫害的技术人员稀少，当开展这些鲜活农产品小宗作物农药登记试验时，没有试验标准，没有试验材料，找不到合适的地块、试验单位和技术人员来承担，这将严重限制这些小宗作物的农药登记工作。

4.2 鲜食农产品小宗作物病虫害防控技术落后

由于对病虫害发生规律了解不足，其防治技术研究更是“空中楼阁”，种植者多是参照其他大宗作物的病虫害防治技术开展小宗作物病虫害的应急防治，不能做到“对症下药”，不能做到“精准施药”，实际生产过程中，这些小宗作物的农药使用频次和用量往往显著高于其他大田作物。

4.3 鲜食农产品小宗作物农药登记“得不偿失”

按照我国《农药管理条例》，凡是生产、使用的农药，必须进行试验，由农业部进行登记，登记试验和费用由农药生产企业承担。目前，登记一个原药需要试验、登记费用 200 多万元，登记一个农药制剂产品需要 50 万元以上，且登记耗时一般在 24 个月以上。由于鲜食农产品种植面积小，农药登记常常是“得不偿失”。例如，某农药企业花费 100 万元、耗时 3 年在某一种种植面积只有 10 万亩的鲜食特色农产品上获得了某种农药的登记证，即使所登记的农药一个生长季全部在 10 万亩作物上得到了推广应用，使用次数按照两次计算，该登记农药所获得的销售额也就在 200 万左右，利润也只有 20 万左右。所以农药生产企业不愿意在鲜食农产品小宗作物上开展农药登记。据统计，目前我国农药登记“扎堆”现象严重，主要集中在如下几种作物：水稻（18%）、棉花（7%）、柑橘（6%）、小麦（6%）、甘蓝（5.7%）、苹果（5.6%）、黄瓜（5%）、玉米（5%），占到总数量的近 60%。山东调查结果显示，在特色和小宗作物上有 100 个以上的农药没有登记，也没有进行试验，没有残留标准，所以，不能判定鲜食农产品的质量是否合格。例如，在冬枣种植中，因没有农药登记，农户就按照苹果树用药，当地执法部门抽检发现冬枣含有 10 多种农药，但是不能判定农药残留是否超标，冬枣质量是否合格。

5 我国发展思路与目标

5.1 总体思路

为有效解决我国鲜食农产品病虫害防治安全用药难题，保障产业发展，农业行政管理部门和科研部门要主动作为、大胆探索，在全面研究调研鲜食农产品小宗作物病虫害发生规律的基础上，科学分类，实行鲜食农产品小宗作物的分类农药登记，研究制定我国鲜食农产品小宗作物农药登记管理与使用对策，保障鲜食农产品产业发展和食品安全，促进我国农村经济发展。

5.2　基本原则

加快鲜食农产品小宗作物农药登记步伐，研究制定补贴政策，实行作物分类登记，探索靶标生物群组化登记管理，鼓励联合登记试验，减少试验登记资料比例，缩短试验年限，贴近鲜食农产品生产实际，强化作物安全性和抗性风险评估管理。

5.3　发展目标

鲜食农产品事关国民健康、食品安全、出口贸易、农民增收，加快小宗作物农药登记，应该是政府的责任。根据目前我国鲜食农产品小宗作物农药登记的迫切需求，以及浙江、江苏、山东等地近年来在小宗作物农药登记方面取得的成果，未来几年的发展目标是：尽快调研我国鲜食农产品重要病虫害发生规律；研究我国鲜食农产品农药登记试验的靶标生物群组化分类体系，通过作物、病虫害等有害生物群组化登记方式，扩大农药产品登记的使用范围；缩短农药登记年限，简化登记资料要求；实行登记补贴制度，鼓励联合试验；5 年之内，实现我国每种重要的鲜食农产品都有农药可用，10 年之内，实现每种鲜食农产品都有至少一种农药可用，15 年之内，每种鲜食农产品至少有 3 种以上农药可用。

6　我国应采取的主要措施

为满足我国各地特色鲜食农产品快速发展的需要，我国应加快鲜食农产品小宗作物农药登记与管理工作，以促进农药科学合理使用，为产业发展保驾护航。这项工作也将避免鲜食农产品小宗作物农药乱用、滥用的现象，为农药用量减施行动提供技术和政策保障。具体做法为加快鲜食农产品小宗作物用药登记、开展鲜食农产品小宗作物用药再评价工作、强化鲜食农产品小宗作物用药市场监管及使用管理。鲜食农产品小宗作物安全用药工作公益性质突出，必须以政府支持为主。要强化政府主导推动作用，加大资金政策支持力度。充分发挥企业主体作用，调动积极性。引导和鼓励产业协会等社会资本投入，凝聚各方力量，形成合力。具体建议如下。

6.1　开展病虫害发生危害和用药情况调查，探索靶标生物群组化登记策略

组织各省（区、市）农药检定管理、农技推广、植保有关科研院所和农药生产企业，联合开展小宗作物生产、病虫害发生与用药现状、成熟防治技术、农户用药需求等调查，全面掌握用药情况和农产品质量安全状况，建立相关数据库。

参考发达国家的做法，根据病虫害等有害生物的生物学及危害特点，划分作物和靶标群组，农药登记试验可以选择在群组内代表作物和代表靶标上进行，在进行作物安全性试验的前提下，部分农药登记试验结果可以扩展用于同组内其他作物相关病虫害上。

6.2　制定规划，明确阶段性任务

在调查和建立数据库的基础上，发布适用扶持政策的小宗作物及病虫害名录，并定期评审，补充更新，鼓励农药在更多小宗作物上登记。制定中长期工作规划。根据各地小宗作物产业发展情况、病虫害发生规律、农药特性和应用情况等，分年度制定最急需优先解决的作物-病虫害任务表，讨论确定防治方案和拟登记农药。选择产品以高效、低毒、低残留、环境友好、经济等为原则。鼓励生物农药在蔬菜及小宗作物上登记。

6.3　开展试验研究，探索小宗作物审评政策

根据由年度计划确定的作物-病虫害-拟登记农药任务表，组织开展登记审评所需的药效、残留等登记试验。登记试验由具备资质的农药登记试验单位承担，按照规范要求开展试验，出具报告。就作物群组、试验年限、区域和重复等，探索支持政策，研究提出适合小宗作物特点的登记审评要求。

6.4　开展安全评价，确保登记科学

我国小宗作物品种多、病虫害种类多、基础研究薄弱、农药安全合理使用技术和最低残留限量数据缺乏。要组织开展小宗作物用药登记相关试验方法、评价标准、风险评估技术等研究。根据国内外试验数据、调查数据和膳食结构等，对农药对作物的影响、使用效果、经济性、膳食风险、健康风险、

环境风险等进行评估，保证登记结果的科学有效。

6.5 制定农药残留限量标准和技术规范，引导合理使用

在风险评估基础上，建立农药残留限量标准。积极参与开展全球小宗作物和特色作物用药管理交流合作，努力推进在登记规定、限量制定、残留和药效作物分类等方面与国际协调一致，促进我国特色农产品国际贸易。制定小宗作物安全用药技术规程，提高生产用药标准化水平，防止农药的超范围使用或滥用。

6.6 创建小宗作物安全用药示范区（县/场）

建立小宗作物安全用药试验示范区，加大示范项目建设投入力度，开展农药安全使用技术的宣传、培训、示范、推广，普及科学用药知识和技术。着力培育特色主导产业，切实保障特色优势产业持续健康发展，努力打造农药管理高效有序、用药科学合法、产业特色明显、产品质量安全、生态环境友好的典型。大力推广取得登记的高效安全经济农药产品和安全用药技术，确保农业增产增效、农民增收和农产品质量安全。

6.7 实行农药登记补贴政策

对特色和小宗作物农药登记试验进行补贴，应该是政府的责任。推广浙江省和江苏省在特色和小宗作物农药登记方面的补贴政策经验，每年安排专项资金，由种植业协会、有关专家、管理者等根据鲜食农产品病虫害防治的需求程度，联合提出每年补贴资金所扶持的鲜食农产品特色与小宗作物种类和农药品种，实行 20%～50%的试验费用补贴，每年解决 3～5 种特色和小宗作物登记用药。

6.8 给予小宗作物农药登记后在其他作物登记时的资料豁免权

目前，各地鲜食农产品小宗作物在病虫害防治中，多参照在其他作物（如水稻、小麦等大宗作物）登记农药的剂量和使用方法，是从食品安全要求相对较低的作物扩展到食品安全要求更高的鲜食农产品，较难保证鲜食农产品的质量安全。随着鲜食农产品农药登记补贴政策的实施，预计我国鲜食农产品小宗作物农药登记品种数量会有明显增加，那么，这就带来了一个问题，在鲜食农

产品小宗作物上登记的农药可否用于其他作物呢？或者是在鲜食农产品小宗作物上登记的农药品种拓展到其他大宗作物时，是否可以获得部分资料豁免权？从食品安全角度来看，鲜食农产品小宗作物的食品安全要求更高，一个农药产品在鲜食农产品小宗作物（如杨梅、冬枣、栝楼）等作物上通过登记，那么在食品安全要求相对较低的大宗农作物（如小麦、玉米）上使用，从理论上来说，安全性应该是有保证的。建议那些已经获得鲜食农产品小宗作物农药登记的产品，在拓展到其他大宗作物时，可以部分豁免登记资料要求（如急性毒性、慢性毒性等），从另一个侧面鼓励农药企业开展鲜食农产品小宗作物农药登记。

参考文献

[1] Van Boxstael S, Habib I, Jacxsens L, et al. Food safety in fresh produce: bacterial pathogens, viruses and pesticide residues indicated as major concerns by stakeholders in the fresh produce chain. Food Control, 2013, 32: 190-197.

[2] Codron J M, Adanacioglu H, Aubert M, et al. The role of market forces and food safety institutions in the adoption of sustainable farming practices: the case of fresh tomato export sector in Morocco and Turkey. Food Policy, 2014, 49: 268-280.

[3] Zhang M H, Zeiss M R, Geng S. Agricultural pesticide use and food safety: California's model. Journal of Integrative Agriculture, 2015, 14(11): 2340-2357.

[4] Yu R, Liu Q, Liu J S, et al. Concentration of organosphosphorus pesticides in fresh vegetables and related human health risk assessment in Changchun, Northeast China. Food Control, 2016, 60: 353-360.

[5] Yang X F, Luo J H, Li S H, et al. Evaluation of nine pesticide residues in three tropical fruits from south China. Food Control, 2016, 60: 677-682.

案例二　杨梅主要病虫安全用药对策研究

杨梅是我国特色水果，其色泽鲜艳，甜酸适口，营养价值高，具有生津止渴、健脾开胃之功效，是集观赏、食用、药用于一身的果种，深受消费者喜爱。我国杨梅栽培面积占全世界的99%，主要集中于浙江、江苏、福建、广东、江西、安徽、湖南、贵州等地[1,2]。由于杨梅具有较好的社会效益、生态效益和经济效益，近年来我国的杨梅产业得到迅猛发展，各地栽培面积增长非常明显。据统计，全国杨梅栽培面积已达 500 万亩，比 2001 年的 320 万亩增加 56.3%，产量约为 180 万 t，其产值高达 183.5 亿元，占水果产值的 6.5%[3]，仅浙江杨梅种植面积就达 126.8 万亩，产量 43.7 万 t，产值 45.9 亿元，与 2000 年相比，面积翻了一番，且投产面积以每年近 10 万亩的速度递增。杨梅成为我国目前发展最快、经济效益最好的名特优水果之一[4,5]。

1　杨梅生产与质量安全现状

1.1　杨梅病虫害发生复杂

杨梅病害主要为叶斑病、枯梢病、肉葱病、干枯病、枝腐病、赤衣病及近年突发的凋萎病，虫害主要是卷叶蛾类、夜蛾类、介壳虫、粉虱、果蝇等[6-9]。介壳虫和粉虱一般发生在 4～11 月，贯穿了杨梅果实成长期，对杨梅危害较大，果蝇则发生在杨梅果实采摘期，在杨梅成熟期及采摘后，会有一定比例的白腐病发生，在此期间使用化学药剂防治病虫害，如不遵守农药合理使用规范，容易产生农药残留，因此杨梅生产后期用药成为突出的安全问题[10]。

1.2　杨梅的农药品种不能满足生产需要

由于杨梅是一种非常典型的小品种作物，目前杨梅上登记使用的仅有松脂酸钠、矿物油、阿维菌素、乙基多杀菌素、喹啉酮、噻嗪酮 6 种农药，远不能满足生产需要，且已登记的农药品种在生产实际使用较少[10]。基层生产管理部门无法依法推荐使用农药，也无从提供正确的合理使用准则，只能任生产者凭经验自选农药，或者听从农资经营店建议，这造成了生产源头存在隐患。据调查，生产者防治杨梅虫害常用的农药有40多种，其中常用杀虫剂有甲氰菊酯、氰戊菊酯、高效氯氟氰菊酯、氯氟氰菊酯、灭幼脲、灭蝇胺等，杀菌剂则有甲基硫菌灵、多菌灵、代森锰锌、百菌清、咪鲜胺等。

1.3　杨梅质量安全存在风险隐患

从近年来有关部门对杨梅质量安全风险检测来看，农药使用品种多、检出率较高。按检出率由高到低排序，依次是多菌灵、氯氰菊酯、咪鲜胺、毒死蜱、氯氟氰菊酯、嘧霉胺、噻嗪酮、百菌清、戊唑醇、甲基硫菌灵，水胺硫磷等高毒农药也被检出。造成不合格的主要因素是水胺硫磷、多菌灵、氯氟氰菊酯、甲维盐等农药超标，而生产上使用的这些药剂大多未获得农药品种正式登记，梅农不合理用药是造成质量安全隐患的主要原因[11]。

杨梅是浙江最具特色的水果，病虫害多，而正式登记的农药品种少，无法满足生产需要，因此，科学、合法地指导杨梅的病虫防治成为杨梅产业健康发展的难题。

2　缓解杨梅生产与登记缺乏矛盾的思考与做法

杨梅生产中缺乏登记用药，农药使用中缺乏合理方法，监管中没有相应限量，随着社会对杨梅的关注度越来越高，几大矛盾相互交织，给杨梅质量安全的监管造成较大压力。为缓解杨梅实际生产需要多与登记用药少之间的矛盾，在浙江省农业厅农产品质量安全监管处的支持下，浙江省农业科学院农产品质量标准研究所针对杨梅主要病虫害开展了试验、研究、检测与风险评估等工作，提出了杨梅农药安全使用指南，初步缓解了杨梅无药可选的困境，具体做法如下。

2.1　生产必需，防治有效

针对杨梅主要病虫害的发生与危害情况，根据田间药效试验、资料查询和实地调查情况，选择生产上必须使用且防治效果好的农药，避免因防治效果差而乱用和滥用农药现象的出现。

2.2　安全为先，风险最小

选择微毒或低毒的农药，结合国内人群的膳食暴露风险评估结果推荐，将国际上一般要求国家估计每日摄入量（NEDI）在每日允许摄入量（ADI）的 100%以内提高到 20%以内，使得用药安全性提高 5 倍。杨梅农药选用在 NY/T 393—2013《绿色食品 农药使用准则》规定的范围内[12]，并经风险评估实现膳食暴露风险最小化。

2.3 登记优先

优先考虑在杨梅上登记使用的农药品种。如果是没有在杨梅上登记而病虫害防治所需要的农药，可采用国际通行的外推法，借鉴同类作物上已登记的农药品种，或选择国际食品法典委员会（CAC）根据农药残留联席会议（JMPR）评估制定了残留限量标准的农药，如果 CAC 仍然没有标准限量制定，则选择在美国或欧盟登记使用的品种。

2.4 选用单剂，避免多残留

优先选择单剂产品进行防治，以免出现多残留现象和复配剂重复用药问题。不同生长季节交替轮换选用具有不同作用机制的农药品种，生长季内相同病虫害宜用一种农药防治，减轻病虫抗药性，减少农产品安全等方面风险。

3 杨梅主要病虫害农药使用风险评估

3.1 防治果蝇药剂

优先选用已在杨梅上登记的 0.1%阿维菌素浓饵剂进行诱杀防治。对生产上使用的未登记农药：啶虫脒、噻嗪酮、水胺硫磷、毒死蜱、氯氟氰菊酯、氯氰菊酯、氯虫苯甲酰胺等进行风险评估，氯氟氰菊酯慢性风险为每日允许摄入量（ADI）的 36.1%，氯氰菊酯为 22.6%，存在着引起急性与慢性风险的可能性，毒死蜱于 2016 年在果蔬上被禁用。另有文献报道，采用艾绿士进行杨梅果蝇防治试验。结果表明防效好，持效期较长；喷药后 5～10 天，杨梅果实的残留量均在 0.02mg/kg 以下，使用安全[13]。因此，综合试验结果、生产应用、残留检测及国内外资料进行综合评估（表 3-3），阿维菌素、灭蝇胺和乙基多杀菌素可用于果蝇防治，其风险分别为 12.1%、4.9%和 0.1%。

表 3-3　防治果蝇用药风险评估结果

农药中文名称	农药英文名称	NEDI[a]/（mg/天）	ADI/（mg/kg bw）	ADI/%	毒性分级[14]	美国登记[15]	欧盟登记[16]	中国登记	NY/T 393是否推荐[12]	是否推荐	备注
阿维菌素	abamectin	0.015 2	0.002	12.1	高毒	登记		杨梅	否	是	诱杀剂，杨梅上登记
灭蝇胺	cyromazine	0.184	0.06	4.9	低毒	登记	登记	是	是	是	欧盟在樱桃上限量 0.3mg/kg
乙基多杀菌素	spinetoram	0.004 46	0.05	0.1	低毒	登记	登记	是	是	是	正开展杨梅上登记
啶虫脒	acetamiprid	0.376	0.07	8.5	中毒	登记	登记	是	是	否	
水胺硫磷	isocarbophos	0.026 5	0.003	14.0	高毒			是	否	否	
毒死蜱	chlorpyrifos	0.123	0.01	19.6	中毒	登记	登记	是	是	否	
氯氟氰菊酯	cyhalothrin	0.442	0.02	35.1	中毒			是	否	否	
氯氰菊酯	cypermethrin	0.285	0.02	22.6	中低	登记		是	是	否	

a 国家估计每日摄入量（NEDI）一般应用残留中值来计算，但很多农药缺少系统的残留试验，部分或全部农产品的残留会用 MRL 值来替代，导致摄入估计偏高

3.2　防治白腐病药剂

白腐病是杨梅采摘期最主要的病害，生产上往往使用多菌灵、咪鲜胺、百菌清、嘧霉胺、苯醚甲环唑、甲基硫菌灵、抑霉唑等药剂进行防治，但安全间隔期难以掌握，一般在采收前后使用，农药检出率较高。从使用风险上来看（表 3-4），多菌灵、咪鲜胺、百菌清和苯醚甲环唑慢性膳食风险偏高，分别为 ADI 的 41.9%、91.7%、116.3%和 65.8%。嘧霉胺和抑霉唑风险相对较低，分别为 3%和 21.8%，并且嘧霉胺在番茄、黄瓜、葡萄、草莓上登记用来

表 3-4　防治白腐病用药风险评估结果

农药中文名称	农药英文名称	NEDI[a]/（mg/天）	ADI/（mg/kg bw）	ADI/%	毒性分级[14]	美国登记[15]	欧盟登记[16]	中国登记	NY/T 393是否推荐[12]	是否推荐	备注
多菌灵	carbendazim	0.791	0.03	41.9	低毒	登记	登记	是	是	否	
咪鲜胺	prochloraz	0.578	0.01	91.7	低毒			是	否	否	
百菌清	chlorothalonil	1.466	0.02	116.3	低毒	登记	登记	是	否	否	
嘧霉胺	pyrimethanil	0.379	0.2	3.0	低毒	登记	登记	是	是	否	CAC 在樱桃上限量 4mg/kg[17]
抑霉唑	imazalil	0.412	0.03	21.8	中毒	登记	登记	是	是	是	CAC 在树莓上限量 2mg/kg[17]
苯醚甲环唑	difenoconazole	0.415	0.01	65.8	低毒	登记	登记	是	否	否	

a 国家估计每日摄入量（NEDI）一般应用残留中值来计算，但很多农药缺少系统的残留试验，部分或全部农产品的残留会用 MRL 值来替代，导致摄入估计偏高

防治灰霉病，抑霉唑登记在柑橘和香蕉上用来防治青霉病等，同时这两种药在美国和欧盟登记使用，CAC 分别制定了嘧霉胺在樱桃上、抑霉唑在树莓上的限量，这两种作物和杨梅作物分类相同，根据类推原则，杨梅上也可借鉴。因此，从安全性考虑，推荐使用嘧霉胺和抑霉唑。

3.3 其他病虫害防治药剂

苏云金杆菌、氯虫苯甲酰胺防治尺蠖、蓑蛾有较为理想的效果，同时毒性低，使用安全；对褐斑病、干枯病的防治，可分别选用嘧菌酯、石硫合剂，且生产上均在使用，嘧菌酯本身毒性低，且一般在采摘后使用，其对杨梅产品不会造成影响。

3.4 杨梅安全用药技术指南

根据杨梅主要病虫害及主要防治药剂筛选原则、GB 2763—2016 中食品中最大残留限量及近年来风险检测结果进行综合评估，参照现行的杨梅生产相关标准，借鉴 GB 4285—1989 中农药安全合理使用准则内容的要求，提出了杨梅安全用药指南（表 3-5）[18,19]。

表 3-5　杨梅安全用药指南

防治对象	农药通用名	含量	用量	使用方法	每季使用最多次数	安全间隔期/天
褐斑病	波尔多液		硫酸铜：熟石灰：水=1：2：200	采果后喷施，或冬季清园使用	1	30
	嘧菌酯	25%	1 250～2 500 倍	采果后喷施，或冬季清园使用	1	7
干枯病	石硫合剂		波美度 3～5	早期刮除病斑后涂或冬季清园使用	1	30
果蝇	阿维菌素	0.1% 浓饵剂	180～300g/亩	在杨梅果实硬核着色期进入成熟期之间诱杀	1	
	灭蝇胺	50%	3 300 倍	在杨梅果实硬核着色期进入成熟期之间施药	1	15
	乙基多杀菌素	6%	1 500 倍	在杨梅果实硬核着色期进入成熟期之间施药	1	15
白腐病	抑霉唑硫酸盐	13.3%	1 000 倍	在杨梅果实硬核着色期进入成熟期之间施药	1	15
介壳虫类	矿物油	95%	50～60 倍	于 7～8 月第二代介壳虫发生初期，或冬季清园喷雾；高温季节应在早晨或傍晚避开高温使用，提高稀释倍数，长期干旱请补充水分后使用	1	30
	机油	95%	50～60 倍		1	30
	松脂酸钠	45%	100～200 倍	于 7～8 月第二代介壳虫发生初期，冬季清园喷雾；高温季节应在早晨或傍晚避开高温使用，提高稀释倍数	1	30
		30%	300 倍		1	30
	噻嗪酮	65%	2 500～3 000 倍	于 7～8 月第二代介壳虫发生初期，冬季清园喷雾	1	15

续表

防治对象	农药通用名	含量	用量	使用方法	每季使用最多次数	安全间隔期/天
尺蠖、蓑蛾类	苏云金杆菌	16 000IU/mg	400～800 倍	于 4～5 月幼虫期发生初期喷雾	1	30
	氯虫苯甲酰胺	35%	7 000～10 000 倍	于 4～5 月幼虫期发生初期喷雾	1	30

注：该清单每 2 年都可能根据新的评估结果发布修改单；国家新登记农药可增加为选用品种，新禁用的农药自动从该清单中删除

4　针对特色小宗作物的监管建议

浙江省针对杨梅安全用药开展风险评估的做法，在全国属于首例，尽管推出的《杨梅主要病虫安全用药指南》与我国现行的农药管理法规存在一定的矛盾，但是事急从权，面对现阶段的农产品质量安全现状和社会各方面对农产品质量安全现状的关注，保障消费者安全消费，保护产业健康发展，加强对生产者的指导，避免可能发生的安全事件，势在必行。然而，从长远来看，我国特色作物资源多样、品种丰富，特定消费人群复杂，农药不规范使用存在潜在隐患，急需为特色作物质量安全监管建立长效机制。

4.1　开展特色作物摸底调查

针对目前社会关注度高、实际消费量较大的特色作物，开展生产和安全调研。对作物的病虫害防治和产品的质量安全情况进行全面的了解。根据摸底结果，制定特色作物优先管理计划。加快农药登记，可借鉴国外特色作物的管理方式，采用作物分类登记、限期登记、简化登记程序等办法，尽快推进特色作物用药的合法化[20]。

4.2　开展特色作物的管控研究

借鉴浙江省“一品一策”的做法，开展特色作物的全程管控研究。浙江省特色农产品全产业链安全风险管控（“一品一策”）行动是由省农业厅发起，会同省财政厅设立的重大农业研究专项，省农业科学院承担主要研究任务。针对浙江省的特色作物，选择杨梅、草莓、铁皮石斛、蜂产品 4 种特色品种，融合行政、科研和推广力量，通过探明风险、安全评估、试验研究、技术集成、示范推广，研究提出特色农产品全产业链安全风险管控技术和对策，该做法是特色作物监管工作的一大创新。

4.3 加快农药残留限量标准的制定

为防止特色作物上农药乱用，应借鉴其他国家的“一律标准”制度，对没有批准使用的化合物制定统一的限量。在监管检测中，一旦发现没有登记和批准的化合超出“一律标准”，即判定为不合格产品。只有建立最为严格的法律制度，才能有效遏制不断发生的食品安全事件。

参 考 文 献

[1] 戚行江, 杨桂玲. 杨梅全程标准化操作手册. 杭州: 浙江科技技术出版社, 2014.

[2] 梁森苗, 王耀锋, 刘玉学, 等. 我国杨梅主产地土壤养分状况的分析. 果树学报, 2015, 32(4): 658-665.

[3] 杨桂玲, 黄茜斌, 蔡铮, 等. 杨梅标准化生产体系建设探讨. 农产品质量与安全, 2013, (6): 30-32.

[4] 浙江在线. 兰溪杨梅破了最甜纪录浙江杨梅年产值 46 亿远销非洲. http://zjnews.zjol.com.cn/gdxw/ycxw_zxtf/201606/t20160622_1648208.shtml[2016-06-22].

[5] 饶汉宗, 王华弟, 沈颖, 等. 杨梅果实腐烂主要病害与综合防控技术研究. 浙江农业科学, 2016, 57(11): 1892-1895.

[6] 徐益生, 黄建珍, 诸加送, 等. 丁岙杨梅异常落花落果现象的调查分析. 浙江柑橘, 2004, 21(2): 34.

[7] 赵友淦, 季建曼, 许舒曼. 益微、百力佳预防丁岙杨梅采前落果效果试验. 浙江柑橘, 2010, (4): 40-41.

[8] 梁森苗, 任海英, 郑锡良, 等. 杨梅采前落果及其安全防控对策. 中国南方果树, 2014, 43(6): 126-127.

[9] 王洪祥. 如何防止杨梅采前落果及防治果实“白腐烂”. 中国南方果树, 2001, 30(3): 16.

[10] 中华人民共和国农业部农药检定所. 农药电子查询服务系统. http://www.ny100.cn/[2016-06-22].

[11] 钱江晚报. 福建杨梅查出 8 种农药残留物敌敌畏位列其中. 2011-06-14. http://news.qq.com/a/20110614/000218.htm[2016-06-22].

[12] NY/T 393—2013 绿色食品农药使用准则. 中华人民共和国农业部, 2013.

[13] 李学斌, 王林云. 艾绿士防治杨梅果蝇药效试验. 中国南方果树, 2012, (1): 63-64.

[14] WHO. The WHO Recommended Classification of Pesticides by Hazard_2009. http://www.inchem.org/documents/pds/pdsother/class_2009.pdf.

[15] Pesticide Action Network North America (PANNA). The PAN Pesticides Database. http://www.pesticideinfo.org/List_ChemicalsAlpha.jsp2.

[16] 欧盟农药数据库. http://ec.europa.eu/sanco_pesticides/public/index.cfm?event=pesticide.residue.selection&language=EN[2016-06-22].

[17] 农业部. 农药安全使用标准: GB 4287—1988.

[18] 农业部. 农药合理使用准则(第 1-9 部分): GB/T 8321—2000.

[19] Minor Use/Minor Species. http://www.fda.gov/animalveterinary/developmentapprovalprocess/minoruseminorspecies/default.htm[2016-11-01].

[20] 国务院关于印发深化标准化工作改革方案的通知. http://www.gov.cn/xinwen/2015-03/26/content_2838700.htm[2015-03-11].

案例三　豆芽生产环节使用 6-苄氨基腺嘌呤的必要性、安全性与合法性问题

1 背 景 信 息

6-苄氨基腺嘌呤（6-benzylaminopurine，6-BA）是一种细胞分裂素，因其具有促进种子萌发、胚芽细胞分裂和抑制胚根生长及延缓蛋白质分解等生理功能，自 20 世纪 80 年代以来，在豆芽生产中被广泛使用[1-4]。1996 年版和 2007 年版《食品添加剂使用卫生标准》都将 6-BA 列为食品工业用加工助剂，使其在豆芽生产中的使用获得了合法地位[5,6]；但 2011 年版和 2014 年版《食品安全国家标准　食品添加剂使用标准》，将 6-BA 从“食品工业用加工助剂使用名单”中删除[7,8]。

尽管删除的主要原因并非安全问题[9,10]，但随后国家质检总局决定在 2011 年 12 月 20 日前撤回 6-BA 作为食品添加剂的生产许可证书[11]；2012 年我国司法系统开始对豆芽生产中使用 6-BA 的行为以生产销售有毒、有害食品罪立案和审判；2013 年，《最高人民法院、最高人民检察院关于办理危害食品安全刑事案件适用法律若干问题的解释》发布后，全国被查处的“毒豆芽”案件大增，至 2014 年底已有近千人被定罪判刑[12]。

其间，相关监管部门、专业人士和社会舆论对豆芽中 6-BA 残留是否会给消费者带来膳食健康风险出现了很大争议[13-16]。2013 年开始，部分被拘捕的豆芽生产经营者出于自救目的，寻找专业机构对 6-BA 的安全风险进行评估。其中由农业部农产品质量安全风险评估实验室（杭州）及其依托单位浙江省农业科学院农产品质量标准研究所出具的评估报告得出结论：“即使按照最大风险原则进行评估，各类人群的 6-苄氨基腺嘌呤摄入量也远低于每日允许摄入量，风险完全可以接受”，并被学术界、司法系统和社会公众广泛认可[17,18]。2014 年 6 月，浙江省警方发出了首份“毒豆芽”类案件的“撤销案件决定书”[19]。

但 2015 年 4 月 13 日，国家食药总局、农业部和国家卫生和计划生育委员会（简称国家卫生计生委）联合发布公告（2015 年第 11 号），认为在豆芽生产中使用 6-苄氨基腺嘌呤、4-氯苯氧乙酸钠和赤霉素等物质的安全性尚无定论，禁止在豆芽生产中使用[13]。同年 4 月 28 日，国家卫生计生委食品司通

过农业部农产品质量安全监管局商请农业部门提供 6-BA 等物质的安全性评估材料[20]，浙江省农业科学院等相关单位及时提供了材料。

2　豆芽生产过程中使用6-苄氨基腺嘌呤的技术必要性证据

2.1　科学证据

6-BA 具有促进种子萌发、胚芽细胞分裂和抑制胚根生长及延缓蛋白质分解等生理功能，对于改善豆芽感官质量、提升食用价值、加速生产进程、提高豆芽产出率能够发挥重要作用[1-4,14]。

2.2　产业实践证据

自 20 世纪 80 年代至 2011 年，6-BA 在我国豆芽生产中的应用持续增加，有效地促进了豆芽产业的发展。在豆芽生产中使用 6-BA 已经成为标准化的技术工艺，20 多年的普遍应用没有产生明显的负面影响。近年，在因使用 6-BA 等受到沉重打击的豆芽产业界，仍然在努力争取 6-BA 使用的合法化[14,21,22]。

2.3　消费市场认可证据

大部分消费者更喜欢吃无根或少根豆芽，少数消费者不选择无根豆芽的部分原因是受“毒豆芽”宣传的误导[23]。

3　豆芽生产过程中使用6-苄氨基腺嘌呤的残留安全性证据

6-BA 是一种细胞分裂素，为生物化学产物[24]，国内外对其安全性方面的现有评估结论，一致显示其具有很高的安全性，主要证据如下。

（1）FAO/WHO 农药残留联合专家委员会（JMPR）评估确定的 6-BA 每日允许摄入量（ADI）为 0.05mg/(kg bw·天)[25]。

（2）澳大利亚和加拿大采用的 ADI 为 0.02mg/(kg bw·天)[26]。

（3）美国 1994 年的评估认为，6-BA 急性毒性轻微，其毒性分类经口为Ⅲ类，经皮为Ⅳ类[27]，并将其列为豁免制定残留限量的农药[28]。

（4）2010 年，欧洲食品安全局（EFSA）对国际上有关 6-BA 的毒理学研究成果进行了再评估，认为 6-BA 急性毒性为低毒，无刺激性和致敏性，无遗传毒性、致癌毒性和神经毒性，现有观察到的最为敏感的不良影响靶标是孕期兔子的体重，其最大无作用剂量（NOAEL）为＜10mg/(kg bw·天)[29]。欧盟委员会健康和消费者保护总司（DG SANCO）与欧洲食品安全局根据孕期兔子体重的NOAEL值，分别采用300倍和1000倍的安全系数，确定了6-BA的可接受职业暴露剂量（AOEL）为0.03mg/（kg bw·天），ADI为0.01mg/（kg bw·天），并认为不需要制定其急性参考剂量（ARfD）[29,30]。

（5）中国香港特别行政区食物安全中心曾对当地豆芽中6-BA等植物生长调节剂的残留情况进行过评估，认为“正常食用这些豆芽不会影响健康”[16]，并将其列为豁免制定残留限量的农药[31]。

（6）中国浙江省农业科学院对国内各类人群的6-BA膳食暴露风险进行了评估，结果显示：近年我国各类人群的6-BA膳食暴露（情景Ⅰ）风险商（RQ）平均值为0.001，97.5百分位点值为0.001～0.003；在豆芽制发中普遍使用6-BA的情况下（情景Ⅱ），其风险商平均值为0.001～0.003，97.5百分位点值为0.003～0.006；在极端高残留假设下（情景Ⅲ）的风险商平均值为0.011～0.025，97.5百分位点值为0.025～0.055；在果蔬中普遍残留假设下（情景Ⅳ）的风险商平均值为0.007～0.020，97.5百分位点值为0.012～0.031。可见，豆芽中6-BA的膳食暴露风险非常低，远未达到健康关注水平[15]。

（7）关于6-BA在豆芽生产中正常使用非常安全的评估结论获得了学术界、司法系统和社会公众的广泛认可。例如，①“毒豆芽”以535万的搜索人次被媒体评为2014年十大生活谣言的第五位[32]。②国家食品安全风险评估中心风险交流部副主任钟凯在2015年1月13日召开的2014年食品安全热点科学解读媒体沟通会上表示，“毒豆芽”中所含的6-BA和赤霉素按急性毒性分级属无毒；在我国，6-BA、4-氯苯氧乙酸钠曾作为加工助剂安全使用；农业部农产品质量安全风险评估实验室（杭州）的评估结论中称：按最坏的情况估计，各人群的6-BA摄入量远低于安全量；同时，世界上其他国家对于6-BA、赤霉素和4-氯苯氧乙酸钠在豆芽中的应用各有取舍[33]。③食品安全治理协同创新中心、中国人民大学刑事法律科学研究中心于2015年2月6日主办了无根豆芽案件法律问题学术研讨会，最高人民法院、北京市第二中级人民法院、北京市海淀区人民检察院、国家食品安全风险评估中心、中国法学会食品安全法治研究中心、中国法学会法律信息部、中国人民大学刑事法律科学研究中心、北京交通大学法学院、北京市社会科学院、中国食品工业协会豆制品专业委员会的有关人员参加了会议。部分与会人员认为，在确定无根剂是否属于有毒、有害的非食品原料时，应该根据科学法则来确定。农业部农产品质量安全风险评估实验室（杭州）在《豆芽中6-苄氨基腺嘌呤残留的膳食风险评估报告》（2013-9-12）中指出，即使按照最大风险原则进行评估，各类人群的6-苄氨基腺嘌呤摄入量也远低于每日允许摄入量，风险完全可以接受。由此可见，无根剂并不属于刑法第一百四十四条规定的“有毒、有害的非食品原料”[18]。④2014年3月，浙江省高级人民法院、省人民检察院、省公安厅、省食品安全委员会办公室、省卫生和计划生育委员会、省食品药品监督管理局等相关职能部门召开“问题豆芽菜”案件处理联席会议，会议认为“豆芽制发过程中添加6-苄氨基腺嘌呤的行为不宜以生产、销售有毒、有害食品罪论处”。2014年6月，浙江省警方发出了首份“毒豆芽”类案件的“撤销案件决定书”[19]。2015年“毒豆芽”案件出现全国性的重大转机，全国法院不再受理使用6-BA等的“毒豆芽”案件，已经受理的允许检察机关撤诉，或在二审中改判无罪；“毒豆芽”系列案件首现无罪判决被列为中国法学会食品安全法治研究中心和深圳大学规制与公共政策研究中心联合发布的2015年食品安全法治十大典型事件[34]。

（8）6-BA在我国豆芽生产中普遍使用20多年，未曾有过因6-BA残留出现健康危害的报告。发出禁用公告的三部委也没有指出存在安全问题的依据，相反，三部委反而有一些证明6-BA非常安全的文件。例如，国家卫生计生委在一份政府信息公开告知书（卫政申复〔2013〕2306号）中表示，《食品添加剂使用卫生标准》（GB 2760—2007）中将6-苄氨基腺嘌呤作为食品工业用加工助剂列入附录C中，按照标准使用是符合食品安全要求的；因该物质已作为植物生长调节剂，属于农药，不再具有食品添加剂工艺必要性，故将其从《食品安全国家标准　食品添加剂使用标准》（GB 2760—2011）中删除，而不是由于食品安全原因。又如，6-BA（农药通用名：6-苄氨基腺嘌呤）曾被农业部列入《豁免制订食品中最大残留限量标准的农药名单》（征求意见稿）[35]。

4　豆芽生产过程中使用6-苄氨基腺嘌呤的合规性问题及其建议

6-BA在现行有效的《食品安全国家标准 食品添加剂使用标准》（GB 2760—2014）中没有列入允许使用名单，作为植物生长调节剂（6-苄氨基腺嘌呤）的登记使用作物种类也仅有苹果、柑橘、白菜和黄瓜[24]，特别是还有三部委的禁用公告[13]，因此目前6-BA在豆芽生产中使用显然是违法的。

但根据现有公开的科学证据，6-BA对于改善豆芽感官质量，提升食用价值，加速生产进程，提高豆芽产出率有重要作用。在6-苄氨基腺嘌呤、4-氯苯氧乙酸钠和赤霉素被禁用的情况下，豆芽生产者有两个选择，一是直接违规使用6-苄氨基腺嘌呤、4-氯苯氧乙酸钠或赤霉素；二是寻找新的替代品，据初步了解，豆芽生产者可能使用的替代品包括吲哚乙酸、萘乙酸、氯吡苯脲、胺鲜酯、成分更为复杂或未知的微生物制剂等，这些替代品不仅同样违规，且与6-BA相比，效果差，安全方面的不确定性较大。6-BA等禁止在豆芽生产中使用，不仅不符合科学原则，也没有给豆芽生产经营和消费者带来正面利益。相反，豆芽生产经营者还要承担违规风险，以及由生产成本提高和产品质量下降带来的经营风险；豆芽消费者也会受到豆芽食用价值下降、生产成本转嫁和安全的不确定性增加等方面的负面影响。因此，允许6-BA在豆芽生产中使用符合豆芽生产经营和消费者的共同利益。

从最广大人民群众的利益出发，提出建议如下。

（1）推动6-BA在豆芽生产中使用的合法化：有3条途径，一是农业部受理 6-苄氨基腺嘌呤作为植物生长调节剂在豆芽生产中的登记申请。该处理方法符合6-BA作用机制的本质，也符合国际上的一般做法。二是将6-BA重新列入允许使用的食品添加剂名单中。该处理方法将6-BA作为食品工业用加工助剂，虽然从作用机制上说有点勉强，但我国原先15年的实践（1996～2011年）没有出现实际问题，符合已经形成的习惯。三是将6-BA列为非农药、非食品添加剂的农产品添加剂（即原来所说的“三剂”），并启动农产品添加剂“三性”（使用的必要性、安全性、合法性）研究和监管。上述3条途径除了三部委2015年第11号公告之外，均没有其他法律障碍，更多的是人为障碍。因此，建议由国家市场监督管理总局、农业部和国家卫生健康委员会确定开放合法化的通道。例如，三部委对6-BA的安全性仍有顾虑，建议由工程院组织专家进行论证，必要时可安排进一步的研究。

（2）制定6-BA的管理规范：虽然6-BA在豆芽生产中使用具有很高的安全性，但为了避免其滥用，仍建议在允许使用的同时制定相应的使用规范和残留限量要求。根据现有资料，建议豆芽中6-BA的残留限量可设为0.2mg/kg[15]，并进一步明确落实监管责任。

参考文献

[1] 丁俊胄，尹涛，余翔，等. 外源赤霉素、6-苄基腺嘌呤及矿物质对水培绿豆芽生长的影响. 植物生理学报, 2011, 47(5): 501-504.

[2] 吴敦肃，李瑞秋，高小彦，等. 乙烯利和6-BA对绿豆芽生化成分的影响. 上海农业学报, 1995, 11(3): 37-42.

[3] 宫沢武重，本岛建治. N6苄基腺嘌呤在农业和园艺上的应用. 朱蕙香，陈虎保，译. 农药译丛, 1987, 9(6): 40-44.

[4] 董丽红. 6-苄氨基嘌呤的生理作用和应用. 上海蔬菜, 2013, (6): 59.

[5] 食品添加剂使用卫生标准: GB 2760－1996. 北京：中国标准出版社, 1997.

[6] 食品添加剂使用卫生标准: GB 2760－2007. 北京：中国标准出版社, 2008.

[7] 食品安全国家标准食品添加剂使用标准: GB2760－2011. 北京：中国标准出版社, 2011.

[8] 食品安全国家标准食品添加剂使用标准: GB 2760－2014. 北京：中国标准出版社, 2015.

[9] 卫生部办公厅. 关于《食品添加剂使用标准》(GB2760－2011)有关问题的复函. 卫办监督函〔2011〕919 号, 2011.

[10] 国家卫生和计划生育委员会. 政府信息公开告知书. 卫政申复〔2013〕2306 号, 2013.

[11] 国家质量监督检验检疫总局. 关于食品添加剂对羟基苯甲酸丙酯等 33 种产品监管工作的公告. 2011 年第 156 号公告, 2011.

[12] 中华人民共和国最高人民法院. 中国裁判文书网. http://www.court.gov.cn/zgcpwsw/[2015-05-20].

[13] 国家食品药品监督管理总局, 农业部, 国家卫生和计划生育委员会. 关于豆芽生产过程中禁止使用 6-苄基腺嘌呤等物质的公告. 2015 年第 11 号, 2015.

[14] 谢玲. 植物生长调节剂用于豆芽生产必要且安全. 中国食品报, 2012-07-17.

[15] 张志恒, 胡桂仙, 汪雯, 等. 豆芽中 6-苄基腺嘌呤残留的膳食风险评估. 农药学学报, 2016, 18(1): 77-85.

[16] 香港特别行政区食物安全中心. 豆芽中的植物生长调节剂. 食物安全焦点, 2014, (101): 4.

[17] 农业部农产品质量安全风险评估实验室(杭州). 豆芽中 6-苄基腺嘌呤残留的膳食风险评估报告. 2013-09-12.

[18] 食品安全治理协同创新中心, 中国人民大学刑事法律科学研究中心. 无根豆芽案件法律问题学术研讨会会议纪要. 2015-03-02. http://www.cbpanet.com/dzp_news_ show.aspx?id=7702[2015-05-20].

[19] 黄芳, 许梦娜. “毒豆芽”罪与非罪: 乱象背后部委协调僵持, 谁为问题埋单? 2015-01-27. http://www.thepaper.cn/newsDetail_forward_1298037[2016-06-08].

[20] 国家卫生计生委食品司. 国家卫生计生委食品司关于商请提供 6-苄基腺嘌呤等物质安全性评估材料的函. 国卫食品标便函〔2015〕83 号, 2015.

[21] 无公害豆芽第 1 部分: 生产技术规程: DB33/T 625.1－2007. http://db33.cnzjqi.com/standard/PDFView.aspx?ID=908189[2015-03-20].

[22] 中国食品工业协会豆制品专业委员会.《食品安全国家标准豆芽》(草稿)业内征求意见. 2014-11-06. http://www.cbpanet.com/dzp_news_show.aspx?id=7379[2015-05-20].

[23] 陈梦茜, 李清雅, 单晓云. 江苏省四市消费者无根豆芽认知、态度、行为调查. 中国食物与营养, 2013, 19(5): 75-77.

[24] 农业部农药检定所. 中国农药信息网农药登记数. http://www.chinapesticide.gov.cn/hysj/index.jhtml[2016-06-02].

[25] 化学分析コンサルタント(株).農薬の ADI 及び ARfD 值一覧表. http://jaccc.jp/pdf/ARfD_gn.pdf[2015-05-20].

[26] Australian Government Department of Health. Acceptable daily intakes for agricultural and veterinary chemicals: Current as of 31 December 2014. 2015-03. http://www.health.gov.au/internet/main/publishing.nsf/Content/ocs-adi-list.htm[2015-05-20].

[27] United States Environmental Protection Agency. Reregistration eligibility decision (RED) facts: N6-benzyladenine. 1994-06. http://archive.epa.gov/pesticides/reregistration/web/pdf/n6benzyladenine.pdf[2015-05-17].

[28] US Government Publishing Office. 6-benzyladenine: exemption from the requirement of a tolerance. 2015-05-21. http://www.ecfr.gov/cgi-bin/text-idx?SID=5015b3c96d83449afab74a360efbd07e&mc=true&node=se40.24.180_11150&rgn=div8[2015-05-24].

[29] European Food Safety Authority. Conclusion on the peer review of the pesticide risk assessment of the active substance 6-benzyladenine. EFSA J, 2010, 8(10): 1716.

[30] Health and Consumers Directorate-General. Review report for the active substance6- benzyladenine. 2011-01.http://ec.europa.eu/sanco_pesticides/public/index.cfm?event=activesubstance. ViewReview&id=99[2015-05-20].

[31] 香港食物环境卫生署. 食物内除害剂残余规例. 2012 年第 73 号法律公告, 2012, B2894 - B5138.
[32] 北京地区网站联合辟谣平台, 百度知道. 2014 年十大生活谣言. 2015-01-13. http://finance.chinanews.com/life/2015/0113/6964824.shtml[2015-01-24].
[33] 张卫. 关注食品安全与公众科普——记 2014 年食品安全热点科学解读媒体沟通会. 中国食品, 2015, (3): 11-19.
[34] 中国法学会食品安全法治研究中心, 深圳大学规制与公共政策研究中心. 2015 年度食品安全法治十大事件. 法制日报, 2015-12-16.
[35] 农业部种植业管理司. 关于公开征求《食品中 2,4-滴等 195 种农药最大残留限量(征求意见稿)》和《豁免制定最大农药残留限量标准的农药名单(征求意见稿)》意见的函.农农(农药)〔2011〕第 20 号, 2011.

案例四　茭白收贮运销环节“三剂”使用的必要性、安全性与合法性问题

茭白（*Zizania latifolia*），又名茭瓜、菰笋、菰手、茭笋，它是禾本科菰属的水生宿根植物，喜湿润环境，主要分布在淮河流域以南，是我国第二大水生蔬菜种类，仅次于莲藕。目前把茭白作为蔬菜栽培的只有中国和越南，欧美发达国家基本上没有种植，因此其被称为“中国特菜”“江南三大名菜”。茭白是公认的绿色低污染蔬菜之一，是大众喜爱品种，它的食用部分是其基部肥大的肉质茎，洁白鲜嫩，营养丰富。资料显示，茭白水分含量为 94.46%，蛋白质和游离氨基酸含量分别为 11.52mg/g、5.34mg/g，总糖含量为 39.6mg/g，抗坏血酸和游离酚含量分别为 27.6μg/g、52.6μg/g，粗脂肪、粗纤维含量分别为 0.29%、0.69%，pH 为 6.64±0.03[1]。与此同时，茭白还具有药用功效。《本草拾遗》写到茭白有除目黄、去烦热、止渴、利便、解酒等作用。

近几年来，随着农产品流通这一新兴业态的发展，“南菜北运”“西菜东运”“南北水果大互通”的局面已然形成，因此茭白这一南方特色蔬菜的种植迅速向具有温暖气候的周边地区扩散，种植面积大大增加，产品也大量销往北部地区，远销日本、意大利等国际市场。因此，茭白的常年供应及减少贮运中茭白的损失率是一大难题，产品的防腐保鲜也至关重要，所以这几年茭白的保鲜技术得到了不断发展。但随着农产品质量安全监管水平的不断提高，监管链条的进一步延长，农产品收贮运中的“防腐剂、保鲜剂、添加剂”使用问题随之产生。

1　茭白“三剂”使用的必要性

1.1　茭白产业情况

据 2015 年统计，我国人工种植水生蔬菜的面积超过 73.3 万 hm^2，年总产值达到 550 亿元，主要是以长江流域为核心，黄河流域、珠江流域为主要产区，其中茭白全国种植面积为 7.33 万 hm^2 左右，浙江省将近 3.33 万 hm^2，面积最大，而浙江黄岩是我国最大茭白设施生产基地[2]。2001～2010 年茭白产

量从 55.01 万 t 上涨到 64.92 万 t，是水生蔬菜总产量的 72.18%[3,4]。同时，我国茭白品种资源非常丰富，如浙江省主要品种就有浙茭、龙茭 2 号、崇茭 1 号、河姆渡双季茭、丽水高山茭等。

另外，随着近几年栽培技术的改进，茭白采收期可从 5 月开始直到 11 月，如两熟茭又称两季茭，种植一次收获两次。第一次在种植当年的 10 月底始收，产量较低；第二次在次年 4～6 月收，产量较高。因此茭白可根据市场需求，调节上市日期，保证常年供应国内外市场，同时产品大量销往北部地区，远销日本、意大利等国际市场，并加工成脱水、速冻品出口创汇，是这几年市场经济效益较好的蔬菜产业之一。

1.2　茭白采后贮藏护色的必要性

茭白从田间采收后，一般剥去叶鞘，切掉质量不好的两端，用自来水清洗干净再按粗细、长短分级包装或者清洗干净直接销售。不过去除外壳后的茭白在常温条件下贮藏很容易发生劣变，主要表现在茭白表皮色泽变绿，肉质茎口感粗糙较差，整体失水皱缩，严重影响茭白的感官质量。其中褐变是茭白贮藏过程中感官质量劣变的主要表现，根据褐变原因，分为酶促褐变和非酶褐变。酶促褐变是在氧化酶催化作用下，氧化产物开始积累，造成变色；非酶褐变指不通过酶催化而产生的褐变，包括焦糖化反应、美拉德反应等。一般情况下，酶促褐变为鲜切蔬菜的主要褐变[5]。

由于茭白含水量大，约为 94.46%，营养又丰富，常温下采后 2～3 天组织即会发糠、褐变和腐烂。近年来，茭白的保鲜技术得到了不断的发展。目前茭白采收后，贮藏技术有堆贮法、盐封法、窖藏法、清水贮法、明矾水贮法、简易冷藏法、保鲜因子调控法等。在这些保鲜技术中，都涉及使用部分农产品添加剂进行保鲜，而焦亚硫酸钠添加浸泡也是其中的手段之一。根据农业部农产品质量安全风险评估实验室（杭州）对茭白的调研与模拟试验发现，茭白存在两种添加焦亚硫酸钠的情况：一是种植户根据收购商的要求，对带壳茭白进行浸泡，然后外运。二是在农贸市场，为了满足消费者方便省事的需求，零售商事先将茭白剥壳浸泡在水中，有的浸泡时会添加焦亚硫酸钠。经评估发现，茭白中二氧化硫检出率较高（88.75%），但残留量不是很高。生产基地、农贸市场、批发市场样品中二氧化硫残留平均值差别不大；但部分农贸市场、批发市场样品中二氧化硫残留量偏高（最高检出值为 5.11mg/kg），因此存在使用焦亚硫酸钠浸泡茭白的情况。同时，从模拟试验的保鲜效果上来看，剥壳茭白采用 500mg/L、1000mg/L、1500mg/L 的焦亚硫酸钠浸泡 8h、

12h 后，保鲜效果均较好。在试验中还发现，越是不新鲜的茭白，剥壳后采用焦亚硫酸钠浸泡的效果越明显。带壳茭白采用 250mg/L 焦亚硫酸钠浸泡 15h 的保鲜效果最好，可以维持到 3 天后。采用 500mg/L、1000mg/L 焦亚硫酸钠浸泡的茭白，1 天后的效果较好；2 天后，效果开始下降；3 天后，1000mg/L 焦亚硫酸钠浸泡的茭白锈斑比较严重。

另外，罗书吉等[6]在《加工方式对茭白中二氧化硫残留的影响及其膳食暴露评估》中指出，不同浓度焦亚硫酸钠溶液对茭白都起到一定的护色效果，对横切面的护色效果明显优于对表皮的护色效果，其对 pH 影响均不明显（$P>0.05$），能够延缓游离酚含量迅速下降；贮藏 24h 后，茭白的 pH 与色泽呈显著负相关，游离酚含量与色泽呈显著正相关。以上风险评估研究表明[7,8]，焦亚硫酸钠对茭白能起到抑制褐变、延长销售时间的作用。同时由于使用焦亚硫酸钠的成本低，效果很好，又是一种使用量大、面广的添加剂，因此焦亚硫酸钠曾一度成为茭白收购户、销售商青睐的保鲜剂。

2　茭白“三剂”使用的安全性

焦亚硫酸钠也可有效地防治收贮运环节浅色蔬菜、水生蔬菜及去皮蔬菜的氧化褐变或发黄[9,10]，如蘑菇、茭白、莲藕、荸荠、竹笋、去皮芋头等，使其显得特别白嫩、肉感、新鲜，易受消费者青睐。尽管这种消费理念不一定科学，但只要这种消费习惯存在，焦亚硫酸钠的使用就有一定的必要性。根据农业部农产品质量安全风险评估实验室（杭州）于 2015 年开展的国家农产品质量安全风险评估项目“农产品收贮运环节未知危害因子识别与已知危害因子安全性评估”的结果显示：焦亚硫酸钠对茭白、马铃薯的防腐漂白作用明显，表现为不易腐烂且光泽度好，贮藏后的马铃薯翻新，提高了感官特性。同时利用历年监测的 2530 份农产品中二氧化硫（焦亚硫酸盐类食品添加剂的残留物）残留监测数据，开展了二氧化硫的累积性风险评估[11]，结果表明，人群平均摄入量仅占毒理学研究设定的人体允许摄入量的 30%左右，仍在可控范围之内。此外农业部农产品质量安全风险评估实验室（杭州）通过对普通人群的二氧化硫多来源膳食风险评估可知，在居民膳食结构中，蔬菜的二氧化硫暴露风险最高，但其慢性风险在人体可接受范围内。另外通过对不同年龄及性别组人群进行二氧化硫的多来源风险评估可知，2～13 岁的 4 个年龄组人群属于二氧化硫摄入高风险人群，该结论与文献报道一致[19-22]。

另外，植物体内都含一定量游离态和结合态的二氧化硫。茭白生长过程中会施用敌磺钠与硫酸钾复合肥，因此罗书吉等研究了茭白生长过程中施加不同剂量的含硫元素肥料（敌磺钠 300～400g/亩）对采后茭白的二氧化硫残留量的影响，结果表明在采后茭白中均未检出二氧化硫残留，说明茭白中的二氧化硫本底值很低。

通过对不同清洗液对茭白中二氧化硫去除效果进行研究发现：自来水、洗洁精溶液、乙酸溶液、氯化钠溶液 4 种清洗液都有一定的去除效果，其中乙酸溶液为最佳清洗液，最佳清洗条件为 1%乙酸溶液清洗 30min。不同烹调方式（加工因子）也能去除二氧化硫残留。

综上所述，在茭白中使用焦亚硫酸钠后，虽有暴露风险，但只要使用得当，再加上正常的清洗及烹调方式，其膳食风险很低。

3　茭白“三剂”使用的合法性

现阶段我国农产品贮藏、运输环节防腐剂保鲜剂限量标准的不完善，给了不法商贩钻漏洞的机会。适量的二氧化硫处理对荔枝、龙眼等水果具有很好的保鲜作用，但过量会导致残留超标，不但使果品品质受到影响，也会影响食用者的身体健康[23]。鉴于大众消费者对农产品中防腐保鲜剂使用问题的热切关注，以及出于对二氧化硫或焦亚硫酸钠等盐类护色剂使用后产生的残留物二氧化硫具有一定的毒性等问题考虑，我国对二氧化硫及其盐类护色剂如焦亚硫酸钠的使用进行了严格的管理，并在某些方面要比美国等发达国家还要严。目前我国对焦亚硫酸钠的使用主要依据 GB 2760—2011 的相关规定[24-27]。2014 年 12 月 31 日，国家卫生计生委发布了《食品安全国家标准 食品添加剂使用标准》（GB 2760—2014），该标准依据 JECFA 风险评估报告科学调整使用范围及用量。同时结合产业调查情况，在本次标准修订中，对无工艺必要性的食品添加剂删除了相关的规定。其中二氧化硫、焦亚硫酸钠、焦亚硫酸钾、亚硫酸钠、亚硫酸氢钠、低亚硫酸钠及熏蒸的硫磺删除了在粉丝粉条上使用的规定。因此目前在《食品安全国家标准 食品添加剂使用标准》（GB 2760—2014）中，经表面处理的鲜水果等 25 类食品有二氧化硫及盐类物质的登记使用，其余如茭白等新鲜蔬菜、水产品均未列入该范围，一旦使用即属于违法行为。但实际上焦亚硫酸钠是联合国推荐的水产品保鲜剂，在美国、日本等国家广泛用于海捞虾等水产品，可有效地控制水产品氧化、褐变，达到漂白、脱色、防腐的目的。另外在使用标准上，水果干类中我国的限量是 0.1g/kg，而国际食品法典委员会（CAC）的标准限量为 1g/kg。因此本实验室认为禁止使用既不必要，又不可行，关键是如何开展科学的风险评估，建立使用规范，逐步完善标准，从而确保公众吃得更加安全，更加放心。

国内外关于食品中二氧化硫的使用限量标准见表 3-6 与表 3-7。

表 3-6 国际关于食品中二氧化硫的使用限量标准[27]

组织或国家	食品	最大使用量/（mg/kg）
CAC	生制品	100
	熟制品	30
日本	盐渍蔬菜、淀粉食品	30
德国	大蒜制品	50
韩国	干制南瓜条	5000
	干制水果	2000
新西兰	葡萄干、杏仁干	3000
意大利	干果（包括坚果）	500～2000
巴西	干果	1500
FDA	任何食品都应标注说明	＞10

表 3-7 我国关于食品中二氧化硫的使用限量标准

食品	最大使用量
经表面处理的鲜水果	50mg/kg
水果干类	100mg/kg
蜜饯凉果	350mg/kg
干制蔬菜	200mg/kg
脱水马铃薯	400mg/kg
腌渍蔬菜	100mg/kg
酸菜、竹笋罐头	50mg/kg
藻类和干制食用菌，以及藻类、蘑菇罐头	50mg/kg
腐竹类（包括腐竹、油皮等）	200mg/kg
坚果与籽类罐头	50mg/kg
巧克力、可可制品和巧克力制品（包括代可可脂巧克力及制品）及糖果	100mg/kg
生湿面制品（如饺子皮、面条）（仅限拉面）	50mg/kg
食用淀粉	30mg/kg
风味派冷冻米面制品	50mg/kg
饼干	100mg/kg
食糖	100mg/kg
淀粉糖	40mg/kg
调味糖浆	50mg/kg
半固体复合调味料	50mg/kg
果蔬汁（浆）及其饮料	50mg/kg
葡萄酒、果酒	250mg/L
啤酒和麦芽饮料	10mg/kg

4 对策及工作建议

（1）根据收贮运环节“三剂”的功能定位，建议重新定义农产品“防腐剂、保鲜剂、添加剂”的名称，建议改为“农产品添加剂”，同时按“三剂”的功能重新划分“三剂”的类别，并明确其监管部门。

（2）成立收贮运环节“三剂”标准化技术委员会，委员会可承担相应的职责，如在农产品“三剂”的备案登记等管理条例、农产品收贮运环节“三剂”的限量标准、农产品中“三剂”的检测方法、农产品贮运技术规范等制定上起到归口管理功能。

（3）农产品“三剂”的风险评估要区别于现有的食品风险评估方法，但又要结合国际通行的做法，因此农产品“三剂”的风险评估应侧重于产业需求、生产成本、经济效益及残留风险水平等因素，多维度开展科学的风险评估，从而建立农产品“三剂”的风险评估模式。

（4）加大“三剂”的风险评估力度，为科普宣传打下基础。近几年，农产品安全的舆情焦点大都集中在农产品“三剂”问题上，因此一方面要正确认识“苏丹红染色辣椒”等事件中非法添加物与正常的农产品防腐保鲜剂的区别，另一方面要加大风险评估的力度，定期利用风险评估数据，对舆论出现的负面新闻开展科普解读。

参考文献

[1] 罗海波，姜丽，余坚勇，等. 鲜切果蔬的品质及贮藏保鲜技术研究进展. 食品科学, 2010, 31(3): 307-311.

[2] 柯卫东，黄新芳，李建洪，等. 我国水生蔬菜科研与生产发展概况. 长江蔬菜, 2015, 14: 33-37.

[3] 胡美华，金昌林，杨新琴，等. 浙江省水生蔬菜产业现状及发展对策. 浙江农业科学, 2012, (3): 269-275.

[4] 徐蝉，胡美华，郭得平，等. 浙江省水生蔬菜产业发展现状及展望. 长江蔬菜, 2009, (16): 106-109.

[5] 郁志芳，陆兆新，李妍，等. 鲜切芦蒿过氧化物酶特性的要求. 食品科学, 2005, 26(9): 29-33.

[6] 罗书吉，王钫，陈文学，等. 离子色谱法测定茭白中总亚硫酸盐的应用研究. 浙江农业学报, 2016, 28(5): 870-874.

[7] Liu S, Xie Z M, Zhang W W, et al. Risk assessment in Chinese food safety. Food Control, 2013, 30(1): 162-167.

[8] FAO/WHO. Food safety risk analysis: a guide for national food safety author-ities. FAO Food and Nutrition Paper, 2006: 87.

[9] 赵同刚. 食品添加剂的作用与安全性控制. 中国食品添加剂, 2010, (3): 45-50.

[10] 徐为霞，郭智广，王毅红，等. 蔬菜中二氧化硫残留结果的调查与风险评估. 安徽农业科学, 2013, 41(15): 6892-6893.

[11] 胡桂仙，赖爱萍，袁玉伟，等. 消费者膳食中二氧化硫残留的累积性风险评估. 中国农业科学, 2017, 50(7): 1317-1325.

[12] 吴丽明，陈裕华，李瑞园. 2006-2010 年深圳市十五类食品中二氧化硫残留量分析. 中国热带医学, 2011, 11(11): 1371-1372.

[13] 李泉，顾蓓蓓，汤琴珠，等. 2010 年泰州地区出口脱水蔬菜中二氧化硫残留状况分析. 现代

农业科技, 2011, 9: 374-376.

[14] 竺巧玲, 曹建平. 宁波市酱腌菜中二氧化硫残留量的调查研究. 安徽农业科学, 2012, 40(22): 11414.

[15] Australian Government Department of Health. Acceptable Daily Intakes for Agricultural and Veterinary Chemicals: Current as of 31 March 016. Therapeutic Goods. Administration (TGA)/ Australian Government pepartment of Health. http://www.tga.gov.au/[2016-05-20].

[16] 白艳艳, 冷建荣, 叶雅真. 2006-2009 年厦门市部分食品中二氧化硫残留量分析. 中国卫生检验杂志, 2010, 20(9): 2268-2269.

[17] 彭玲, 刘向荣. 2011-2013 年湖南省部分食品中二氧化硫残留状况分析. 食品与机械, 2014, 30(6): 79-81.

[18] 从梅梅. 葡萄酒中二氧化硫苯甲酸山梨酸含量的监测分析. 吉林预防医学, 2004, 7(1-2): 23-24.

[19] 金水高. 中国居民营养与健康状况调查报告之十: 2002 年营养与健康状况数据集. 北京: 人民卫生出版社, 2008: 40.

[20] 张志恒, 胡桂仙, 汪雯, 等. 豆芽中 6-苄基腺嘌呤残留的膳食风险评估. 农药学学报, 2016, 18(1): 77-85.

[21] FAO. Submission and evaluation of pesticide residues data for the estimation of maximum residue levels in food and feed. Rome: FAO, 2009: 123-133.

[22] 钱永忠, 李耘, 周德庆. 农产品质量安全风险评估: 原理、方法和应用. 北京: 中国标准出版社, 2007: 102-150.

[23] 周德庆, 张双灵, 辛胜昌. 亚硫酸盐在食品加工中的作用及其应用. 食品科学, 2004, 25(12): 198-201.

[24] 中华人民共和国卫生部. 食品添加剂使用卫生标准: GB 2760—1996. 北京: 中国标准出版社, 1997.

[25] 中华人民共和国卫生部, 中国国家标准化管理委员会. 食品添加剂使用卫生标准: GB 2760—2007. 北京: 中国标准出版社, 2008.

[26] 中华人民共和国卫生部. 食品添加剂使用卫生标准: GB 2760—2011. 北京: 中国标准出版社, 2012.

[27] 中华人民共和国国家卫生和计划生育委员会. 食品添加剂使用卫生标准: GB 2760—2014. 北京: 中国标准出版社, 2015.

案例五　柑橘产品质量安全风险评估

1 发展背景

柑橘是全球最重要的经济作物之一[1]。随着近几年的发展，我国柑橘不论在种植面积、年产量，还是在果园直接经济产值、鲜果出口创汇上均上了一个新的台阶[2]。柑橘产业已成为我国南方广大地区和三峡库区农村经济的支柱产业之一。

2000 年以来，我国柑橘产业形成了产量基本以上升为主的趋势，目前柑橘面积和产量位居世界第一[3,4]，并成为近年来出口增长最快的国家，2000～2015 年，出口量从 20.03 万 t 增至 92.05 万 t，出口额从 0.47 亿美元增至 12.58 亿美元，且柑橘出口额占中国总出口额的比例从 0.19‰增至 0.66‰[4]。

作为重点评估的农产品品种，自 2011 年起柑橘产品就被列入国家农产品质量安全风险评估专项。连续 6 年，农业部柑橘产品质量安全风险评估团队主要围绕全产业链中影响柑橘果品质量安全的各种风险因子，在未知危害因子、柑橘农药残留代谢规律与过程控制、农药毒性及营养功能评价等方面开展了系统的研究[5-9]。

2 现实问题

连续多年对我国柑橘主产区的柑橘生产、质量安全情况进行实地调研的结果表明：我国柑橘果品质量安全总体形势较好[10]，但仍存在以下问题。

（1）农药残留污染成为影响柑橘质量安全的主要危害因子，我国柑橘生产使用的农药种类多、剂量大[11]，水胺硫磷、克百威、甲基异柳磷、氧乐果等禁用农药禁而不绝，三唑磷、杀扑磷等高残留农药存在违规滥用现象。

（2）柑橘果品普遍存在农药多残留现象，且尚有部分热带及亚热带小品种果品农药使用情况不明。

（3）在抽检的微量元素叶面肥、农药等农资投入品中，少数存在掺杂与标称不符的其他农药；部分增甜着色剂成分不明，或产品登记号与实际成分不相符。

（4）柑橘贮藏、保鲜过程中仍然存在保鲜剂、防腐剂、杀菌剂的违规滥用情形。

（5）柑橘产品品质良莠不齐，营养功能成分的种类与含量水平不明，部分商家存在以次充好、夸大宣传的现象，极易误导市场消费。

（6）采后清洗、加工等步骤对果品中农药残留造成的影响如何尚待探讨。

3　技术分析及对策

基于上述对柑橘目前存在的未知风险的识别能力缺乏、禁限用农（兽）药残留问题突出、保鲜防腐等“三剂”使用危害普遍、多种危害因子并存造成混合污染、预警防控和追溯能力不足等问题，围绕农产品质量安全的“危害识别-监测评估-预警防控”全链条，重点开展农产品中关键危害因子识别、监测评估与预警防控方面的技术难题研究。

1）未知危害因子非定向筛查技术

针对柑橘中未登记违规使用或无监测手段的农药、非法添加物、生物毒素、持久性有机污染物等未知危害因子，以及已知主要危害因子的次生降解代谢物等，研发便捷高效的样品提取和净化等前处理技术，实现多类别危害物的广谱性或特异性提取。融合高分辨质谱、核磁共振等现代仪器分析技术，建立农产品化学危害物的结构化特征数据库和泛质谱大数据库，构建农产品中危害因子的高灵敏度、高通量非靶向全景筛查技术平台，实现农产品化学危害物检测从定向检测到非定向监测的转变。

2）主要危害因子迁移代谢规律与关键控制点研究

针对新登记推广使用或已广泛使用而残留检出频繁的农兽药等典型危害因子，开展其在“环境-作物-柑橘产品-加工制品”全生产链中的蓄积、迁移及降解代谢行为研究，摸清危害因子的发生机制及污染变化规律[12]，进一步明确危害类型、主要来源和关键环节等，并形成技术研究报告和安全管控规范。

3）混合污染毒性评价及风险评估技术研究

针对监测发现的农产品中可能存在的农药、重金属和生物毒素等单一及多元主要危害因子，采用模式动物和体外细胞模型，利用现代生物信息学、毒理学技术等开展联合毒性效应研究[13]，明确危害物相互作用规律及互作机制，形成有效的安全性评价方法及风险评估整合模型，对柑橘产品中混合污染诱导的总风险概率进行评估，进而对柑橘中主要危害因子对公众消费的风险水平及安全级别进行甄别和分级评价，明确需优先监控的主要危害因子类别及品种，实现危害程度可评估，为柑橘产品质量安全风险预警和防控提供重要科学依据。

参 考 文 献

[1] 齐乐，祁春节. 世界柑橘产业现状及发展趋势. 农业展望, 2016, 12(12): 46-52.

[2] 单杨. 我国柑橘工业现状及发展趋势. 农业工程技术(农产品加工业), 2014, (4): 13-17.

[3] 吴婷，张艳妮. 柑橘产业十年变化与未来——专访国家柑橘产业技术体系首席专家邓秀新院士. 湖南农业科学, 2013, (22): 1-4.

[4] 刘文俊. 中国柑橘产品出口结构及其风险研究. 武汉：华中农业大学硕士学位论文, 2012.

[5] 农业部农产品质量安全监管局. 农业部关于印发《2013 年农产品质量安全风险评估方案》的通知. 2013-08-07.

[6] 农业部农产品质量安全监管局. 农业部关于印发《2014 年国家农产品质量安全风险评估计划》的通知. 2014-07-14.

[7] 农业部农产品质量安全监管局. 农业部关于印发《2015 年度国家农产品质量安全风险评估项目计划》的通知. 2015-07-22.

[8] 农业部农产品质量安全监管局. 农业部关于印发《2016 年国家农产品质量安全风险评估计划》的通知. 2016-06-03.

[9] 农业部农产品质量安全监管局. 农业部关于印发《2017 年国家农产品质量安全风险评估计划》的通知. 2017-03-10.

[10] 董燕玲. 柑橘农残合格率高消费无风险. 农产品市场周刊, 2017, (2): 18-19.

[11] 张耀海，焦必宁，赵其阳，等. 我国主产地柑橘的农药残留现状研究. 食品与发酵工业, 2011, 37(4): 189-193.

[12] 钱永忠，李耘. 农产品质量安全风险评估建模与应用. 北京：中国质检出版社/中国标准出版社, 2014.

[13] 陈晨，钱永忠. 农药残留混合污染联合效应风险评估研究进展. 农产品质量与安全, 2015, 5: 49-53.

案例六　风险评估实验室建设与管理

1 发展背景

由国家农产品质量安全风险评估机构、风险评估实验室和主产区风险评估试验站等组成的国家农产品质量安全风险评估技术体系，是国家农产品质量安全监管体系的重要组成部分。目前，我国已初步构建了四级农产品质量安全风险评估体系[1,2]，大力推进了风险评估队伍建设。

风险评估实验室按照农产品品种类别和区域分布，分为专业性和区域性风险评估实验室。主要承担授权范围内的农产品质量安全风险评估、风险监测和风险交流任务，开展科学研究和营养功能评价，并承担县级以上农业行政主管部门委托的农产品质量安全相关工作[3]。2011 年起，农业部根据《中华人民共和国农产品质量安全法》的相关规定，结合农产品质量安全监管工作的需要，分批从全国农业科研单位和大专院校的农产品质量安全研究和检测机构中遴选公布共计 105 个“农业部农产品质量安全风险评估实验室”，包括 72 个专业性风险评估实验室和 33 个区域性风险评估实验室[4-7]。基本涵盖了我国农产品的主要类别和各行政区域，并推动了辽宁、河北、甘肃、海南等省级农业科学院成立了质量标准研究机构，各省农产品质量标准研究机构的建立为我国全面建设农产品质量安全风险评估体系奠定了基础[8]。为了规范风险评估实验室的运行管理，依法做好农产品质量安全年风险评估工作，农业部于 2011 年颁布了《农业部农产品质量安全风险评估实验室管理规范》，具体对风险评估实验室的职责任务、基本条件、考核认定、运行管理等方面进行了详细规定[3]。此外，国家对农产品质量安全风险评估科研的经费投入从无到有，2012 年，将农产品质量安全风险评估项目列为国家一级财政预算项目，逐步形成了稳定增长的农产品风险评估项目经费投入格局。

2 现实问题与差距

近些年，依托全国农产品质检体系建设等项目的实施，农业部农产品质量安全风险评估实验室的环境条件和检测仪器设备条件有了很大改善，检测能力和水平显著提升，可满足我国食用农产品和大宗出口农产品依据现行标准进行质量安全检验检测的需求。但与国际先进水平相比，与国家对农产品质量安全风险评估的需求相比，还存在许多问题[9,10]。

（1）缺乏未知污染物筛查的技术条件和仪器设备。探测农产品质量安全方面的未知危害因子是风险评估的目的之一，而目前对未知污染物的筛查和评价能力严重不足[11]，风险评估实验室缺乏对各类农产品在整个环节中未知污染物的筛查识别技术条件和仪器设备，导致难以对各类农产品质量安全进行全面评价，对于一些社会关注的突发性农产品质量安全问题，不能够给出科学严谨的风险评估报告，因而无法消除公众对农产品质量安全的担忧，进而影响政府公信力。

（2）缺乏研究危害因子代谢与转化蓄积规律的仪器设备与试验基地。现有试验基地与田间配套相关设施不足，危害因子发生与预警模拟试验圃与田间观测基础设施条件简陋，缺乏用于危害因子在农作物产品中代谢、转化规律及农作物生长过程等研究的模拟试验基地，研究农作物生产过程中危害因子的动态消长变化与进行验证评价的田间配套设施等和实际需求有很大差距。

（3）缺少营养功能评价所需的仪器设备和试验条件。鲜活农产品营养功能评价是我国鲜活农产品质量安全风险评估的重要组成部分[12]，但这方面的工作才刚刚起步，还缺乏生化分析仪、全自动尿液分析仪、全自动凝血分析仪、呼吸代谢监测系统等生物分析仪器设备和设施条件，需开展农产品特征成分与功能成分的提取、分离、表征、功效评价等共性技术研究。

（4）缺少预警交流平台和载体。风险评估的一个最重要的作用就是风险交流[13]，但目前大部分实验室缺乏风险交流预警平台和载体，严重影响风险评估实验室职能的有效发挥。

3 对　策

基于上述风险评估实验室普遍存在的问题和现实差距，亟待推进风险评估实验室能力建设，通过项目支持、增设实验室仪器设备、改善设施环境条件等，切实提升风险评估能力。

（1）加强实验室的统筹规划和布局。着眼于全面提升我国农产品质量安全风险评估实验室能力，在现有条件基础上，围绕风险评估探索未知、评价已知、营养功能评价三大任务，统筹部署，科学布局，规划建设鲜活农产品质量安全风险评估实验室。

（2）增设完成风险评估所需的各类仪器设备。一是未知物筛查识别的仪器设备，包括高通量、高灵敏度的同步筛查技术和鉴定设备[14]，以及线性离子阱高分辨质谱、高速计算系统、全自动消解装置等未知污染物的筛查与鉴定专用设备和分析软件，实现对鲜活农产品在生产、收获、储藏、流通等各环节未知污染物的筛查、识别、鉴定、评价[15]；二是已知危害因子代谢与转化蓄积规律研究的仪器设备，包括农兽药与重金属安全性评估技术设备、致病菌及其毒素污染风险评估设备、寄生虫污染风险评估设备、营养功能评价设备等。

（3）改善设施环境条件。改善目前模拟试验和田间试验所需的各类设备和设施条件，完成已知危害因子安全性评价、关键控制点、代谢规律与转化蓄积规律等研究与验证，改善各部级风险评估实验室不同程度存在的实验室面积小、设施环境条件差等突出问题。

参 考 文 献

[1] 金发忠. 我国农产品质量安全风险评估的体系构建及运行管理. 农产品质量与安全, 2014, (3): 3-11.

[2] 张星联, 杨桂玲, 陈晨, 等. 农产品质量安全风险评估技术研究现状及发展趋势. 农产品质量与安全, 2016, (5): 3-7.

[3] 农业部农产品质量安全监管局. 农业部关于印发《农业部农产品质量安全风险评估实验室管理规范》的通知. 2011-12-30. http://www.moa.gov.cn/govpublic/ncpzlaq/201201/t20120112_2455728.htm.

[4] 农业部. 关于公布首批农业部农产品质量安全风险评估实验室名单的通知. 农质发〔2011〕14 号.

[5] 农业部. 关于第二批农业部农产品质量安全风险评估实验室名单的通知. 农质发〔2013〕6 号.

[6] 农业部. 关于增补农产品质量安全风险评估实验室的通知. 农质发〔2014〕10 号.

[7] 农业部. 关于增补农产品质量安全风险评估实验室的通知. 农质发〔2015〕10 号.

[8] 谢汉忠, 李君, 庞荣丽, 等. 农产品质量安全风险评估学科发展与思考. 中国农学通报, 2016, 32(29): 200-204.

[9] 章力建, 张星联. 风险评估在农产品质量安全监管中的作用. 食品科学, 2011, (33): 137-140.

[10] 陈晨. 农产品质量安全风险评估的发展现状及对策研究. 农产品质量与安全, 2012, (1): 63-65.

[11] 孙伟红, 邢丽红, 翟毓秀, 等. 水产品药物残留检测研究中存在的主要问题与对策. 食品安全质量检测学报, 2014, 5(1): 14-22.

[12] 韩娟, 孙君茂, 秦玉昌. 农产品质量与营养功能风险评估研究方向探讨. 农产品质量与安全, 2016, (2): 45-48.

[13] 李宁. 我国食品安全风险评估制度的落实和实施. 中国食品学报, 2014, (7): 1-4.

[14] 毛婷, 路勇, 姜洁, 等. 食品安全未知化学性风险快速筛查确证技术研究进展. 食品科学, 2016, 37(5): 245-253.

[15] 游新勇, 杨曙明, 赵璐瑶. 农产品中未知物分析的研究进展. 食品科学, 2016, 37(1): 263-268.

案例七　欧盟食品风险评估管理与发展

1 发展背景

欧盟一直以来都特别重视食品领域的监管。20 世纪 90 年代英国暴发的“疯牛病”事件强烈冲击了欧洲市场，致使牛肉的销售量大幅度降低，欧盟民众对欧洲食品安全监管制度的信任度也随之降低[1]。欧盟相关机构为了挽回消费者群体对欧洲食品安全的信任，从 20 世纪 90 年代中后期开始制定《欧盟食品安全绿皮书》（1997 年）、《欧盟食品安全白皮书》（2000 年）等相对应的法律法规，并完善了相关的法律保护和监管机制，其意义是显著的，欧盟食品的相关立法更加完善且具有更强的适应性，实施过程中更加灵活清晰，消费者的权益得到了很大程度的法律保障[2-5]。

为解决欧盟食品的安全问题，提升政府的监管、控制能力，2002 年 1 月 28 日，欧盟颁布了《通用食品法》，从法律的角度确立了欧洲食品安全局的正式地位，并明确了相关法规的基本原则和需求[6]。欧洲食品安全局在欧盟承担风险评估职能，它具有行政独立性，独立行使职权，不受其他部门干涉，保证其评估的科学性[7,8]。

2 特点与经验

2.1 健全的法律体系

1997 年，欧盟通过颁布《欧盟食品安全绿皮书》首次确立了风险评估制度在法律层面上的定位。2000 年，欧盟通过颁布《欧盟食品安全白皮书》进而对食品生产与销售的各个环节提出更加严格的监管机制，保证食品安全法律制度的立法目的植根于食品安全和公众健康中。尤其是第四章中食品安全管理局的构想，阐述了其建立及独立性和主要职责，架构了欧洲风险评估制度的框架[9,10]。2002 年颁布的《统一食品安全法》进一步规划了关于欧洲食品安全局的主要职责、机构设置和操作流程的具体细节，不仅有具指导意义的原则性规定，而且还出台了大量技术性规定，为风险评估制度的实施提供了法律支持与技术保障[11]。

2.2 独立的机构设置

在“疯牛病”事件后，成立了欧洲食品安全局，并由其独立承担风险评估与交流工作。欧洲食品安全局虽然可以根据欧盟委员会与欧洲议会在食品安全风险管理过程中提出的请求或要求来展开风险评估工作，但绝大多数时候都是基于自身的考虑与判断而启动风险评估的[12-15]。同时，欧洲食品安全局不隶属于欧盟任何管理机构，显示了真正意义上的高度独立性，不受任何政治、经济、工业、外交和部门利益的影响。欧洲食品安全局的独立特性有两层深刻意义：一是经历了“疯牛病”事件冲击后，挽回民众对欧盟食品安全管理制度的信任及信心；二是使风险评估的科学卓越性得到更完善的保障。

《统一食品安全法》详细阐述了欧洲食品安全局的独立性并规定其为风险评估的专门机构[16]。第三章中明确规定了欧洲食品安全局的具体职责、机构设置和操作流程，明确表示组成部门主要包括管理委员会、科学委员会、咨询论坛、行政主任和 9 个专门的科学小组，各部分之间有着明确的分工，保证其风险评估工作的顺利进行。

总之，欧洲食品安全局的独立性着眼于 4 个主要层面。一是欧洲食品安全局行动的唯一依据是公共利益。二是欧洲食品安全局的科学委员会和科学小组的成员开展工作时具有独立性，不受任何外部影响。三是欧洲食品安全局在行政上与管理食品安全风险的欧盟委员会和成员相独立。四是欧洲食品安全局可依据本部的基本原则对公众发布食品安全的科学见解[5]。

2.3 公开的制度建设

欧洲食品安全局与欧盟各成员、欧盟委员会、专业科学家展开紧密的合作，授权非政府的专业性机构进行科学研究，公开、民主地展开工作[17]。在参照专业科学家的意见和风险评估数据的条件下，确保公众可以快速有效地获取客观可靠的食品安全信息，并快速通过各种不同的媒介方式收集民众的不同想法与建议。与此同时，系统全面地解释风险及其论证的客观数据以达到不断提高公众食品风险认知能力的目的。此外，欧盟还相当注重食品安全风险评估制度的不断完善，为公众参与评估过程制定专门的法律法规，倡导公众合理合法的参与，保证食品安全风险评估的公开透明性，通过社会舆论加强对风险评估的约束与监管。同时，能够达到与国际社会相关组织和各成员进行信息交流交融的目的。

3 启　　示

3.1 完善风险评估法律体系

欧盟在风险评估方面拥有健全的法律体系，而我国虽然已经出台了多项风险评估相关的法律法规，如新修订的《中华人民共和国食品安全法》中强调了将风险评估作为食品安全监管的基础，在制定和修改标准时要以风险评估作为科学依据，但整体来看，风险评估的法律体系仍相对落后，缺乏系统性和规范性，其效力较低[18]。因此，我国应从以下两方面努力。一方面，在国家层面，应加快修订《中华人民共和国农产品质量安全法》，强调农产品质量安全风险评估制度建立的重要性，并明确农产品质量安全风险评估的内涵和范围；在地方层面，各地方政府根据现阶段的实际工作需要，适时出台地方性规章，使风险评估形成一套完整的"自上而下"的法律体系。另一方面，通过参照和借鉴欧盟的有关要求，进一步完善风险评估相关的配套制度，明确农产品和食品风险评估的具体细节。就农产品和食品安全风险评估中的范围、技术要求、职责范围、操作流程及对各个评估环节应该提交的文件形式、报告内容等程序性问题作出详细规定。最终形成以《中华人民共和国农产品质量安全法》和《中华人民共和国食品安全法》为支撑，其他法律法规相匹配的多层次、系统化、操作性强的风险评估法律体系。

3.2 设立独立的风险评估机构，强化食品安全风险管理

欧盟食品安全监管体系所采取的风险评估和风险决策相分离的机制是切实可行且有效的，而其通过设立欧洲食品安全局这样一个咨询机构，除了能够向决策部门提供强大的科学支持、反馈公众信息，也避免了决策机构在直接面临新的科技难题而无法制定出应对方案的尴尬局面的出现，为其制定食品政策提供了时间，这一良好做法无疑值得我们借鉴。所以，我们应当意识到，在构建我国食品安全法治体系的时候，应当重视独立科学的风险评估作用。建立独立的、公正的、权威的食品安全公共实验室并独立从事食品安全的风险评估工作，为食品安全管理提供科学且严谨的技术支撑。

3.3 加强政府与公众间的食品安全信息交流

为了应对农产品和食品安全中信息不对称的问题，政府部门需要为农产

品和食品成立一个信息披露与交流的风险信息平台，以便民众清晰了解市场所销售的食品状况及食品质量安全事件处理情况，同时给民众提供辨识农产品和食品品质的方法和技巧[9]。健全和完善食品安全信息公开制度，不仅要公开食品安全风险评估的过程和结果，还应对食品安全风险信息的来源、评估方法、审核结果等信息进行公开，以减少因公众对食品安全未知所带来的恐慌。设立食品安全数据分析中心，组织专家和相关人员对收集的信息进行分析，对食品安全风险信息严格把控，提高食品安全信息的及时性、有效性，保障食品安全信息的客观性、可靠性[19,20]。

参考文献

[1] Van Zwanenberg P, Millstone E. BSE: risk, science and governance. Oxford: University Press, 2005: 4-5.

[2] 许婉如. 论欧盟食品安全监管制度—兼论对我国的启示. 合肥: 安徽大学硕士学位论文, 2014.

[3] 杨小敏, 戚建刚. 欧盟食品安全风险评估制度的基本原则之评析. 北京行政学院学报, 2012, (3): 5-11.

[4] 张华. 论欧盟食品安全法中的风险预防原则: 问题与前瞻. 欧洲研究, 2011, (4): 100-118.

[5] 杨小敏. 欧盟和中国食品安全风险评估的独立性原则之比较. 行政法学研究, 2012, 80(4): 122-128.

[6] 王芳, 陈松, 钱永忠. 发达国家食品安全风险分析制度建立及特点分析. 中国牧业通讯, 2009, (1): 40-42.

[7] 毕金峰, 魏益民, 潘家荣. 欧盟食品安全法规体系及其借鉴. 中国食物与营养, 2005, (3): 11-14.

[8] 张华. 论欧盟食品安全法中的风险预防原则问题与前瞻. 欧洲研究, 2011, 4: 100-118.

[9] 周珂, 金铭. 论风险预防原则在我国食品安全领域的适用. 南阳师范学院学报(社会科学版), 2015, 1: 1-9.

[10] 廉恩臣. 欧盟食品安全法律体系评析. 政法论丛, 2010, 2: 94-100.

[11] 陈熹. 论欧盟食品安全管制中的预防原则. 保定学院学报, 2012, 4: 11-15.

[12] 孔繁华. 论预防原则在食品安全法中的适用. 当代法学(双月刊), 2011, 4: 27-33.

[13] 汪全胜. 我国食品安全信息共享机制建设析论. 法治研究, 2016, 105(3): 132-139.

[14] 朱瑞. 食品安全风险评估公众参与的制度化构建. 广西政法管理干薄学院学报, 2013, 28(6): 19-23.

[15] 高秦伟. 科学民主化: 食品安全规制中的公众参与. 化北京行政学院学报, 2012, (5): 7-13.

[16] 张恩典. 食品安全风险的社会放大及其法制因应之道. 科技与法律, 2017, (1): 8-25.

[17] 谢飞. 我国食品安全法现状和完善巧探. 佳木斯教育学院学报, 2012, 113(3): 381-384.

[18] 丁国峰. 我国食品安全风险评估制度的反思和完善. 江淮论坛, 2014, (1): 129-133.

[19] 戚建刚. 论基于风险评估的食品安全风检行政调查. 法学家, 2013, 1(5): 55-69.

[20] 曾娜. 食品安全风险评估中的公众参与研究//王贵松. 宪政与行政法治评论: 第 5 卷. 北京: 中国人民大学出版社, 2011: 177.

案例八　粮油快速检测技术与产品应用

1　发展背景

粮油质量安全是关系人民群众生命安全和农业产业安全，关系国计民生和大国形象的热点问题[1]。随着社会发展、科技进步和人民生活水平的提高，人们对粮油质量安全期望值越来越高，政府监管力度不断加大，同时农业生态环境的变化、恶劣的气候导致黄曲霉毒素、赭曲霉毒素、玉米赤霉烯酮等真菌毒素对粮油的污染急剧加重，据联合国粮农组织统计，每年大约 25%的粮食受到真菌毒素污染，2%的粮食因真菌毒素污染而浪费，给粮油质量安全带来重大隐患[2,3]。

粮油质量安全事关农民增收、农业发展和社会稳定。随着国际经济贸易一体化发展，粮油质量安全问题已经成为影响我国粮油安全和制约农业农村经济发展的重要因素，因为缺少有效的真菌毒素污染检测技术，我国粮油出口企业屡屡蒙受重大经济损失。由于缺少有效的检测技术和仪器，我国出口欧盟的花生产品因黄曲霉毒素超标屡遭通报扣留，不仅造成巨大的经济损失，还严重影响了我国的国际形象。因真菌毒素污染粮油产品导致人畜中毒的事件更是时有发生，极易引起社会恐慌[4,5]。近几年国内外发生的粮油质量安全事件，一次次警示我们，粮油真菌毒素污染等问题已成为关系我国农业农村经济发展全局和人民生命安全的重大共性问题。

2　现实问题

加强粮油质量安全监管、提高粮油质量安全检测水平迫在眉睫，而现有的粮油质量安全科研条件、自主装备和保障能力不能满足需求，迫切需要加强粮油质量安全专用仪器设备、关键技术研发与产业化示范。世界各国为应对粮油和食品安全突发事件，加强了粮油和食品质量安全监管，将粮油和食品安全监控和预防体系建设列入重要工作议程，如美国、日本、韩国等发达国家不断增大粮油质量安全仪器设备研发投入，提高粮油安全检测技术水平。近年来我国先后出台了《中华人民共和国农产品质量安全法》和《中华人民共和国食品安全法》，明确规定了建立粮油和食品质量安全监管制度。

3 技术分析

我国粮油生产为小规模、分散种植模式，生产出的粮油质量安全状况千差万别，加之粮油等大宗农产品利润低、储备周期长，对每一批粮油都采用液相色谱仪等大型精密仪器测定成本高、时间长，不符合我国国情。而现有粮油质量安全科研条件、自主装备能力不能满足我国科研、市场和政府监管等的需求，迫切需要建立适合我国国情的小型便携、低成本的粮油产品乡村化快速检测技术、专用检测仪器和配套技术[6-8]。

免疫速测技术是目前国内外真菌毒素快速检测最重要的研究方向，小型化专用检测仪则是这些先进新技术的重要载体和表现形式，从经典的 ELISA 到新兴的免疫传感、免疫芯片等技术，小分子污染物免疫传感新式分析技术得到重要发展[9-11]。针对粮油产品黄曲霉毒素、赭曲霉毒素、玉米赤霉烯酮等的快速检测技术与产品我国主要依赖进口，急需发展我国具有独立知识产权的快检产品，改变我国对大宗粮油农产品真菌毒素的监测处于受制于人的被动状态。

4 对　　策

针对严重威胁我国粮油产品安全的主要危害因素黄曲霉毒素、赭曲霉毒素、玉米赤霉烯酮等真菌毒素和制约我国农产品质量安全科研条件、自主装备能力提升的关键技术难题，近年来真菌毒素免疫速测技术研究取得了较大进展[2,5,11-13]。中国农业科学院油料作物研究所自主研制了黄曲霉毒素、赭曲霉毒素、玉米赤霉烯酮等真菌毒素的高亲和力、高特异性单克隆抗体、纳米抗体，研究建立了抗体批量制备技术，为研制具自主知识产权的真菌毒素专用检测仪提供关键材料[7,10,14,15]；研制出具有自主知识产权的黄曲霉毒素、赭曲霉毒素、玉米赤霉烯酮免疫亲和前处理微柱，并研究了大米、花生、玉米、小麦等农产品的主要真菌毒素样品快速前处理技术[12,16]；建立了粮油产品黄曲霉毒素、赭曲霉毒素等真菌毒素的单克隆抗体与胶体金等信号材料稳定标记技术；优化了检测线合理间距、抗原固定和金标抗体适宜剂量等条件，研制了数码免疫传感试纸条，并建立了黄曲霉毒素、赭曲霉毒素等毒素的数码免疫传感分析技术[17,18]；研究了抗体标记数码信号转换与定量分析关系，并利用现代光机电技术进行物化，研制出黄曲霉毒素等主要真菌毒素专用检测仪（数码免疫传感检测仪等）[19]；研究出集成黄曲霉毒素、赭曲霉毒素等主要粮油真菌毒素的数码免疫传感检测技术和数码免疫传感专用检测仪，研发出系列粮油产品真菌毒素乡村化快速检测技术、专用检测仪器和配套技术，该技术不但灵敏度高而且准确，满足了粮油产品现场快速检测的需求[20,21]。因此打破了国外垄断的局面，迫使进口同类产品的国内市场份额从95%下降到约40%，提升了我国真菌毒素监控水平。这些技术与产品在中央储备粮直属库、光明乳业及正大饲料等企业用于原料与产品监控，与国外产品相比，成本降低75%，检出率提高50%以上，显著降低了污染产品进入食物链的风险，为保障消费安全做出了重要贡献。

参考文献

[1] 李培武，丁小霞．我国粮油质量安全防控技术研究与发展对策．中国农业科技导报，2011, 13(5): 54-58.

[2] Hu W, Li X, He G L, et al. Sensitive competitive immunoassay of multiple mycotoxins with non-fouling antigen microarray. Biosens Bioelectron, 2013, 50: 338-344.

[3] Li P W, Zhang Z W, Hu X F, et al. Advanced hyphenated chromatographic-mass spectrometry in mycotoxin determination: current status and prospects. Mass Spectrom Rev, 2013, 32: 420-452.

[4] 李小明，银尧明，罗颖，等．粮食中真菌毒素快速定量检测方法应用比较研究．粮油食品科技, 2017, 25(1): 54-57.

[5] Li X, Li P W, Zhang Q, et al. Multi-component immunochromatographic assay for simultaneous detection of aflatoxin B_1, ochratoxin A and zearalenone in agro-food. Biosens Bioelectron, 2013, 49: 426-432.

[6] Zhang D H, Li P W, Zhang Q, et al. Extract-free immunochromatographic assay for on-site tests of aflatoxin M1 in milk. Anal Methods, 2014, 4: 3307-3313.

[7] Li P W, Zhang Q, Zhang W, et al. Development of a class-specific monoclonal antibody-based ELISA for aflatoxins in peanut. Food Chemistry, 2009, 115: 313-317.

[8] Zhang D H, Li P W, Yang Y, et al. A high selective immunochromatographic assay for rapid detection of aflatoxin B(1). Talanta, 2011, 85: 736-742.

[9] Li P W, Zhang Q, Zhang W. Immunoassays for aflatoxins. TrAC Trends in Analytical Chemistry, 2009, 28: 1115-1126.

[10] 王瑞鑫，张微，李书国．免疫传感器在粮油中真菌毒素快速检测的应用研究进展．粮油食品科技, 2015, (4): 83-87.

[11] 褚庆华，郭德华，王敏，等．油料和食用油中真菌毒素快速测定方法的研究．中国粮油学报, 2006, 21(2): 114-120.

[12] Ma F, Chen R, Li P W, et al. Preparation of an immunoaffinity column with amino-silica gel microparticles and its application in sample cleanup for aflatoxin detection in agri-products. Molecules, 2013, 18: 2222-2235.

[13] Majdinasab M, Sheikh-Zeinoddin M, Soleimanian-Zad S, et al. A reliable and sensitive time-resolved fluorescent immunochromatographic assay (TRFICA) for ochratoxin A in agro-products. Food Control, 2015, 47: 126-134.

[14] Li M, Li P W, Wu H Q, et al. An ultra-sensitive monoclonal antibody-based competitive enzyme immunoassay for sterigmatocystin in cereal and oil products. PLoS One, 2014, 9: e106415.

[15] Wang Y R, Li P W, Majkova Z, et al. Isolation of alpaca anti-idiotypic heavy-chain single-domain antibody for the aflatoxin immunoassay. Anal Chem, 2013, 85: 8298-8303.

[16] Tang X Q, Li X, Li P W, et al. Development and application of an immunoaffinity column enzyme immunoassay for mycotoxin zearalenone in complicated samples. PLoS One, 2014, 9: e85606.

[17] Majdinasab M, Sheikh-Zeinoddin M, Soleimanian-Zad S, et al. Ultrasensitive and quantitative gold nanoparticle-based immunochromatographic assay for detection of ochratoxin A in agro-products. J Chromatogr B Analyt Technol Biomed Life Sci, 2015, 974: 147-154.
[18] Zhang D H, Li P W, Zhang Q, et al. Ultrasensitive nanogold probe-based immunochromatographic assay for simultaneous detection of total aflatoxins in peanuts. Biosens Bioelectron, 2011, 26: 2877-2882.
[19] Zhang D H, Li P W, Liu W, et al. Development of a detector-free semiquantitative immunochromatographic assay with major aflatoxins as target analytes. Sensors and Actuators B: Chemical, 2013, 185: 432-437.
[20] Tang D P, Lin Y X, Zhou Q, et al. Low-cost and highly sensitive immunosensing platform for aflatoxins using one-step competitive displacement reaction mode and portable glucometer-based detection. Anal Chem, 2014, 86: 11451-11458.
[21] 樊晓博. 时间分辨荧光免疫法检测食品中黄曲霉毒素 B_1 的含量. 食品安全质量检测学报, 2017, 8(3): 796-802.

案例九　农产品确认检测前处理技术应用

1 发 展 背 景

中央储备粮武汉直属库隶属中国储备粮管理总公司，成立于 2001 年 8 月 8 日，是一家主营中央储备粮的收购、储存、运输、加工、销售及相关业务的现代化公司，主要业务范围包括大宗农产品如大米、小麦、玉米、大豆、高粱和花生等粮食作物。由于地处全国中心，其业务量逐年上涨，而农产品质量安全一直是企业发展关注的重要问题。因为农产品在收购、储存、运输、加工等环节易受到真菌毒素污染，而真菌毒素是真菌在农产品中生长所产生的次生代谢物[1-3]。经调查和监测数据显示，我国农产品主要以黄曲霉毒素、赭曲霉毒素、脱氧雪腐镰刀菌烯醇、玉米赤霉烯酮等污染最为严重[4-6]。这些真菌毒素不仅会导致食品霉败变质、营养物质损失及品质降低，还会引起人类和动物的急性或慢性中毒，部分真菌毒素已被证实具有致癌、致畸、致细胞突变的作用。世界各国和联合国组织机构在近几十年来制定了诸多有关农产品中真菌毒素的法规和限量标准以保障农产品质量安全，评判的标准依赖于仲裁检测，即农产品真菌毒素确证性检测技术[7,8]。

中央储备粮武汉直属库设有专门的质量安全测试与监督中心，用于监测中央储备粮在收购、储存、运输、加工、销售等环节的品质变化及安全评价。针对真菌毒素这类污染广、危害大的外源污染物，该企业一般是按照国家和行业相关标准对农产品质量安全进行检测和评判，主要采取高效液相色谱法、液质联用法、气相色谱法等检测分析方法。这类检测技术具有分辨率高、灵敏度高、检测结果准确、权威性强等优点，可分为两大关键技术：一是样品前处理技术；二是分析检测技术。在农产品真菌毒素确证性检测中，样品前处理时间占整个样品分析时间的 60%以上，检测结果的重复性、准确性，方法的灵敏度都与样品前处理过程密切相关[9-11]。农产品质量安全是关乎企业生存和发展的重要问题，而确证性检测技术能为其提供农产品质量安全核心数据和评判依据，而研发真菌毒素确证性检测前处理技术一直是中央储备粮武汉直属库企业发展面临的问题。

2 现实问题

中央储备粮武汉直属库常用的真菌毒素确证性检测样品前处理技术主要包括液-液萃取、加速溶剂萃取、超临界流体萃取和微波辅助萃取等。这些方法虽然不需要昂贵的设备和仪器，但是存在着费时费力、自动化程度低、提取效率低、试剂消耗量大、环境污染严重等缺点，给分析检测带来了一定的困难，往往在农产品收获、收购季节显得力不从心，无法满足大规模、准确、快速确证的要求。

3 技术分析

随着分析仪器技术的发展，一些新的样品前处理技术，如固相萃取、固相微萃取、分子印迹固相萃取、凝胶渗透、免疫亲和柱等得到了快速发展，这些新技术推动了农产品真菌毒素确证性检测前处理技术的发展，使整个样品前处理技术朝着分析速度快、省时省力、廉价、试剂消耗少、环境友好的方向发展[12-16]。免疫亲和柱是20世纪末期在分析领域得到应用的一种新技术，它是将真菌毒素抗体与惰性微珠共价结合，然后装柱，将抗原溶液过免疫亲和柱，非目标化合物则沿柱流下，目标分子被富集，最后用洗脱缓冲液洗脱抗原，从而得到纯化的抗原，采用适当的缓冲液和合适的保存方法，柱可以再生备用。免疫亲和柱具有的特异性，排除了农产品样品中的大多数干扰因素，提高了检测方法的灵敏度。

4 对 策

中国农业科学院油料作物研究所、农业部生物毒素检测重点实验室一直致力于农产品生物毒素检测、污染分布、发生、积累、代谢规律与产毒机制研究，着力研发各类生物毒素的高灵敏度确证性检测技术和快速检测技术、快速检测系列产品、配套前处理产品和标准物质。由于地域优势，企业与科研院所相互交流与合作日益频繁，中央储备粮武汉直属库与农业部生物毒素检测重点实验室在真菌毒素检测方面，特别是农产品真菌毒素确证性检测前处理技术方面开展了多次交流，着重就前处理耗时长、基质干扰大和溶剂浪费等技术难题进行了详细探讨。由于污染农产品的真菌毒素种类不同，如花生和稻米易受黄曲霉毒素污染，玉米易受玉米赤霉烯酮、呕吐毒素和赭曲霉毒素等污染，毒素分子结构间存在差异，要同时快速对农产品中多种真菌毒素污染进行确证性检测，必须采用更优异的前处理方式[17]。多年来，中国农业科学院油料作物研究所在基于免疫的快速检测领域积累了丰富的经验，研制了多种真菌毒素特异性抗体，为前处理需要的免疫亲和柱提供了关键材料支撑。另外，适逢免疫亲和前处理技术快速发展，中国农业科学院油料作物研究所顺利研制了多种农产品的真菌毒素确证性检测免疫亲和柱，不仅有能检测一种真菌毒素的免疫亲和柱，也有同时检测黄曲霉毒素（B_1、B_2、G_1、G_2）、玉米赤霉烯酮、赭曲霉毒素、T-2 毒素和呕吐毒素等的免疫亲和柱[18-21]，并于 2011～2013 年在中央储备粮武汉直属库得到了广泛应用，主要用于开展监测每年收获稻谷的黄曲霉毒素污染和粮食质量安全工作，大大节约了检测成本和时间，操作简单，提高了仓储技术管理水平。

参 考 文 献

[1] 沈青山, 周威, 莫海珍, 等. 黄曲霉毒素污染控制的研究进展.食品科学, 2016, 37(9): 237-243.
[2] 曾昆, 杜道林, 薛永来. 基于特异性生物识别分子的黄曲霉毒素快速分析方法研究进展. 生物技术通报, 2016, 32(8): 47-55.
[3] 孙清. 食品及饲料中黄曲霉毒素的快速免疫检测试剂盒研究. 北京: 北京科技大学博士学位论文, 2017.
[4] 孙武长, 刘桂华, 杨红, 等. 粮食中真菌及真菌毒素污染调查. 中国公共卫生, 2005, 21(12): 1532.
[5] 李磊, 姬建生, 赵军锋. 河南省玉米真菌毒素污染调查. 中国卫生检验杂志, 2017, 8: 1171-1173.
[6] 张莉. 2013-2016 年驻马店市部分食品真菌毒素监测结果分析. 河南预防医学杂志, 2017, 28(10): 734-737.
[7] 苏福荣, 王松雪, 孙辉, 等. 国内外粮食中真菌毒素限量标准制定的现状与分析. 粮油食品科技, 2007, 15(6): 57-59.
[8] 陈茹. 国内外饲料真菌毒素限量规定及评析. 中国饲料, 2013, 17: 38-42.
[9] 马帅, 王蒙, 韩平, 等. QuEChERS-超高效液相色谱-串联质谱法在食品真菌毒素检测中应用的研究进展. 食品安全质量检测学报, 2016, 7(8): 3020-3024.
[10] 叶金, 吴宇, 辛媛媛, 等. 超高效液相色谱-四极杆/静电场轨道阱高分辨质谱快速精准测定粮食中多种真菌毒素. 分析测试学报, 2017, 36(4): 449-456.
[11] 张家宁, 丁轲, 韩涛, 等. 单端孢霉烯类真菌毒素多目标分析方法的研究进展. 食品工业科技, 2015, 36(19): 390-394.
[12] 王蒙, 姜楠, 韦迪哲, 等. 自制固相萃取柱-超高效液相色谱-串联质谱法同时测定果蔬中的 8 种真菌毒素. 食品科学, 2016, 37(10): 213-218.
[13] 傅勇, 曹纪亮, 杨小丽, 等. 真菌毒素检测的前处理技术及其应用. 中国卫生检验杂志, 2012, 6: 1462-1466.
[14] 何庆华, 许杨. 分子印迹技术在真菌毒素检测中的应用. 食品科学, 2009, 30(11): 273-275.
[15] 杨婷婷, 吕轶, 张东升, 等. 多合一真菌毒素免疫亲和柱的制备及其应用. 分析化学, 2016, (8): 1243-1249.
[16] 葛宝坤, 赵孔祥, 王伟, 等. 免疫亲和柱净化-液相色谱-串联质谱法测定中药材中的 14 种真菌毒素. 色谱, 2011, 29(6): 495-500.

[17] 李鑫. 基于免疫分析的农产品真菌毒素混合污染同步检测技术研究. 北京: 中国农业科学院博士学位论文, 2014.
[18] Ma F, Chen R, Li P W, et al. 2013. Preparation of an immunoaffinity column with amino-silica Gel microparticles and its application in sample cleanup for aflatoxin detection in agri-products. Molecules, 2013, 18: 2222-2235.
[19] Li P W, Zhang Z W, Zhang Q, et al. Current development of microfluidic immunosensing approaches for mycotoxin detection via capillary electromigration and lateral flow technology. Electrophoresis, 2012, 33: 2253-2265.
[20] Yu L, Li P W, Zhang Q, et al. Graphene oxide: an adsorbent for the extraction and quantification of aflatoxins in peanuts by high-performance liquid chromatography. J Chromatogr A, 2013, 1318: 27-34.
[21] 马良, 李培武, 张文, 等. 花生及其制品中黄曲霉毒素B_1免疫亲和柱净化-荧光快速检测技术. 中国油料作物学报, 2007, 29(2): 199-203.

案例十　基层农产品检验中心（寿光市）管理与发展

1　发展背景

“舌尖上的安全”已成为政府重视、媒体关注、消费者关心的热点和焦点问题，被提升到对党和政府执政能力提出重大考验的新高度。人们所吃食物大多来自鲜活农产品，鲜活农产品具有生产周期长、环节多、消费周期短、附加值低、潜在危害因子多而杂等特点，极易发生鲜活农产品质量安全事件，给我国鲜活农产品消费安全带来巨大威胁和隐患。因此，加强鲜活农产品生产全过程控制和质量安全监管势在必行，而鲜活农产品质量安全检验检测技术与检测体系是实施过程控制与监管的重要抓手。

前期，在国家“863计划”“973计划”、国家科技支撑计划、公益性行业（农业）科研专项、修购专项等项目支持下，我国鲜活农产品质量安全检验检测科技创新能力与水平得到不断提高，研发出一批具有自主知识产权的检验检测技术、快速检测试剂、产品与设备，如免疫检测试剂盒、芥酸硫苷速测仪、黄曲霉毒素速测仪、兽药残留速测仪等，在我国鲜活农产品生产、流通与监管领域广泛应用，在农产品生产过程控制和隐患排查与科学监管中发挥了不可替代的重要作用。同时，通过国家质量安全检验检测体系“十一五”“十二五”两个五年计划的建设，在全国建成了覆盖部、省、地（市）、县的3302个农产品质检机构，使我国鲜活农产品质量安全检验检测体系布局更加合理、功能更加完善、检测能力得到显著提升，为我国农产品质量安全检测与评价，以及各级农业行政主管部门开展农产品质量安全监管提供了关键技术和体系支撑。

然而，随着农业生产新技术、新投入品的应用，农业生产方式的转变，以及消费者对农产品质量安全检测与监控的需求不断提高，对鲜活农产品质量安全检测对象、检测参数、检测技术、检测产品等提出了新的要求。为及时了解我国省、市、县各级鲜活农产品质量安全监管部门、质检机构、生产基地、加工企业和农业科研部门等不同领域质量安全科技创新研究与体系建设现状，深入分析我国鲜活农产品质量安全检验检测科技创新与体系建设的突出问题和发展趋势，科学提出今后 5～10 年我国鲜活农产品质量安全检验检测科技创新与体系建设的战略需求与目标，2016 年 9 月 4～6 日，根据项目组统一安排和部署，在我国鲜活农产品生产、出口大省——山东[1-4]，开展了我国鲜活农产品质量安全检验检测科技创新与体系建设现场调研。

2 现 实 问 题

（1）社会对鲜活农产品质量安全普遍关注，公众安全消费意识高。

随着人们生活质量和健康意识的提高，广大消费者对农产品质量安全问题的关注程度日益增强，特别是对鲜活农产品的质量安全更是高度重视，各级政府都将确保不发生重大农产品质量安全事件作为一个主要的目标任务。山东，作为我国蔬菜、水果、花生等鲜活农产品生产与出口大省，对鲜活农产品的质量安全更是高度重视，省、地（市）、县等各级农业主管部门、质量安全监管部门都把鲜活农产品质量安全放在了至关重要的地位，不仅指派专门领导负责鲜活农产品的质量安全问题，每年还从财政拨专门经费用于鲜活农产品质量安全抽检与监管。

（2）社会对鲜活农产品质量安全检验检测的需求急剧上升，显著高于家电、材料、石油、化工等其他领域。

以寿光市为例，寿光市是“中国蔬菜之乡”和“中国海盐之都”，同时其防水行业产能占全国的 1/3，年产值 77 亿元。在寿光，工业和农业齐头并进，但消费者对鲜活农产品质量安全的关注，以及对鲜活农产品质量安全检验检测技术与产品的需求远远大于对工业产品的关注及需求。例如，寿光市检验检测中心 2016 年 1～8 月共接受社会委托与政府监督抽检样品 3624 批次，其中，鲜活农产品 3117 批次，占总样品量的 86%，药品、家电、材料、石油、化工等其他类产品共占 14%。由此可见，消费者和社会各界对鲜活农产品质量安全检验检测的需求显著高于其他领域。

同时，为应对消费者对鲜活农产品质量安全的高度关注，当地政府对鲜活农产品检验检测技术与体系建设的投入也远高于其他领域。例如，在寿光市已经建立了覆盖镇、村、市场的鲜活农产品质量安全检测体系，并由市政府统一招聘了专职检测员，各蔬菜生产基地、农业生产企业及各大超市全部建设了蔬菜质量速测室。又如，建立起了以市检验检测中心为龙头，镇街区检测室为骨干，农产品生产企业、合作组织及村级市场检测室为基础的市、镇、村三级农产品质量检测体系。目前还未见其他行业领域建立覆盖面如此广的检验检测体系。

（3）建立的覆盖省、地（市）、县的农产品质检机构在鲜活农产品质量安全监管中发挥着重要作用。

以 2015 年山东省的省、地（市）、县级农产品质检机构承检的任务为例。2015 年，山东省农产品质检机构完成了省级农产品质量安全检测任务 9 次，抽样检测鲜活农产品样品 13 400 个；济南市农产品质检机构承担完成本市抽检任务 50 余次，完成检测样品 30 000 余个；寿光市、镇两级检测蔬菜样品 2.1 万多个。建立的覆盖省、地（市）、县的农产品质检机构为各级农业主管部门强化和完善鲜活农产品质量安全例行检测制度、定向定位检测制度，保障鲜活农产品消费安全等提供了关键技术和条件支撑，在农产品质量安全监管和鲜活农产品生产全程管控中发挥了重要作用[5-9]。

（4）乡镇村鲜活农产品质量安全检测发展迅速，现场快速检测技术需求旺盛。

以寿光市为例，在寿光市总面积 2072km^2 的土地上，有 14 处镇街区，1 处生态经济园区。近年来，寿光市政府投资 200 多万元，在 14 处镇街区和 1 处生态经济园区检测室全部配备了快速检测设备及流动检测车，配备了 24 名专职检测员。同时，各蔬菜生产基地、农业生产企业及各大超市全部建设了蔬菜质量速测室，每年检测样品数万次，极大地拉动了对鲜活农产品质量安全检测技术的需求，对农药残留等的快速检测技术与产品需求旺盛。

（5）寿光市以农产品质量安全检验检测机构建设为龙头，带动了各类检测资源的高效利用，探索出了一套行之有效的县市级质检机构合并的新模式。

应国家相关政策要求和高效整合检验检测资源的需要，寿光市人民政府整合了原市质量技术监督局、市食品药品监管局、市海洋与渔业局、市畜牧局、市农业局等单位的检测机构，组建成立了以农业检测机构为主体的寿光市检验检测中心，该中心直属市政府领导，被定位为正科级全额拨款事业单位。该中心实现了机构、人员设备、检测任务、检测经费、检测信息的“五统一”。该中心建有山东省农副产品质量监督检验中心、山东省蔬菜大棚用品质量检验中心、山东省建筑防水材料质量检验中心等，可以为社会提供农产品、食品、饲料、防水材料、家电等 308 种产品、5100 个参数的检验检测服务，其中，可对 239 种农产品和食品的 4336 个参数进行检测，发挥了农产品质量安全检测的主体引领作用。

在综合质检中心建设中，市政府坚持了以提升农产品质量安全检验检测能力为主，以此带动其他产品检测能力提升和检测资源的高效利用的思路，市政府先后投资 1400 余万元用于农产品和食品检测仪器设备购置和试验环境条件改善，投资的仪器设备和环境条件建设以农产品质量安全检测能力提升为目的，农产品质量安全检测能力快速提升，以满足当地对产品质量安全检测与监管的需求，其中2016年1～8月中心接受社会委托与政府监督抽检样品3624批次，其中，鲜活农产品3117批次，占总样品量的86%，药品、家电、材料、石油、化工等其他类产品共占14%。目前寿光市已经成功建立起一套以农产品质量安全检验检测机构建设为龙头，带动其他各类检测资源高效利用的县市级质检机构合并的新模式。

3 技术分析

（1）现有的检验检测技术与产品不能满足鲜活农产品全过程管控和质量安全监管的需求，乡村化现场检测技术与产品需求迫切。

通过质检体系一期和二期建设，县市级以上的质检机构都配备了气相色谱、液相色谱等常规仪器设备，能基本满足日常检测需求。但随着鲜活农产品全过程管控理念的推行，检验检测链条正快速延伸到田间地头，覆盖镇、村、市场的检验体系建设需求越来越强，因此，对乡村化现场检测技术与产品的需求越来越强烈，而目前市场上快速检测技术与产品存在产品数量少、检测参数单一、检测成本高、检测结果不准确等多方面的问题，急需加大研发力度，加快研制乡村化的鲜活农产品快速检测技术与产品。

同时，随着鲜活农产品生产中新技术、新产品的应用，新的消费风险不断涌现，对未知危害因子的快速识别与批量检测技术需求迫切，而目前现有技术都是对已知单个或多个危害因子进行定性定量分析，无法进行未知危害因子的快速识别，以及成百上千种危害物质的同步筛查[10,11]。因此，借助大型仪器设备，如液相色谱质谱仪、气相色谱质谱仪等对未知危害因子快速识别与批量筛查的技术严重缺乏，需加快鲜活农产品中未知危害因子快速识别技术与产品的研发。

（2）检验检测人才队伍职称学历低，队伍不稳定，除加强培训外，还需从政策、机制等多方面支持。

调研发现，目前我国从事鲜活农产品质量安全检验检测工作的机构主要有政府部门成立的农业检测机构和第三方检测机构。由于第三方检测机构体制灵活、建设速度快、人才聚集，竞争优势明显，承担了政府大量委托任务。而由政府部门成立的农业检测机构由于体制制约，虽拥有先进的仪器设备和高素质的人才队伍，但并没有迸发出强烈的竞争意识，除承担政府委托的任务外，没有展现出开拓创新的欲望。造成这种现状的原因主要有：缺乏有效的激励机制；检测队伍，特别是县级综合质检站检测人员不固定；部分人员的农业有毒有害保健津贴和畜牧兽医医疗卫生津贴等无法兑现，特别是基层检测人员更无法享受此政策；检测人员职称竞争激烈；合并后的检测中心无明确的上级业务主管部门，向上对接困难，无政策信息来源渠道，无法参加各类培训班，人员素质很难提高。因此，需要从政策、机制等多方面来提升检测队伍人员素质。

4 对　策

（1）加快鲜活农产品质量安全乡村化现场检测源头技术科技创新，设立重大科技攻关专项，满足鲜活农产品质量安全检验检测现场化、快速化、灵敏化的需求。

在部省级质检机构农产品质量安全筛查、地市乡县村现场检测、企业生产原料收购及产品流通环节，将快速检测技术从实验室延伸到田间地头、农贸市场和超市，能在鲜活农产品快速流动周期中完成快速检测，直接读取结果，并通过互联网技术等，直接将检测结果实时传输至中控中心，结合已有数据库数据进行比对分析与预警。

（2）加快研究混合污染检测、未知危害因子非靶向筛查新技术与产品。

着力建立鲜活农产品混合污染高灵敏度、高通量、多组分检测技术，研究建立未知危害因子非靶向筛查技术及相关文库，提高自主研发检测设备的检测灵敏度、可靠性等，满足鲜活农产品混合污染检测、未知危害因子非靶向筛查对设备的需求。

（3）加强快速检测设备科技创新研究，推进检验仪器设备自主化。

重点支持智能专用快速检验仪器设备自主化项目，采取自主创新和引进、吸收消化再创新等方式，力争在高性能检验仪器设备自主化方面有所突破，着力缓解我国中高端检验仪器设备长期依赖进口，且价格昂贵、维护成本高等问题。

（4）加快鲜活农产品检验检测相关标准制修订，增加快速检测方法标准的制修订，满足新时期鲜活农产品在质量安全检测过程中应用新参数及新技术的需求，提升相关标准的适用性。

加快检验检测标准更新，采用创新技术与方法进行检测，提高检测准确度，减少烦琐的检测步骤[12,13]。与国际同行方法接轨，放宽加工用油用花生的黄曲霉毒素 B_1 最大限量值，满足油脂企业的生产实际需求；同时严格控制油料油脂企业花生油和花生粕等产品的黄曲霉毒素 B_1 的国家法定最大限量值。

（5）加快县乡镇定点监测与现场筛查能力建设，推行田间村头现场快速筛查与县市中心抽检相结合，加强速测技术及产品应用的培训，实现鲜活农产品生产全过程控制。

（6）加强检验检测人才培训与队伍建设，制定稳定人才队伍的相关政策。

强化鲜活农产品质量安全专业教育，全力加强检测人才队伍培训，进一步提高检验检测技术人员水平，加强科技人才培养，建设具有自主创新能力的专业化农产品质量安全科研队伍[14-16]，为稳定农产品检验检测人员队伍，建议国家出台检验师职称体系。

参考文献

[1] 毕玉平，陆迁．山东农产品物流体系的构建．经济问题探索, 2010, (11): 50-54.

[2] 邱磊．绿色贸易壁垒对山东农产品出口的影响．理论学刊, 2011, 213(11): 49-52.

[3] 王培志，张双双．山东农产品出口竞争力的分析研究．东岳论丛, 2014, 35(1): 173-177.

[4] 李玉梅．东营市农业市场化发展的实践与思考．现代农业, 2017, (3): 60-62.

[5] 王茜，叶琴，张莉．县级农产品质检机构的职能作用初探．南方农机, 2013, (6): 22-24.

[6] 王继华．计量认证促进县级质检机构发展中的作用．区域经济, 2011, (6): 243.

[7] 郝峻纬．浅谈县级农产品质检中心实验室资质认定．新疆农业科技, 2015, (2): 35-36.

[8] 张建华，官友金，孙刚，等．县级农产品质检站职责定位思考．中国农业信息, 2014, 12: 14-15.

[9] 翟博洋，乔东，谭晓东．浅谈我国检验检测机构资源整合及发展．现代测量与实验室管理, 2013, (5): 41-44, 17.

[10] 包方．农产品质量安全检验检测新技术．乡村科技, 2016, (21): 26-27.

[11] 陶光灿，谭红，宋宇峰，等．基于大数据的食品安全社会共治模式探索与实践．食品科学, 2018, 39(9).

[12] 黄旺森．关于标准制修订的若干思考．质量探索. 2017, (1): 48-52.

[13] 唐永亮，徐瑛琦．实施全过程管理，提高标准制修订质量．上海航天, 2014, 31: 126-128.

[14] 唐丽．重视人力资源管理对检测队伍建设的影响．人力资源管理, 2016, (4): 56.

[15] 单巧玲，苟金萍，牛艳，等．浅析农业质量标准与检测人才培养和队伍建设．甘肃科技, 2010, 26(5): 10-12.

[16] 邓永健．广东省农产品质量安全检测队伍建设现状与对策．广东化工, 2014, 41(7): 118-119.

案例十一　兽药残留标准体系现状与发展

1 发展背景

改革开放以来，我国养殖业得到了迅猛发展，养殖规模不断扩大，畜禽产品产量迅速增加。20世纪90年代初，我国肉类产量超过美国，成为世界第一产肉大国，禽蛋产量也自1985年至今连续30余年位居世界第一，为满足我国国民动物蛋白需求提供了重要保障[1]。兽药作为养殖业重要的投入品，在防治动物疫病、提高生产率和维护公共卫生安全方面发挥了不可替代的作用，但是随着社会对食品安全关注度的提高，兽药残留问题越来越受到各方重视[2]。畜禽产品中兽药残留会导致人体中毒、性早熟、细菌耐药性和致敏、致畸、致癌、致突变等严重问题，给人类身体健康造成一定的风险隐患[3]。兽药残留标准作为食品安全国家标准的重要组成部分，是动物源食品质量安全的重要保障，关乎人民群众身体健康和生命安全，关乎社会和谐稳定。同时，药物残留限量标准作为技术性贸易措施，在国际贸易中的应用日趋频繁，已成为参与国际合作与竞争、保障产业利益和经济安全的重要手段。

2 发展现状

我国目前畜禽产品中兽药残留限量标准仍然执行2002年发布的农业部第235号公告（《动物性食品中兽药最高残留限量》）。农业部第235公告中将兽药残留规定分为四大类：有最高残留限量规定的兽药，共92种（类）；禁止使用的抗菌药、激素和有机磷类兽药，共31种（类）；允许使用但不得在动物组织中检出的麻醉药、镇静药、激素类、抗生素类药物，共9种（类）；允许使用不需要制定最高残留限量（即豁免）的兽药，共86种（类）[4]。除第235号公告外，其他涉及兽药禁用规定的公告还有农业部第176号公告（《禁止在饲料和动物饮用水中使用的药物品种目录》）、农业部第193号公告（《食品动物禁用的兽药及其它化合物清单》）、农业部560公告（《兽药地方标准废止目录》）、农业部第1519号公告（《禁止在饲料和动物饮水中使用的物质》）、农业部第2292号公告等[5]。

自颁布新的《中华人民共和国食品安全法》后，国家制定了农药、污染物、食品添加剂等的统一食品安全国家标准。全国兽药残留标准化技术委员会也启动了国家食品安全兽药残留限量标准的修订工作，目前在农业部第235号公告基础上，经过多次讨论和修改，已经形成了《食品安全国家标准 动物性食品中兽药最大残留限量标准》的报批稿，该报批稿对国际食品法典委员会（CAC）标准的采纳率超过 95%。目前形成的兽药残留食品安全国家标准报批稿共涉及兽药 338 种，其中允许用于食用动物，需要制定残留限量标准的兽药有 104 种；允许用于食用动物，但不需要制定残留限量标准（即豁免）的兽药有 181 种；允许用于食用动物，但不得在动物性食品中检出的兽药有 9 种；禁止用于食用动物，不得在动物性食品中检出的兽药有 44 种，基本涵盖了我国现阶段动物生产所涉及的兽药品种[6]。

3　国内外差距分析

3.1　兽药数量及种类比较

CAC、欧盟、美国、日本和我国的兽药残留限量标准中，有残留限量值规定的兽药品种数量最多的是日本，共有 207 种兽药规定了最大残留限量；有限量值规定的兽药品种数量最少的是 CAC，有 59 种兽药规定了最大残留限量；其余依次是欧盟有 129 种，美国有 97 种，我国对 92 种兽药规定了最大残留限量。在有限量值规定的兽药中，与我国限量标准含相同兽药品种数量最多的是日本，共有 82 种兽药品种相同，其他依次是与欧盟有 72 种相同兽药、与美国有 42 种相同兽药、与 CAC 有 36 种相同兽药[7,8]。

上述国家和组织规定了最大残留限量值的兽药种类主要集中在抗生素、化学合成抗菌药、抗蠕虫药、抗原虫药、杀虫剂等。此外，CAC 还对同化类激素、精神类药品规定了最大残留限量值；欧盟也规定了中枢神经系统用药、周围神经系统用药、非甾体抗炎药等的最大残留限量值；美国残留限量规定涉及的兽药范围更广，还包括抗组胺药、总砷、防腐消毒药等；日本肯定列表中涉及的兽药种类是上述国家和组织中最多的，甚至对表面活性剂、镇吐药及抗肿瘤药都有限量规定。目前，我国有兽药残留限量规定的种类，以我国登记注册的兽药品种为主，对国外登记注册的兽药品种涉及很少。

3.2　残留限量值差异比较

我国兽药残留限量标准在制定之初，主要参考了 CAC 和欧盟的残留限量标准，这一点在限量值上也有体现。通过我国与 CAC、欧盟、美国、日本的限量值比对发现，我国与 CAC 相同兽药品种中，有 76%的兽药残留限量值相同，残留限量值一致性比例为上述所有国家和组织中最大；其次是欧盟、美国、日本，残留限量值一致比例分别达到 71%、43%、33%[9]。在限量标准涉及的相同兽药品种中，兽药残留限量值低于我国，即比我国要求更严的是日本，占所有相同兽药品种总数的 32%，其次是美国、欧盟和 CAC，分别占各自相同兽药品种数量的 24%、18%和 15%。美国兽药残留限量值宽于我国的兽药品种占相同兽药品种总数的 19%，为上述国家和组织中最大，其他依次是日本、CAC、欧盟，限量值宽于我国的兽药品种占各自相同兽药品种的 16%、9%、5%。

我国与上述各国和国际组织的兽药残留限量值差异较大的情况值得进一步深入探讨。我国与 CAC 相同兽药限量标准中有 76%的限量值是一致的，其他同类参数限量值差异都比较小，只有莫能菌素限量值存在很大差异[10]。我国标准中莫能菌素在鸡/火鸡肌肉中最大残留限量值是 1500μg/kg，而 CAC 是 10μg/kg，两者相差达 150 倍。我国与欧盟标准中涉及的相同兽药中有 6 种限量值差异较大，主要是抗生素类药物，其中我国标准中安普霉素、氟苯咪唑限量值要远远低于欧盟的限量值规定，而杆菌肽、拉沙洛菌素、莫能菌素等限量值远远高于欧盟的限量值规定[11]。我国兽药残留限量值与美国相比各有侧重，同类兽药参数中，有 8 种兽药限量值小于美国限量值，如新霉素、尼卡巴嗪、土霉素/金霉素/四环素等；有 10 种兽药限量值大于美国限量值，如头孢噻呋、氯唑西林等。我国与日本的相同兽药品种数量虽然多，但是兽药标准限量值相同的比例并不大，其中我国标准中有 26 种兽药限量值高于日本，有 13 种限量值低于日本，另有 10 种兽药限量值与日本限量标准差异较大，阿散酸/洛克沙胂、地塞米松、二嗪农、托曲珠利的残留限量值远远低于日本肯定列表规定，而癸氧喹酯、二氟沙星、多西环素、氟苯尼考、拉沙洛菌素、泰妙菌素的限量值远远高于日本肯定列表的限量值。例如，二氟沙星在牛羊肌肉、脂肪、肝、肾的残留限量在我国分别是 400μg/kg、100μg/kg、1400μg/kg、800μg/kg，而在日本都是 20μg/kg，有的相差达到 70 倍[12,13]。

4 对　策

4.1 基础工作积累薄弱，科学风险评估亟待加强

由于我国兽药残留标准工作起步较晚，兽药残留限量标准起初制定基本上是引用 CAC 和部分发达国家标准限量值。而目前畜禽养殖中常用的需要制

标而尚未制定的兽药品种，多是在我国批准使用的品种，国外无可借鉴参考的资料。由于我国前期基础数据积累少，甚至出现部分兽药品种限量标准难以立项或立项多年无人申请的问题，因此，急需针对目前畜禽养殖业产品中药物残留限量标准缺失和限量标准缺乏科学风险评估的现状，扩大畜禽养殖生产质量安全监管迫切需要的动物组织和兽药品种的覆盖面，开展大宗畜禽，尤其是药物残留限量规定少的牛、羊、禽中抗生素、激素、β-兴奋剂等药物及农药在动物体内代谢规律、组织分布规律和产品中残留标志物，以及药物残留风险评估研究，制定完善一批动物性食品质量安全监管急需的药物残留限量标准，以及不同动物组织细分下的药物残留限量标准，为畜禽产品质量安全监管提供科学有效的残留限量监管依据[14]。

4.2　与国外相比尚有差距，“一律标准”急需完善

在 CAC、欧盟、美国、日本和我国兽药残留限量标准中，我国规定了残留限量值的兽药品种是 92 种，仅多于 CAC 的 59 种，少于欧盟的 129 种、美国的 97 种和日本的 207 种。此外，与 CAC、欧盟、美国、日本等国际组织和发达国家相比，限量标准中相同兽药品种数量有限，我国兽药残留限量标准中仅有 36 种兽药与 CAC 标准相同，与欧盟有 72 种相同，与美国有 42 种相同，与日本有 82 种相同，其他兽药品种都不同[15]。为了消除农产品出口贸易技术壁垒，抵御国外农产品对我国市场的冲击，必须制定与国外接轨的兽药残留限量规定。尤其是针对目前我国畜禽养殖中未允许使用的兽药品种，借鉴欧盟、日本等国际组织和发达国家的通行做法，对在我国未登记或允许及没有禁限用规定的化学药物进行分类，配套研究制定相关动物组织和产品中残留检测方法，之后根据方法检出限制定一类药物的“一律标准”限量，为监管养殖过程中药物滥用问题及保护国内农产品市场提供标准依据[16,17]。

4.3　配套检测方法不完善，基体标准样品极度缺乏

CAC、欧盟、美国、日本等国际组织和发达国家的兽药残留限量标准都配套有相应的检测方法。例如，CAC 第 29 届大会附件Ⅴ发布了覆盖 CAC 所有 50 多种兽药残留检测的确证性方法。欧盟、美国、日本的兽药残留限量规定也均有配套的检测方法标准。我国与之相比，兽药残留限量与检测方法标准不配套，许多具有限量规定标准的药物没有配套的检测方法标准，或者已有的检测方法标准回收率和检出限达不到限量标准要求。例如，喹乙醇在猪肌肉中的最大残留限量是 4μg/kg，而现行的《肉与肉制品中喹乙醇残留量的

测定》（GB/T 20797—2006）方法标准的检出限是40μg/kg[20]。此外，与兽药残留检测相匹配的标准物质或国家标准样品严重缺乏，尤其是动物组织中药物残留基体标准样品基本属于空白。兽药进入动物体后会发生复杂的代谢转化，在动物组织中的残留形态与结合方式也各不相同，兽药在动物组织中的残留状态与在空白基质中添加兽药有着本质区别，经过相同方法的提取净化前处理后会存在极大误差，导致最终检测结果的不准确和不可靠。因此，迫切需要根据我国现有限量标准要求，研究监管急缺的兽药品种及不同动物组织中药物残留的检测方法标准，并研制配套的不同动物组织中药物残留基体标准样品，为我国兽药残留限量的有效执法监管提供必需的配套支撑，确保动物产品质量安全，从而有效保障我国国民的消费安全和身体健康。

参考文献

[1] 秦占国. 国内外兽药残留与动物源食品安全管理研究. 武汉：华中农业大学硕士学位论文，2009.

[2] 徐飞，吴小平，江海洋，等. 兽药残留监控体系的现状与展望. 中国兽药杂志，2011，45(5): 47-50.

[3] 李小丽，蔡纯，陈胤瑜，等. 国内外动物源性食品兽药残留法规标准研究. 中国乳品工业，2011, 39(8): 37-39.

[4] 叶妮，周明霞，冯忠泽. 我国兽药残留标准现状和问题研究. 农产品质量与安全，2011，(6): 29-31.

[5] 中国养殖业可持续发展战略研究项目组. 中国养殖业可持续发展战略研究. 北京：中国农业出版社, 2013: 4.

[6] 李琳. 国内外动物源性食品中兽药最高残留限量标准的对比研究. 北京：中国农业大学硕士学位论文, 2005.

[7] 李婷婷. 中国与欧盟主要动物源性产品中兽药残留限量差异性研究. 合肥：合肥工业大学硕士学位论文, 2009.

[8] 聂芳红, 徐晓彬, 陈进军. 食品动物兽药残留的研究进展. 中国农学通报, 2006, 22(9): 71-75.

[9] 田寒友, 李家鹏, 周彤, 等. 我国与欧盟、美国、日本、CAC畜禽兽药残留限量标准对比研究. 肉类研究, 2012, (2): 43-46.

[10] 陈杖榴，曾振灵. 对我国动物源性食品中兽药残留问题的思考. 中国动物保健，2003，(12): 8-12.

[11] 傅武胜，方勤美. 我国动物性食品中兽药残留的危害、现状和对策. 海峡预防医学杂志, 2003, 9(1): 22-24.

[12] 冯学慧，黄素珍，杨国胜. 浅析动物产品兽药残留的危害与对策. 动物医学进展，2010，31(S1): 250-254.

[13] Electronic Code of Federal Regulations. Tolerances for residues of new animal drugs in food. 2017-04-01. https://www.ecfr.gov/cgi-bin/text-idx?SID=2fef5fe171853ffd0700637ce3afd813&mc=true&tpl=/ecfrbrowse/Title21/21cfr556_main_02.tpl[2017-04-14].

[14] 农业部. 中华人民共和国农业部公告第235号. 2002-12-24. http://www.moa.gov.cn/zwllm/tzgg/gg/201006/t20100606_1535491.htm[2017-01-30].

[15] Codex Alimentarius Commission. Veterinary drug residues in food. 2015-09-30. http://www.

fao.org/fao-who-codexalimentarius/standards/veterinary-drugs-mrls/en[2017-01-30].
[16] http:/ /www.Moa.gov.cn /zwllm/tzgg /gg /200302 /t20030226_59300. htm.
[17] The Japan Food Chemical Research Foundation. Maximum residue limits (MRLs) list of agricultural chemicals in foods. 2017-04-30. http://www.m5.ws001.squarestart.ne. jp/foundation/search.html [2017-04-30].
[18] 马爱进. 食品中兽药残留限量标准的差异. 肉类研究, 2007, (10): 40-43.
[19] European Union. Commision Regulation (EU) No 37/2010 of 22 December 2009 on pharmacologically active substances and their classification regarding maximum residue limits in foodstuffs of animal origin. 2009-12-22. https://ec.europa.eu/health//sites/health/files/files/mrl/mrl_20101212_consol.pdf[2017-01-30].
[20] 耿天霖. 国内外兽药残留限量标准差异性及技术壁垒措施研究. 家禽科学, 2005, (7): 39-41.

案例十二　美国农产品质量分级标准体系发展与启示

1　发展背景

美国开展农产品质量分级工作已有近百年的历史。在美国，很多食品企业有自己的标准和分级，美国农业部的农产品分级是最权威的。美国农业部分级有三方面的缘由：一是源于早期的贸易活动；二是由贸易组织提出并经联邦或州的认可；三是为了解决市场上没有分级的问题而研制的。美国农产品质量分级标准主要由农业部（USDA）和商务部（USDC）下属相关部门负责管理和组织实施，具体部门主要有农业部粮食检验、肉类加工与活畜市场管理局（GIPSA），农业部农产品市场营销局（AMS）和商务部国家海洋渔业局（NMFS）。美国农产品分级标准都收录在《美国联邦法典》（CFR）第 7 部分中，其中，第 27～209 包括了蔬菜、水果、肉、乳、蛋、水产品、棉花、烟草、羊毛等农产品的分级管理规定及分级标准，第 800～899 涉及谷物的分级管理规定及具体分级标准。《美国联邦法典》主要包括粮油标准 15 项，新鲜果蔬标准 149 项，加工果蔬标准 139 项，畜禽标准 13 项（其中包括活畜标准 6 项、畜禽肉分级标准 6 项），棉花标准 5 项，烟草标准 6 项，毛和马海毛标准 4 项等[1]。

2　特点与经验

美国开展农产品质量分级工作已有近百年的历史，产业界在自愿、有偿的基础上广泛使用质量分级标准和分级认证服务，足以证明美国在质量分级领域所取得的成就，其成功经验和做法值得学习借鉴[2]。

2.1　标准定位明确，具有法定地位

美国农产品质量标准制定和实施具有明确的目的及用途，一是作为自愿采用的确定质量和价值的方法，用于销售报价、买方出价、损失索赔、贷款评价、期货贸易、军事和其他政府采购及市场消息报告；二是当产品不易进

行展示或购买者无法检测时，作为共同的贸易语言；三是为包装提供指导，有效利用原料；四是作为体现 USDA 质量水平官方标识的一种途径[3]。虽然质量标准的属性为自愿性，但有关标准的管理和实施仍是官方主导，并通过正式法规文本的形式对质量分级标准的管理机构、制修订程序、分级检验规则、符合性认证等作出细致全面的规定，从而使开展质量分级工作具有明确的法律依据，质量分级行为具有严格的法律约束，质量分级结果具有权威的法律效力[4]。

2.2 关注产业需求，标准实用性强

在美国，制定质量标准通常来源于产品的商业化需求。制定标准首先需要由行业或产业根据需要自行向相关的质量分级管理机构提出申请，这样就保证了一项标准从制定之初就具有市场需求[5]。标准制修订前，质量分级管理机构会委派标准化专家负责向种养殖者、生产商、加工商、运输商、出口商、政府管理机构、科学研究机构、购买者及其他任何能提供有用信息的机构或人员广泛调研和征集信息，以便形成能够准确客观反映产业普遍需求的标准草案[6]。正式的标准草案会通过联邦公报向社会公布，广泛征求意见，并依据这些意见对标准进行优化和修改，从而形成正式标准。同时，如果消费环境或销售操作等发生了变化，也可以提请对已颁布实施的标准及时进行修订，以确保标准的适用性。

2.3 注重标准实施，体制保障完善

根据美国农业法规的规定，不同种类农产品的质量分级工作分别由不同部门负责，但对于同一种农产品，标准制修订、分级检验和质量认证等标准化工作均由同一机构负责，从而使农产品质量标准制定和推广实施紧密衔接[7]。以粮油产品为例，联邦谷物检验局（FGIS）本部的执法处、产地管理处、国际事务办公室和技术服务处 4 个部门，共同承担粮油产品分级所涉及的标准制定、检验、交流与合作、认证与培训等各方面职能，FGIS 下属的产地办事处具体负责产品抽样、分级、检验、发证；对出口产品，FGIS 在美国主要港口派驻州级办事处进行现场处理；对国内贸易，FGIS 则主要委托私人机构或少量州级办事处处理[8]。目前美国共有州级办事处 12 个，私人机构 43 家，覆盖美国大部分粮油产品主产区，能够满足全国官方分级、检验及申请人自选的商业检验等服务。

2.4　质量驱动效益，促进产业发展

美国农产品分级标准制定由质量驱动，关注不同品种、土壤和气候条件，以及不同种养殖方式、采收和处理方法的差异所导致的产品外观特征与内在质量方面的明显区别，并依据这些区别和市场偏好划分产品等级，通过市场调节的手段使产业发展更加符合市场对质量的预期，进而提升效益。

3　启　　示

美国由政府机构成功主导农产品分级的实践说明，政府可以在尊重市场规律的前提下，通过对农产品质量分级的干预，促进产业提质增效。目前在我国农产品质量分级工作的推进过程中，存在着分级目标不明确、分级依据不合理、市场接受程度不高等问题，为有效发挥农产品质量标准化的功能作用，还需从国家层面进行整体规划、设计[9]。

3.1　重视质量分级工作，纳入农业标准化发展战略

不断完善市场制度，引入新的现代农业要素是改造传统农业的关键手段之一[10]。政府部门应把质量分级作为完善农产品市场制度的基础性工作，将其纳入农业标准化发展战略，从市场需要出发，主导农产品质量分级标准的制定和推广，加快农产品质量分级的配套服务能力建设，把质量分级作为连接生产和市场的纽带，以市场消费需求促进农业技术进步，带动农业产业升级和优质农业发展[11]。

3.2　明确标准定位与机构职责，合理确定发展重点

目前，我国农产品质量分级工作涉及农业、质检、粮食、商业等多部门，各部门职责没有明确划分，工作既交叉重复又缺乏深入推进[12,13]。建议标准管理模式向产品管理模式转变，明确管理部门，减少标准管理上的交叉矛盾。标准化职能从单一标准制修订向标准推广、分级检验、质量证明、标识使用等公益性服务拓展[14]。

农产品质量标准规划管理应充分尊重市场需求，根据国内外市场环境、农业生产技术等方面的变化，结合具体的农产品品种，及时组织协调科研机构、行业协会及农业龙头企业开展农产品质量分级需求调研，针对市场确有

分级需求和分级动力的产品推进实施质量分级标准化[15]。

3.3 建立质量分级配套服务体系，促进标准实施

农产品质量分级标准的作用是在农产品市场交易中提供质量评价依据，为市场消费选择传递质量信息。建议培养农产品分级员或者委托专业机构，在产品进入流通环节前进行分级检验并出具等级证明，作为批发市场交易和议价定价的依据。同时，鼓励各级农产品质检中心增加农产品品质指标检测设备和人员，以便于提供分级检验服务和分级争议仲裁。

3.4 加大资金投入，强化科技研究与应用推广[19,20]

目前我国农产品质量分级方面的投入较少，在一定程度上制约了农产品质量分级标准化的发展。在技术研究方面，应加大自动分等定级应用技术研究开发力度，加快无损检测和自动分级设备的研发与成果转化，形成具有自主知识产权和核心技术的分级机械设备，为产品自动分级和商品化处理提供技术和硬件设施保障。在质量分级标准推广实施和宣传培训方面，应在扶持农业发展的资金中列出专项经费，与农业技术推广相结合，建立和完善技术服务和信息引导体系，调动农户实施质量分级标准的积极性，同时制定优惠和奖励政策，建立分级产品与优质高端市场的优先对接渠道，鼓励企业提高上市产品分级率。

参考文献

[1] 席兴军, 刘俊华, 刘文. 国内外农产品质量分级标准对比分析研究. 农产品质量与安全, 2005, (6): 19-24.

[2] Hennessey D A. Microeconomics of agricultural commodity grading: impacts on the marketing channel. American Journal of Agricultural Economics, 1995, 77: 980-989.

[3] 席兴军, 刘俊华. 国际组织和先进国家农产品质量分级标准特点剖析. 中国标准化, 2007, 2007, (11): 58-61.

[4] 钱富珍. 美国食用农产品等级标准研究. 质量与标准化, 2004, (12): 33-35.

[5] Bockstael N E. The welfare implications of minimum quality standards. American Journal of Agricultural Economics, 1984, 66: 466-471.

[6] Fan H P, Mou S F, Ye Z H. Quality and safety certification systems of agricultural products in USA and their revelation on China. World Agriculture, 2007, (9): 39-42.

[7] Freebairn J W. The value of information provided by a uniform grading system. Australian Journal of Agricultural Economics, 2012. 17(2): 127-139.

[8] 于冷. 国内外农业标准化发展概况. 中国标准化, 2000, (3): 43-44.

[9] 尹建新. 浅谈农产品质量分等分级. 企业科技与发展, 2007, (8): 205-206.

[10] 王国桢. 国外农产品质量安全体系建设及对我国的启示. 中国农业信息, 2015, (5): 30-31.
[11] 杨丽. 分等分级与农产品质量标准. 农产品质量与安全, 2005, (2): 24-25.
[12] 席兴军, 刘俊华. 我国农产品质量分级标准的现状、不足与对策. 标准科学, 2008, (10): 31-33.
[13] 初侨, 蒋兵, 杨丽, 等. 我国农产品质量分级制度与标准现状研究. 标准科学, 2015, (3): 65-69.
[14] 杨丽. 美国加工果蔬质量分级标准研究. 标准科学, 2005, (2): 15-17.
[15] 刘振宇. 我国农产品质量分级标准研究. 北京: 中国人民大学硕士学位论文, 2008.
[16] 张灵光. 农产品质量分级标准是增强市场竞争力的基础. 中国标准化, 2007, (10): 14-17.
[17] 曾艳华, 高丽晶. 分级与标准化是农产品市场营销的关键. 广西财经学院学报, 2002, 19(1): 88-92.
[18] 马歆. 探讨我国农产品质量分级标准现状的问题与对策运用. 中国商论, 2016, (1): 123-125.
[19] 丁昌东. 农产品质量安全突发事件分级标准存在的问题与对策. 农产品质量与安全, 2010, (5): 49-51.
[20] 聂继云, 钱永忠, 毋永龙, 等. 美国果品等级标准制定与实施研究. 浙江农业科学, 2007, 1(5): 512-516.

案例十三　农产品团体标准应用与发展

团体标准是国家标准和行业标准的重要补充，是满足市场多样化需求的有效措施。由于农产品种类多、品种杂、地域性强、市场需求多样，传统的农业标准体系难以满足农产品行业的实际需要，迫切需要团体标准体系的保障和支撑。

1　发展背景

1.1　国家积极推进深化标准化工作改革，鼓励团体标准发展

标准化在保障产品质量安全、促进产业转型升级和经济提质增效等方面发挥着重要作用，但现行标准体系和标准化管理体制已经难以满足社会主义市场经济发展的需要。为此，2015 年 3 月，国务院印发了《深化标准化工作改革方案》[1]，对改革标准体系和标准化管理体制等进行了部署安排。改革措施之一便是培育发展团体标准。鼓励具备相应能力的学会、协会、商会、联合会等社会组织和产业技术联盟协调相关市场主体，共同制定满足市场和创新需要的标准，对团体标准不设行政许可，并先行开展团体标准试点工作，推进团体标准发展。2016 年 2 月，国家质检总局、国家标准委印发了《关于培育和发展团体标准的指导意见》[2]，从释放市场活力、创新管理方式、优化标准服务等方面，提出了促进团体标准发展的相关要求。按照《贯彻实施〈深化标准化工作改革方案〉重点任务分工（2017—2018 年）》的安排[3]，当前发展团体标准面临的重点任务是，组织制定团体标准管理办法，扩大团体标准试点，鼓励社会团体自主制定标准，并积极使用团体标准。

1.2　农业标准体系亟待完善，发展农产品团体标准需求迫切

当前，我国农业标准体系基本建成，农业部已组织制定发布农业国家标准和行业标准近 10 000 项，基本涵盖了各领域、各环节，基本建立起以产品为单元，覆盖产前、产中、产后各环节全过程的农业标准体系框架[4]。但是随着农业供给侧结构性改革的推进，农业发展对农业标准体系的技术要求发生转变，农业标准体系及管理体系的问题日益明显。一是农业标准覆盖范围有限。目前农业标准项目一般由政府统一管理，并依靠财政资金支持，但由于农业领域复

杂、农产品种类繁多，而且受财政资金、项目管理等方面的限制，农业标准体系难以覆盖更大的领域和范围。二是与市场需求存在一定脱节。在政府主导的管理体制下，标准的立项由行政管理部门决定，而且标准制修订一般由科研单位、事业单位等承担，导致了市场作用的缺失。三是标准制定周期较长。目前农业标准的制修订大概包括标准立项、标准起草、标准审查、发布实施等环节，而且受财政项目预算管理等限制，每个标准的制定周期平均为 3～4 年。作为标准体制改革的方向，团体标准与生俱来的适用性、对市场需求的快速响应性等[5]，为解决当前农业标准存在的上述问题提供了有效途径，推进农产品团体标准发展成为完善农业标准体系。

1.3　团体标准发展迅速，为农产品团体标准化工作创造了条件

按照深化标准化工作改革任务的要求，在政府、研究机构、社会团体等的鼓励支持下，团体标准工作不断得到加强和完善。一是团体标准政策逐步健全。按照《深化标准化改革工作方案》的要求，以及国家标准委的指导意见，住房和城乡建设部、工业和信息化部、国土资源部、国家粮食局、中国气象局、中国保险监督管理委员会等分别制定并出台了文件，明确了培育和发展团体标准的相关意见和措施，积极推进各行业团体标准的发展，为农产品团体标准化政策推进提供了经验借鉴。二是团体标准试点成效突出。国家标准委选择了市场化程度高、技术创新活跃、产品种类较多的通信等行业的 39 家全国性社会团体作为试点单位，开展团体标准试点工作。根据有关报道，截至 2016 年底，39 家团体标准试点单位在试点期间共发布团体标准 254 项，在研团体标准共 775 项，平均标准制定周期不超过一年[6]，取得了显著的成效，为农产品团体标准化实施提供了实践指导。三是团体标准服务保障日益完善。全国团体标准信息平台正式上线，为团体标准政策宣传、政策解读、标准公开、信息服务、沟通交流等提供了平台。此外，中国标准化研究院等相关机构积极开展团体标准化培训，解读相关政策、规范标准管理等，为团体标准发展提供了重要的技术支持。随着各方对团体标准的重视和扶持，团体标准发展的重要支撑和保障措施进一步完善，为农产品团体标准发展提供了积极环境和有利条件。

2　现 实 问 题

2.1　农产品团体标准的社会认知度和认可度仍较低

在当前的初期阶段，尽管政府正积极推进团体标准的培育和发展，但是

行业内的市场主体、有关机构及社会公众对团体标准的认知和接受，仍需要一个循序渐进的过程。特别是在农产品领域，由于受体制机制、生产方式、传统观念等多方面的制约，农业市场主体从认识团体标准到主动开展团体标准工作更需要多方面的引导和宣贯。根据从全国团体标准信息平台查询到的数据[7]可知，截至 2017 年 8 月底，农业、畜牧业、渔业相关的团体标准仅 60 余项，与其他先进行业存在较大差距。同时，团体标准的可靠性、权威性在广泛应用前难以得到保证，从而导致制定易、推广实施难的现象。农产品团体标准由协会等社会团体推进，必定受到农产品行业协会社会认同度不高的制约[8]。在前期行业认可度较低的情况下如何促使市场主体自觉执行团体标准，如何判定是否严格执行团体标准，均缺少有效的手段[9]。要想促进团体标准健康发展，就必须促进标准制定与推广应用协同进行，其重点在于提高团体标准的认可度和执行力。

2.2 农产品团体标准制定主体发展水平有待提高

作为农产品团体标准发展的主导力量，农产品行业协会等团体当前在管理和发展上还存在一些问题。一是基础实力较弱。农业本身的弱质性决定了农产品行业协会等团体也存在一定的弱质性。农产品相关社会团体的成员一般为涉农企业、农业合作社、种植大户或农民等，相对分散弱小，缺少实力雄厚的大型企业作为支撑，从而在资金实力、智力支持、管理水平、市场影响等方面都明显处于弱势[10]。二是市场化程度不够高。我国农产品行业协会等团体大多是政府主导成立的，并接受登记管理机关（民政部）和业务主管单位（农业部或其他部门）的双重管理。农产品行业协会开展的活动在一定程度上受行政力量的影响，无法完全依靠市场机制决定其发展方向[11]。三是业务范围受限。受当前行业管理体制的影响，行业的管理和引导以政府行政力量为主。尽管农产品行业协会等团体在市场与政府的衔接中发挥了一定的作用，但是大多是对下放政府职能的承接，业务范围还不够宽泛。这些问题将对农产品社会团体开展团体标准化工作产生直接影响。

2.3 农产品行业协会等主体的标准化工作经验较为缺乏

目前，农产品行业协会等团体从事标准化工作的主要形式是参与。规模较大的全国性行业协会一般能够直接参与到国家标准或行业标准的制修订工作中。例如，国家标准《洋葱　贮藏指南》（GB/T 25869—2010）便是由中国蔬菜流通协会与中国商业联合会商业标准中心等单位联合起草的。但是，大多数社会团体还难以参与到政府性标准的制修订工作中。根据对国家标准委网站查询数据的不完全统计，从所有行业来看，由协会起草或参与起草的国家标准仅 1000 余项，只占到现行国家标准的 3%左右。虽然近年来农业标准化工作取得了显著的成效，但是相对于市场化程度较高、市场力量较强的其他行业，农业标准化工作的广泛性和开放性还存在一定差距。特别是农村的农业标准化意识仍然薄弱，且农产品之间发展不平衡，作为市场主体的农产品企业及各类农业生产经营主体更难以主动地制定或参与制定标准[12]。因此，如何弥补农产品行业协会等团体在标准制修订方面的欠缺，提升其标准化工作能力，是推动农产品团体标准发展的关键。

2.4 农产品团体标准保障机制不够健全

目前国家大力支持和鼓励团体标准发展，给予了团体标准非常宽松的发展环境，不设置行政许可，并充分发挥市场竞争机制的作用，由市场自主制定、自由选择、自愿采用。因此，团体标准与国家标准、行业标准等政府性标准在保障措施等方面存在明显差距。在政府力量的主导下，政府性标准的制修订由主管单位、专业技术委员会、相关科研机构等广泛参与，严格的过程管理可以保证标准的有效性和可靠性。但是，在市场力量的主导下，农产品行业协会等社会团体的发展水平不一，且多数缺乏标准化工作经验，必然存在专业素质不够高、内部治理不健全、独立运作能力较弱、标准化人才和信息匮乏等现实问题，进而导致团体标准的质量难以得到保证[13]。要想保障团体标准的健康发展，必须对社会团体的标准化行为和标准质量采取必要的规范和监管措施。

3 技术分析

3.1 农产品行业协会等团体的发展为团体标准工作提供了有力支撑

当前，我国农产品行业协会已经基本形成了数量庞大、覆盖全面、职能细化的组织体系，而且规范化水平明显提高。全国供销合作社系统 2016 年基本情况统计公报显示，全系统主管、领办的农产品行业协会共有 6951 个，农产品流通经纪人协会 1406 个[14]。全国性农产品行业协会更多的是多品种、综合性协会，如中国蔬菜协会、中国奶业协会、中国肉类协会等。但是也出现了按照小类产品组建协会的趋势，如 2013 年成立的中国苹果产业协会。地方性农产品行业协会更多的是单品种行业协会，而且职能范围倾向于单品种、专业性。农产品行业协会的当前现状为农产品团体标准发展提供了基础支撑，而且农产品行业协会的发展趋势，符合农产品团体标准更加侧重于特色、优质、全面的特点。

3.2　农产品行业协会等团体主导开展团体标准化工作具有内在动力

团体标准的应用和执行者就是行业协会等团体的成员企业，如产品分级标准，密切关系到农产品的种植、加工和销售等全过程，与企业的生产经营行为密切相关。因此，成员企业和生产者出于对切身利益的考虑，会积极地参与到团体标准的制修订工作中。特别是围绕某一类具有地域特色或地理标识农产品的行业协会，更有意愿从保护原产地品牌和市场利益的角度出发，通过制定相应团体标准，规范市场秩序。同时，服务业内企业、引导行业自律、协调行业发展是行业协会的基本职责，开展团体标准相关工作正是发挥本职的重要切入点。行业协会的职能不仅体现在行业公共治理上，还体现在发挥行业自律、行业服务、企业联合及互助互益、服务企业等功能上[15]。作为企业交流协商的平台，行业协会等团体能够集中业内多数企业的需求和意愿，并以团体标准的形式上升为指导行业发展的重要遵循，可以更好地发挥对业内企业的规范和引导作用。

3.3　农产品行业协会等团体主导制定团体标准具有一定优势

行业协会等社会团体自身的性质、职能和特点等就已经确定其具备制订团体标准的独特优势[16]。尽管目前很多农产品行业协会、学会等是由政府主导成立的，但是团体成员仍然以企业为主，其运作过程也是为市场主体提供服务和进行协调。因此虽然行业社会团体不直接参与市场，但代表着作为市场主体的企业，其对团体标准的现实基础、应用环境、实际操作、指导目标等情况最为熟悉，也更加符合市场需要和发展趋势。同时行业社会团体作为一类第三方组织机构，已经成为政府、企业及相关技术机构之间进行沟通和联系的重要纽带，而且聚集了行业领域内较多的专业人才。行业社会团体既可协调各相关企业之间的关系和利益，又可组织科研院所、检测机构、企业等共同开展团体标准工作，这正是团体标准发展所需的条件[17]。

特别是十八大以来，国家积极推进市场化改革，其中重点任务之一就是推动行业协会等团体与政府脱钩。2015 年 7 月，中央委员会办公厅、国务院办公厅印发的《行业协会商会与行政机关脱钩总体方案》，正式明确了政会脱钩的要求和进度[18]。特别是对于农产品行业协会等团体来说，政会脱钩后，团体的职能范围和持续发展都将面临严峻的挑战。但是，由于需要对特色农产品、地方品牌保护或满足多样化市场的需求等，迫切需要加快制定一系列的团体标准，可以说恰好为农产品行业协会等团体发挥职能提供了重要契机。

4 对　　策

4.1 积极发挥政府的引导和推动作用

虽然团体标准化工作由市场发挥主导作用，但政府作为推进标准化工作改革的主体，必须积极发挥引导和促进作用，推动农产品团体标准发展壮大。一是加强对团体标准发展的政策支持。结合农产品标准发展的需要和实际情况，加快出台有关意见，制定培育和发展农产品团体标准的有关政策，自上而下推动团体标准发展。二是积极开展团体标准试点工作。鼓励先行先试、试点示范，梳理当前农业标准空缺且行业发展急需的领域，选取具有一定基础、规模较大、发展水平较高的农产品行业协会等团体，开展试点工作，积极探索促进农产品团体标准发展的工作机制。三是加强宣传引导。大力开展农产品团体标准宣传推广，增强农业领域有关社会团体的标准化意识，提高市场主体和社会公众的认知度和认可度，为团体标准发展营造良好氛围。

4.2 加强农产品社会团体组织制度建设

按照团体标准有关管理要求，健全农产品领域社会团体开展团体标准化工作必要的组织和制度，保障团体标准质量。一是健全团体标准化组织机构。行业协会等团体要主动配备熟悉标准化相关法律法规、政策和专业知识的标准化工作人员，健全具有制定标准化决策、管理协调和研制标准等功能的组织机构，专门负责团体标准相关工作。二是完善团体标准化制度体系。农产品行业协会等团体要根据实际情况，研究制定团体标准化工作管理办法，明确相关的组织机构及工作职责，规定团体标准制修订工作程序，以及推广应用、监督及经费保障等事项。三是鼓励农产品行业团体广泛吸纳行业内企业、科研机构和其他相关方参与农产品团体标准化工作。

4.3 发展农产品团体标准技术服务

鼓励农业标准专业技术委员会、农业标准化研究机构等积极参与团体标准化工作。一方面，培育行业协会等的团体标准化工作能力。鼓励专业技术委员会、研究机构开展标准制定技术和管理相关方面的培训，培养社会团体、骨干企业中团体标准的管理人员、技术人员。另一方面，直接参与团体标准化工作，提供技术服务。在团体标准制修订过程中给予必要的技术支持，并协助团体标准的管理、推广应用和转化升级，衔接国家标准与团体标准体系，使国家标准化工作和行业协会标准化工作相互配合。此外，加强团体标准信息服务，在充分利用全国团体标准信息平台的基础上，根据农产品团体标准发展的实际需要，加快建立农业团体标准信息平台，提供信息查询、标准公开、交流合作等服务。

4.4 促进农产品团体标准推广应用

发挥农产品行业协会等社会团体的主导作用，以团体成员为主，以自律公约、集体商标等方式积极推动团体标准实施。鼓励农业社会团体为采用团体标准的成员主体统一开具农产品合格证，并在合格证上注明采用的团体标准。积极创新团体标准推广应用途径，鼓励社会团体与第三方认证和检测机构等合作，对有核心竞争优势的团体标准进行第三方认证评价试点，开展地理标志、名特优产品等认证服务，传递信任，打造品牌，促进团体标准的推广应用[19]。同时，政府要发挥引导作用，积极探索在农业产业政策制定及监督管理、政府采购等工作中引用团体标准的机制，鼓励引用具有自主创新技术、具备竞争优势的团体标准。探索建立团体标准向国家标准、行业标准或地方标准转化的机制，鼓励制定管理规范、实施效果良好且符合要求的团体标准上升为政府性标准。

4.5 严格管理农产品团体标准化行为

一是加强团体标准监管。建立社会监督与政府监督相结合的农业团体标准监督管理制度，健全团体标准公众评议、监督反馈、投诉举报、依法处理等工作机制，加大对故意扰乱市场秩序的团体标准的处罚力度。二是加快建立农产品团体标准评价体系。将团体标准作为农安信用建设重点内容，建立相关农产品行业协会等团体的诚信档案，加强信用信息公示。引入第三方评价机制，予以必要的引导、规范和监督，确保遵循公开、透明、协商一致的基本原则[20]。三是突出正向激励。建立农产品团体标准成果奖励机制，将团体标准纳入评奖范围，对于技术水平较高或带来较大社会、经济效益的团体标准给予适当的奖励，提高社会团体开展团体标准工作的积极性。

参考文献

[1] 中国政府网. 国务院关于印发深化标准化工作改革方案的通知. http://www.gov.cn/zhengce/content/2015-03/26/content_9557.htm.2015[2015-03-26].

[2] 中国国家标准化管理委员会网站. 国家质检总局、国家标准委关于印发《关于培育和发展团体标准的指导意见》的通知. http://www.sac.gov.cn/sgybzyb/sytz/201603/t20160310_203924.htm.2016[2016-03-10].

[3] 中国政府网. 国务院办公厅关于印发贯彻实施《深化标准化工作改革方案》重点任务分工(2017—2018 年)的通知. http://www.gov.cn/zhengce/content/2017-04/01/content_5182637.htm,2015[2017-04-17].

[4] 徐学万, 马飞, 李董, 等. 我国农业标准体系建设问题与对策分析. 农产品质量与安全, 2017, (1): 36-38.

[5] 王益群, 杨天乐, 刘哲, 等. 团体标准推广应用模式研究与实践//第 13 届中国标准化论坛论文集. 北京: 《中国学术期刊(光盘版)》电子杂志社, 2016: 72-78.

[6] 徐风. 39 家试点单位发布团体标准 254 项. 中国质量报, 2017, (2): 57.

[7] 全国团体标准信息平台. 团体标准. http://www.ttbz.org.cn/Home/Standard.

[8] 李昌健, 崔鹏伟. 加快发展农产品行业协会的思考. 农村工作通讯, 2008, (13): 40-42.

[9] 上海市质量技术监督局标准化处. 团体标准发展的问题和对策研究. 质量与标准化, 2016, (5): 1-3.

[10] 潘劲. 农产品行业协会: 现状、问题与发展思路. 中国农村经济, 2007, (4): 53-59.

[11] 朱牧, 李春华. 我国农产品行业协会发展路径研究. 湖南农业科学, 2017, (1): 108-111.

[12] 李静, 樊铭勇, 朱道军. 对新时期我国农业标准化问题的思考. 农村建设与发展, 2015, 26(10): 2207-2209.

[13] 陆杨先. 构建团体标准第三方评价机制的思考和建议. 质量与标准化, 2016, (4): 48-51.

[14] 中国供销合作网. 全国供销合作社系统 2016 年基本情况统计公报. http://www.chinacoop.gov.cn/HTML/2017/02/03/112356.html,2017.

[15] 贾西津, 张经. 行业协会商会与政府脱钩改革方略及挑战. 社会治理, 2016, (1): 99-105.

[16] 长人·建立和完善协会标准——中国技术标准战略的一项重要任务——访中国标准化研究院副院长郑卫华. 中国质量与品牌, 2005, (7): 14-21.

[17] 齐瑶, 邵景波, 穆艳丽. 农产品行业协会在农业产业化中的作用——以黑龙江省为例. 学术交流, 2009, (1): 78-83.

[18] 中国政府网. 中共中央办公厅、国务院办公厅印发《行业协会商会与行政机关脱钩总体方案》. http://www.gov.cn/zhengce/2015-07/08/content_2894118.htm,2015.

[19] 程旭. 培育与发展团体标准的探讨. 品牌与标准化, 2015, (1): 54-58.

[20] 陆杨先. 构建团体标准第三方评价机制的思考和建议. 质量与标准化, 2016, (4): 48-51.